LA MÉTHODE
CESAR MILLAN

Infographie : Chantal Landry
Correction : Sylvie Massariol

Catalogage avant publication de Bibliothèque et Archives
nationales du Québec et Bibliothèque et Archives Canada

Millan, Cesar
    La méthode Cesar Millan :
comprendre et corriger le comportement de votre chien

    Traduction de: Cesar's way.
    Comprend des réf. bibliogr.
    ISBN 978-2-924036-05-1

    1. Chiens - Dressage. 2. Chiens - Mœurs et comporte-
ment. 3. Relations homme-animal. I. Titre.

SF431.M5414 2011   636.7'0887   C2011-941861-4

Gouvernement du Québec – Programme de crédit
d'impôt pour l'édition de livres – Gestion SODEC –
www.sodec.gouv.qc.ca

L'Éditeur bénéficie du soutien de la Société de développement des entreprises culturelles du Québec pour son
programme d'édition.

 Conseil des Arts   Canada Council
du Canada   for the Arts

Nous remercions le Conseil des Arts du Canada de l'aide
accordée à notre programme de publication.

Nous remercions le gouvernement du Canada de son
soutien financier pour nos activités de traduction dans
le cadre du Programme national de traduction pour
l'édition du livre.

Nous reconnaissons l'aide financière du gouvernement
du Canada par l'entremise du Fonds du livre du Canada
pour nos activités d'édition.

11-11

L'ouvrage original a été publié
par Harmony Books, succursale de Crown Publishing
Group, division de Random House, Inc.
sous le titre *Cesar's Way*.

Dépôt légal : 2011
Bibliothèque et Archives nationales du Québec

ISBN 978-2-924036-05-1

DISTRIBUTEURS EXCLUSIFS :

Pour le Canada et les États-Unis :
MESSAGERIES ADP*
2315, rue de la Province
Longueuil, Québec J4G 1G4
Téléphone : 450 640-1237
Télécopieur : 450 674-6237
Internet : www.messageries-adp.com
* filiale du Groupe Sogides inc.,
  filiale de Quebecor Media inc.

Pour la France et les autres pays :
INTERFORUM editis
Immeuble Paryseine, 3, Allée de la Seine
94854 Ivry CEDEX
Téléphone : 33 (0) 1 49 59 11 56/91
Télécopieur : 33 (0) 1 49 59 11 33
Service commandes France Métropolitaine
Téléphone : 33 (0) 2 38 32 71 00
Télécopieur : 33 (0) 2 38 32 71 28
Internet : www.interforum.fr
Service commandes Export – DOM-TOM
Télécopieur : 33 (0) 2 38 32 78 86
Internet : www.interforum.fr
Courriel : cdes-export@interforum.fr

Pour la Suisse :
INTERFORUM editis SUISSE
Case postale 69 – CH 1701 Fribourg – Suisse
Téléphone : 41 (0) 26 460 80 60
Télécopieur : 41 (0) 26 460 80 68
Internet : www.interforumsuisse.ch
Courriel : office@interforumsuisse.ch
Distributeur : OLF S.A.
ZI. 3, Corminboeuf
Case postale 1061 – CH 1701 Fribourg – Suisse
Commandes :
Téléphone : 41 (0) 26 467 53 33
Télécopieur : 41 (0) 26 467 54 66
Internet : www.olf.ch
Courriel : information@olf.ch

Pour la Belgique et le Luxembourg :
INTERFORUM BENELUX S.A.
Fond Jean-Pâques, 6
B-1348 Louvain-La-Neuve
Téléphone : 32 (0) 10 42 03 20
Télécopieur : 32 (0) 10 41 20 24
Internet : www.interforum.be
Courriel : info@interforum.be

Crédits des visuels
Laura Allen : p. 146, 149, 150, 210, 214, 216, 219.
Robin Layton : p. 126.
Cheri Lucas : p. 6, 22.
Cesar Millan : p. 26, 32, 44, 59, 60, 64, 81, 82, 92, 93,
    141, 174, 186 (haut), 190, 191, 199.
MPH Entertainment – Emery/Sumner
    Productions : p. 132, 158, 161, 177, 183, 186
    (bas), 194.
www.rintintin.com : p. 46.
Alan Weissman : p. 196, 256.

Cesar Millan et Melissa Jo Peltier

LA MÉTHODE
CESAR MILLAN

Traduit de l'américain par
Laure Motet

la griffe
Une compagnie de Quebecor Media

À la mémoire de mon grand-père, Teodoro Millan Angulo,
et à mon père, Felipe Millan Guillen.
Je les remercie tous les deux de m'avoir appris à réellement
apprécier, respecter et aimer mère nature.
Je remercie tout particulièrement ma mère,
Maria Teresa Favela Millan, qui m'a appris la puissance du rêve.

Avec Scarlett.

Remerciements

Ce premier livre signifie tellement à mes yeux qu'il est important pour moi de remercier toutes les personnes qui ont influencé ma vie d'une manière ou d'une autre – qui m'ont aidé à arriver là où j'en suis et à réaliser ce rêve : écrire un livre. Je n'ai jamais rencontré certaines d'entre elles, mais toutes m'ont aidé à façonner ma façon de penser et l'approche que j'ai de mon travail.

La première est Jada Pinkett Smith, qui a été bien plus qu'une simple cliente : elle a aussi été mon mentor, mon guide et mon modèle. Merci, Jada, pour ta belle âme et pour m'avoir montré la signification d'une amitié inconditionnelle.

Je tiens à remercier Jay Real, qui m'a pris sous son aile et m'a appris les règles, limites et restrictions du monde des affaires. Jay, tu es un homme d'honneur. Tu as su instinctivement quand me prendre par la main pour me montrer le chemin, mais aussi quand la laisser pour que je puisse quitter le nid afin de voler de mes propres ailes. Je t'en serai éternellement reconnaissant.

Il y a également deux femmes que je tiens à remercier : les femmes qui dirigeaient un salon de toilettage à San Diego et qui m'ont engagé à mon arrivée aux États-Unis. Pardonnez-moi de ne pas me rappeler vos noms – je ne connaissais pas l'anglais alors et j'avais beaucoup de mal à retenir les noms américains. Si vous lisez ces lignes, soyez certaines que je n'oublierai jamais ce que vous avez fait pour moi. Je vous considère comme mes premiers (mais pas les derniers !) anges gardiens américains.

Les idées avancées par les auteurs et experts en épanouissement personnel sont souvent ridiculisées dans les médias, mais j'attribue mon succès à plusieurs d'entre eux. Oprah Winfrey m'a influencé bien avant que j'aie l'honneur de la rencontrer en personne et de travailler avec ses chiens. Son émission « How to Say No » a changé ma vie au début de ma carrière, parce qu'à l'époque, je disais « non » à ma famille, mais « oui » à tous les autres. Merci, Oprah, pour ta sagesse et ta perspicacité. Tu représenteras toujours à mes yeux l'incarnation de l'énergie « calme-assurée » dans ta manière d'aborder ton travail et la vie. Tu es vraiment un brillant « chef de meute » pour les humains !

D'autres personnes ont à la fois influencé ma vie et ma façon de travailler avec les chiens. Anthony Robbins m'a montré comment me fixer un but et quoi faire pour l'atteindre et le réaliser. Le docteur Wayne Dyer m'a appris le pouvoir de l'intention. Deepak Chopra m'a aidé à clarifier mes opinions concernant l'équilibre entre le corps et l'esprit, et les liens que nous entretenons avec les mondes naturel et spirituel. Le docteur Phil McGraw m'a appris comment donner aux gens d'une manière affectueuse des informations qu'ils ne veulent pas forcément entendre, et m'a aussi aidé à accepter le fait que mes conseils n'étaient pas bons pour tout le monde. Quant au livre *Les hommes viennent de Mars, les femmes viennent de Venus,* du psychologue John Gray, il m'a aidé dans ma relation de couple.

Il y a eu un moment dans ma vie où je cherchais désespérément à savoir si j'étais fou, où je me demandais si j'étais la seule personne sur terre à croire que la *psychologie* canine – et non le *dressage* – était la clé pour aider les chiens à problèmes. Le livre *Dog Psychology : The Basics of Dog Training,* de feu le docteur Leon F. Whitney, et celui du docteur Bruce Fogle, *The Dog's Mind,* sont les deux livres qui m'ont aidé à préserver ma santé mentale et à comprendre que j'étais sur la bonne voie.

En 2002, lorsque le *Los Angeles Times* m'a consacré un article de fond, une foule de producteurs d'Hollywood a envahi mon Centre de psychologie canine, chacun d'entre eux me promettant la lune si j'hypothéquais mon avenir et renonçais à mes « droits ». Sheila Emery et Kay Sumner ont été les seuls à ne rien me réclamer et à ne pas me promettre mille folies. Je les remercie de m'avoir présenté au groupe MPH Entertainment – Jim Milio, Melissa Jo Peltier et Mark Hufnail.

L'équipe de MPH/Emery-Sumner a vendu mon émission à la chaîne National Geographic. Contrairement aux autres producteurs qui m'avaient pressenti, les associés de MPH n'ont pas essayé de me faire changer. Ils ne m'ont pas demandé une seule fois de prétendre être ce que je n'étais pas. Ils voulaient que je me montre exactement comme j'étais – pas de chichi, pas de mise en scène, juste moi. Kay, Sheila et les trois associés de MPH Entertainment – je les appelle ma « meute télévisée » – m'ont aidé à garder les pieds sur terre et à rester équilibré dans un monde qui peut vite faire perdre la tête aux nouveaux venus.

Je tiens aussi à remercier tout spécialement mes deux merveilleux garçons : André et Calvin. Ils ont un père extrêmement dévoué à sa mission, mission à laquelle j'ai consacré du temps que j'aurais pu passer avec eux. Quand ils seront plus grands, je veux qu'ils sachent que chaque seconde que je passe loin d'eux, ils sont au cœur de mes pensées. Mes fabuleux garçons, vous êtes la raison qui me fait avancer : chaque empreinte que je laisse sur cette terre, je la laisse pour vous. Je veux que vous grandissiez dans une famille honorable et importante. André et Calvin, j'espère que vous vous souviendrez toujours de vos racines, que vous les chérirez éternellement.

Et, plus important que tout, il y a ma force, ma colonne vertébrale – ma femme, Ilusion Wilson Millan. Je crois qu'il n'existe pas d'homme plus heureux que celui dont la femme le soutient à 100 % : j'ai cette chance-là. Ilusion était à mes côtés avant que je devienne « quelqu'un », quand je n'avais encore rien. Elle m'a montré l'importance d'un amour inconditionnel et, en même temps, elle m'a réellement « rééduqué ». J'étais né avec les pieds sur terre mais, avant d'épouser ma femme, je commençais à me perdre. J'étais devenu égoïste et je ne savais plus quelles étaient mes priorités. Ilusion m'a remis sur le droit chemin. Elle m'a donné des règles, des limites et des restrictions. Elle s'est toujours battue pour ce qu'elle croyait être le mieux pour notre relation, pour notre famille, et elle n'est jamais revenue sur sa décision. Elle aime les êtres vivants comme j'aime les chiens. Au début de ma carrière, je trouvais plus facile de ne pas tenir compte de l'humain dans la relation entre les chiens et les hommes, mais Ilusion a immédiatement compris que c'était aux humains de «piger» ce qu'il fallait aux chiens pour qu'ils soient heureux. Par ailleurs, elle est la personne la moins égoïste et la plus indulgente que j'aie jamais rencontrée. Elle connaît le vrai pardon – pas seulement les mots, mais le fait de pardonner : cela a impliqué qu'elle pardonne à ceux qui étaient responsables d'événements extrêmement traumatisants dans sa vie. Ce fait en soi est une source d'inspiration pour moi. Ilusion, je me réveille tous les jours fier et honoré de t'avoir pour femme.

Enfin, il y a les chiens. Si j'étais un arbre, toutes les merveilleuses personnes qui m'entourent seraient celles qui ont permis ma croissance, mais les chiens seraient toujours mes racines. Ils me font garder les pieds sur terre. Dans chaque chien que je vois vit l'esprit de mon grand-père, l'homme qui a le plus influencé ma vie, qui m'a le premier initié au miracle des animaux et aux merveilles de mère nature. Les chiens ne lisent pas de livres : ce remerciement ne veut rien dire pour eux, mais j'espère que, quand je suis auprès d'eux, ils sentent mon énergie, la gratitude éternelle que je leur voue pour tout ce qu'ils m'ont donné.

Melissa Jo Peltier tient à remercier :
Laureen Ong, John Ford, Colette Beaudry, Mike Beller et Michael Cascio de la chaîne National Geographic, ainsi que Russel Howard et Chris Albert, les cracks du département publicitaire ; notre équipe et le personnel travaillant à l'émission *Dog Whisperer*, pour leur immanquable excellence ; Scott Miller du Trident Media Group, pour sa confiance et sa patience, et l'incomparable Ronald Kessler, pour m'avoir présentée au groupe Trident ; Kim Meisner et Julia Pastore de Harmony Books, pour leur compétence ; Heather Mitchell, pour ses recherches et vérifications d'informations ; Kay Sumner et Sheila Emery, pour avoir fait entrer Cesar dans nos vies ; Ilusion Millan, pour sa confiance et son amitié ; Jim Milio et Mark Hufnail, pour ces dix années extraordinaires passées ensemble ; Euclid J. Peltier (papa), pour avoir été une source d'inspiration ; l'adorable Caitlin Gray, pour avoir été patiente avec moi pendant un été d'écriture ; et John Gray, l'amour de ma vie – tu as tout changé.

Et, bien sûr, Cesar. Merci, Cesar, de m'avoir fait l'honneur de me laisser prendre part à ta mission.

Avant-propos de Martin Deeley

Président de l'Association internationale des professionnels du chien

De nos jours, bien que nous ayons davantage de livres, d'aide, d'appareils de dressage et de friandises à notre disposition, on rencontre plus que jamais des chiens mal éduqués. Nous avons ainsi les moyens d'avoir des chiens bien éduqués, mais nous manquons de connaissance à propos de la nature de nos fidèles compagnons. Bien que la plupart d'entre nous soient des maîtres aimants et bien intentionnés, ce manque de compréhension peut engendrer de nombreux problèmes, très communs, chez leur chien. Pour le dire simplement, les chiens ne sont pas de petits êtres humains. Ils ne pensent pas comme nous, n'agissent pas comme nous et ne voient pas le monde comme nous. Les chiens sont des chiens, et nous devons les respecter en tant que tels. Nous leur portons préjudice en les traitant comme des humains, et nous créons ainsi la plupart des mauvais comportements que nous voyons aujourd'hui chez certains de nos amis canins.

À la seconde où j'ai vu Cesar Millan travailler avec des chiens dans son émission *Dog Whisperer*, j'ai su qu'il avait intégré ce concept. C'est un homme unique, qui n'a pas peur de se montrer politiquement incorrect, qui parle d'autorité avec les chiens et n'hésite pas à donner, et à montrer à la télévision, une correction quand un chien la mérite. Je ne cesse d'être impressionné par la façon dont Cesar interagit à la fois avec les chiens et avec leurs maîtres. Il explique ce qui provoque le problème d'une manière compréhensible pour tout propriétaire de chien. Sa personnalité, sa chaleur et son humour sont irrésistibles ; en sa présence, charmante, même les maîtres les plus obstinés se montrent sensibles à ses conseils et finissent par vouloir changer. Cesar ne se contente pas d'expliquer la situation, il règle également le problème. Avec un minimum de communication verbale, le chien se soumet, change d'attitude et de comportement. Les chiens réagissent à l'approche calme et confiante de Cesar. C'est réellement un homme qui sait comment « parler chien ».

Cesar nous rappelle dans ce livre que ce qui importe le plus dans le dressage d'un chien, c'est la construction d'une relation saine entre l'humain et son animal, une relation dans laquelle il existe des frontières claires entre les deux êtres. Je sais d'expérience que c'est extrêmement important. Mon premier chien, Kim, ne s'est jamais montré agressif et ne s'est jamais mal comporté en public ou quand on me rendait visite chez moi. Aujourd'hui, les gens diraient : « Quel chien bien dressé ! » Mais ce n'était pas du dressage : il se comportait ainsi car nous partagions une relation basée sur les trois éléments clés que Cesar détaille dans ce livre : l'exercice, la discipline et l'affection.

Cesar nous montre comment construire ce genre de relation et nous aide à mieux comprendre nos chiens. Il explique également que les chiens peuvent changer d'attitude et de comportement si on s'y prend bien. Ce sont des informations capitales pour toute personne désirant vivre plus paisiblement avec nos chers compagnons.

. . . .

Avant-propos de Jada Pinkett Smith

Laissez-moi vous préparer à l'idée que, grâce à la psychologie canine de Cesar Millan, vous allez apprendre tout autant sur vous-même que sur votre chien. En effet, nous autres, les humains, avons oublié le concept d'ordre naturel dans lequel vivent nos chiens. Notre ignorance de la nature profonde de nos animaux et de leurs besoins les prive de leurs instincts naturels, grâce auxquels ils survivent. De ce fait, ils sont déséquilibrés, malheureux, et nous apportent plus de problèmes que de joie. Cesar nous aide à comprendre la manière naturelle dont vivent nos chiens, de façon qu'ils deviennent plus équilibrés et heureux. Nos chiens, une fois épanouis, nous permettent de développer une relation plus saine avec eux.

Grâce à sa patience et à sa sagesse, Cesar a été une véritable bénédiction pour ma famille, pour mes chiens et pour moi-même. Soyez donc prêts, chers novices, à apprendre de nouvelles choses, et soyez-en heureux.

. . . .

Introduction

Votre chien vous rend-il dingue ? Est-il agressif, nerveux, peureux, ou tout simplement très tendu ? Peut-être que votre compagnon à quatre pattes fait une obsession sur quelque chose, qu'il saute sur quiconque passe votre porte, ou qu'il vous casse les pieds pour que vous lui lanciez une balle de tennis d'un vert douteux encore et encore...

Si ce n'est pas le cas, vous pensez peut-être, et je dis bien peut-être, que votre animal est parfait, mais vous aimeriez entretenir une relation plus épanouissante avec lui. Vous voudriez savoir comment il fonctionne vraiment et entrer dans ses pensées afin de resserrer vos liens.

Si vous vous reconnaissez dans ce que vous venez de lire, vous avez frappé à la bonne porte.

Si vous ne m'avez jamais vu dans mon émission, *Dog Whisperer*, laissez-moi me présenter : je m'appelle Cesar Millan, et j'ai hâte de vous faire partager la sagesse que j'ai acquise au cours de ma vie, en vivant et en travaillant avec des chiens – dont des milliers de « causes perdues » que j'ai rééduquées au fil des ans.

Laissez-moi vous en dire un peu plus sur moi : je suis arrivé du Mexique en 1990, sans argent en poche, mais nourrissant le rêve et l'ambition de devenir le meilleur dresseur de chiens du monde. J'ai commencé comme toiletteur mais en moins de 10 ans, je travaillais déjà avec des meutes de rottweilers très agressifs, dont certains chiens se trouvaient appartenir à un formidable couple dont vous avez peut-être entendu parler, Will Smith et Jada Pinkett Smith. Will et Jada, tous deux des maîtres responsables, ont été impressionnés par le don naturel que j'ai avec les chiens et m'ont généreusement conseillé à leurs amis et collègues, des célébrités pour la plupart. Je n'ai fait aucune publicité : mon affaire s'est montée grâce au bouche à oreille.

Très vite, les affaires ont bien marché et j'ai pu ouvrir le Centre de psychologie canine dans le sud de Los Angeles. J'y garde une meute de 30 à 40 chiens dont personne ne veut s'occuper. J'ai sauvé la majorité d'entre eux : ils venaient de refuges ou d'associations de protection des animaux car ils étaient considérés comme « inadoptables » ou avaient été abandonnés par leurs maîtres à cause de leurs problèmes de comportement. Malheureusement, les refuges où l'on n'exécute pas les animaux sont trop rares : de fait, nombre d'entre eux doivent être euthanasiés. Mais *mes* chiens à moi, une fois rééduqués, deviennent des membres heureux et productifs de la meute. Beaucoup finissent par trouver une famille d'adoption aimante et responsable. Et pendant le temps qu'ils passent dans ma meute, ces chiens, qui étaient condamnés à mort, accueillent régulièrement les chiens que m'amènent des clients et leur servent même de modèles.

Les chiens américains manquent des choses les plus nécessaires : je l'ai vu dans leurs yeux et je l'ai ressenti dans leur énergie le jour même où j'ai franchi la frontière. Les chiens domestiques en Amérique du Nord rêvent d'avoir ce que la majorité des chiens ont naturellement à l'état sauvage : *la capacité d'être* simplement *des chiens* et *de vivre dans une meute* stable et équilibrée. Les chiens d'ici ont un problème que ne connaissent pas la plupart de leurs congénères sur terre : ils doivent « désapprendre » à leurs maîtres les efforts que ceux-ci fournissent pour faire d'eux des personnes à quatre pattes couvertes de fourrure – efforts motivés par l'amour, mais qui s'avèrent destructeurs.

Quand j'étais enfant au Mexique, je regardais les séries télévisées *Lassie* et *Rintintin* et je rêvais de devenir le plus grand « dresseur » de chiens du monde. Aujourd'hui, je n'appelle plus ce que je fais du « dressage ». Il existe beaucoup de grands dresseurs, des gens qui peuvent apprendre à votre chien à répondre à des ordres tels que «assis», «pas bouger», «viens ici» ou «au pied». Ce n'est pas ce que je fais. Je fais de la rééducation intensive. J'ai recours à la psychologie canine pour essayer de comprendre l'esprit et les instincts naturels du chien afin d'aider à corriger ses comportements indésirables. Je n'utilise pas les mots ni les ordres. J'utilise l'énergie et le toucher. Quand je me rends chez un client, ce dernier pense en général que le problème vient du chien, mais je garde toujours dans un coin de ma tête l'idée qu'il vient plus certainement du maître. Je dis souvent à mes clients: «Je rééduque les chiens, mais je dresse les gens.»

Le point essentiel de ma méthode est ce que j'appelle «le pouvoir de la meute». En ayant grandi dans une ferme, entouré de chiens travailleurs et non domestiques, j'ai pu observer pendant des années ces animaux vivre dans leur société naturelle, en «meute». Le concept de «meute» est enraciné dans l'ADN de votre fidèle compagnon. Dans la meute, il n'existe que deux rôles: celui de chef et celui de suiveur. Si vous ne devenez pas le chef de meute de votre chien, il assumera ce rôle et essaiera de vous dominer. En Amérique du Nord, la plupart des gens qui ont un chien le gâtent et le couvrent constamment d'affection, pensant que c'est suffisant. Pour le dire simplement: ça ne l'est pas. Dans le monde de votre chien, ne recevoir que de l'affection bouleverse son équilibre naturel. En apprenant à mes clients comment «parler» le même langage que leur animal – le langage de la meute –, c'est *à eux* que je fais découvrir un monde nouveau. Mon but, en travaillant ainsi, est d'assurer une vie plus saine, plus heureuse, à l'humain comme au chien.

Aux États-Unis, on compte plus de 65 millions de chiens domestiques[1]. Ces 10 dernières années, l'industrie des animaux de compagnie a doublé et a engendré 34 milliards – oui, milliards! – de dollars de profit. Les Américains gâtent leurs animaux: ils achètent pour leurs minuscules yorkshire-terriers des sacs de voyage en cuir de crocodile à 5 700 dollars pièce, ou leur souscrivent des assurances s'élevant à 30 000 dollars! [1] En moyenne, les propriétaires de chiens dépensent jusqu'à 11 000 dollars ou plus pour leur animal au cours de sa vie – et c'est l'une des estimations les plus basses! [2] C'est décidément dans ce pays qu'on trouve les chiens les plus gâtés du monde, mais sont-ils pour autant les plus heureux?

Malheureusement, la réponse est non.

J'espère qu'après avoir lu ce livre, vous aurez appris des techniques pratiques qui vous permettront de résoudre les problèmes de votre chien. Toutefois, plus important encore, je veux que vous compreniez mieux de quelle manière ce dernier voit le monde – et ce qu'il veut vraiment, ce dont il a besoin pour avoir une vie paisible, heureuse et équilibrée. Selon moi, tous les chiens, ou presque, naissent parfaitement équilibrés, en accord avec eux-mêmes et avec la nature. C'est seulement quand ils vivent avec des humains qu'ils développent les problèmes de comportement que j'appelle des «troubles». Et en parlant de troubles, qui d'entre nous peut se targuer de ne pas en avoir? Après avoir mis mes techniques en application, vous commencerez peut-être même à mieux vous comprendre vous-même! Vous regarderez sous un nouveau jour votre propre comportement, et vous verrez peut-être changer la manière dont vous agissez avec vos enfants, votre épouse ou encore votre patron. Après tout, les humains aussi sont des animaux de meute! Vous n'imaginez pas le nombre de téléspectateurs qui m'ont dit que mes techniques avaient aidé tant les humains que les chiens. Lisez par exemple un extrait de cette charmante lettre:

> *Cher Cesar,*
> *Merci mille fois pour votre émission,* Dog Whisperer.
> *Ce qui est drôle, c'est que vous avez changé ma vie et celle de ma famille alors que nous n'avons même pas de chien.*
> *J'ai 41 ans. J'ai deux enfants (un fils de 5 ans et une fille de 6 ans). J'avais énormément de mal à les discipliner (j'ai appris qu'ils n'avaient ni limites ni restrictions). Mes enfants me marchaient littéralement sur les pieds, en public comme à la maison. Et puis, j'ai vu votre émission.*
> *Depuis, je me suis entraînée à être un parent plus assuré, ayant recours à une énergie plus autoritaire, revendiquant ma place de chef Je me suis aussi entraînée à apprendre à ne plus leur demander de faire des choses, à ne plus les supplier, mais à simplement leur dire de les faire (comme ranger leur chambre, débarrasser la table ou mettre leur linge sale au lavage). Ma vie a changé, et la leur aussi. À ma grande surprise, mes enfants sont devenus plus disciplinés (il y a donc moins*

de disputes à la maison), et j'ai découvert qu'en réalité, ils aimaient les responsabilités et les tâches ménagères. Ils sont fiers quand ils ont effectué un travail, et moi, je suis aux anges.

Vous n'avez pas seulement appris aux humains à comprendre leurs chiens, vous leur avez appris des choses sur eux-mêmes.

Un grand merci!
La famille Capino

Je dois énormément aux chiens. Évidemment, c'est grâce à eux que je gagne ma vie, mais ma gratitude envers eux est bien plus profonde. Je leur dois mon équilibre. Je leur dois d'avoir fait l'expérience d'un amour inconditionnel. Quand j'étais enfant, j'ai pu surmonter la solitude grâce à eux. Je leur dois aussi la compréhension que j'ai de ma propre famille : ils m'ont aidé à devenir un meilleur « chef de meute », plus équilibré, envers ma femme et mes enfants. Les chiens nous donnent énormément mais en réalité, que leur donnons-nous en retour? Un endroit où dormir, de la nourriture, de l'affection… Est-ce vraiment suffisant pour eux? Ils partagent leur vie avec nous d'une façon pure et totalement désintéressée. Ne pouvons-nous pas regarder dans leur cœur et leur esprit afin de découvrir ce qu'ils veulent réellement?

J'en suis arrivé à croire que certains maîtres ne sont pas vraiment prêts à faire les efforts nécessaires pour que leur chien soit satisfait, car ils craignent que cela bouleverse leur relation et la manière dont leur chien les satisfait *eux*. Mais dans une relation idéale, les besoins des deux parties ne devraient-ils pas être comblés?

Avec ce livre, j'espère aider mes lecteurs afin qu'ils rendent à leur chien ne serait-ce qu'une fraction de ce que celui-ci leur apporte.

....

Note sur les genres[2]

J'ai grandi au Mexique, dans une culture que vous pouvez qualifier de « macho ». D'aucuns, en Amérique du Nord, la qualifieront de « sexiste ». Peu importe son nom, c'est une culture qui ne valorise pas les femmes de la manière dont elles sont valorisées dans mon pays d'adoption, les États-Unis. Les femmes sont respectées en tant que mères, mais leur valeur personnelle n'a pas l'importance qu'elle devrait avoir. On n'encourage pas les femmes à avoir une haute estime d'elles-mêmes ni à sentir l'importance du rôle qu'elles jouent dans la société.

Depuis que je suis arrivé aux États-Unis et que j'ai épousé une Américaine, j'ai été « rééduqué » au point que je pense désormais qu'aucune culture n'est vraiment saine si elle n'accorde pas aux femmes toute la valeur qu'elles méritent. En écrivant mon premier livre, la question des genres et de leur utilisation s'est avérée très importante pour moi. De fait, mon coauteur et moi avons procédé de la manière suivante : nous avons alterné, un chapitre sur deux, les pronoms et les adjectifs masculins et féminins pour décrire les humains. Nous avons fait de même en parlant des chiens. Autrement dit, au sein d'un même chapitre, le pronom « he » faisait référence au chien, et le « she » à l'être humain. Au chapitre suivant, c'était l'inverse, et ainsi de suite.

Je dois à ma belle et brillante femme, Ilusion Wilson Millan, de m'avoir ouvert les yeux sur le rôle primordial que jouent les femmes dans notre existence. Elles sont véritablement le ciment qui fait tenir nos « meutes » humaines.

Dans les montagnes, avec la meute.

Prologue

....

Une vie de chien

Il est 6 h 45 du matin et le soleil commence juste à pointer au-dessus de la crête des montagnes de Santa Monica. Nous cheminons vers l'est; le sentier est calme et désert. Je n'ai vu aucun signe de vie humaine jusqu'à présent: c'est une bonne chose. Quand je cours dans les collines – suivi par environ 35 chiens en liberté –, je privilégie toujours les sentiers les moins fréquentés. Les chiens ne sont pas dangereux, mais ils peuvent paraître impressionnants pour quelqu'un qui n'a jamais vu un homme courir avec une meute.

Nous courons depuis une demi-heure. Geovani, mon assistant, reste derrière le dernier chien, surveillant l'arrière de la meute et les éventuels retardataires. Il y en a rarement. Une fois que nous avons trouvé un rythme, la meute et moi retournons la poussière du sentier sur notre passage comme si nous étions une entité unique, un seul animal. Je dirige, et ils suivent. J'entends leur souffle profond et les légers grattements de leurs pattes sur le sentier. Ils sont calmes et heureux, et trottinent gaiement, la tête baissée, remuant la queue.

Les chiens me suivent en fonction de leur statut. Toutefois, comme ma meute est bien plus grande que ne le serait une meute de loups dans la nature, les chiens se divisent en groupes, qu'ils constituent selon leur niveau d'énergie –

bas, moyen ou élevé. (Les chiens les plus petits doivent faire plus d'efforts pour soutenir le rythme.)

Tous les chiens opèrent sur le « mode migratoire ». Ce sont leurs instincts qui prennent le dessus. Parfois, je pense que c'est aussi mon cas. Je respire profondément – l'air est pur, la brume de Los Angeles est loin derrière moi. C'est très excitant, c'est une sensation grisante. Je ne fais qu'un avec les grands espaces, l'aurore et les chiens. Je pense à la chance que j'ai de passer mes journées de cette façon, de pouvoir profiter de cet instant tout en sachant qu'il fait partie de mon travail, de ma mission.

...

En général, les jours de travail, je quitte mon domicile d'Inglewood, en Californie, de façon à arriver au Centre de psychologie canine à 6 heures du matin. Geovani et moi faisons sortir les chiens dans la « cour » du centre, au sol couvert de poussière, pour qu'ils puissent se dégourdir après leur nuit de repos. Ensuite, nous les faisons monter dans un van et arrivons dans les montagnes, au plus tard à 6 h 30. Nous y restons pendant environ quatre heures, en alternant exercices énergiques, exercices moins difficiles et moments de repos.

J'entends par « exercices » ce que j'ai décrit plus haut : je dirige la meute comme le ferait un chien alpha, et les chiens me suivent. Quelle belle équipe ! Une bande d'animaux blessés, rejetés ou abandonnés qui ont été sauvés, accompagnés des chiens de mes clients qui sont à mon centre pour « retrouver leurs racines » – mais pour les chiens, c'est bel et bien une équipe. Nous avons beaucoup de pitbulls, de rottweilers, de bergers allemands et d'autres races puissantes, ainsi que des springers spaniels, des lévriers italiens, des bouledogues et des chihuahuas. Pendant que je cours, la plupart des chiens sont en liberté. Si un chien a besoin d'une laisse, c'est mon assistant qui s'en charge. Si j'ai le moindre doute sur la capacité d'un chien à être un membre obéissant de la meute, il reste au centre et je lui fais faire plus tard d'autres types d'exercices. Malgré leurs différences, les chiens forment une meute parfaite. C'est leur instinct le plus profond et le plus primaire qui leur dicte de me suivre, moi, leur « chef de meute », de m'obéir, et de coopérer les uns avec les autres. Chaque fois que nous faisons cet exercice ensemble, le lien qui m'unit à eux se voit resserré. C'est de cette façon que la nature a voulu que fonctionne une meute de chiens.

Ce qui est remarquable, c'est que, quand nous marchons ou courons, il est impossible de discerner les différentes races des chiens. Ils forment tout simplement une meute. En revanche, quand nous nous reposons, ils se séparent selon leur race. Les rottweilers se rassemblent et creusent un terrier dans le sol pour s'y reposer. Les pitbulls se couchent tous ensemble, toujours au milieu de la meute, au soleil. Les bergers allemands, eux, vont se coucher à l'ombre d'un arbre. Ils ont tous leurs habitudes propres. Puis, quand il est temps de se remettre à courir, ils reforment les rangs, comme s'il n'y avait aucune différence entre eux. Le chien et l'animal en eux sont bien plus forts que leur race – du moins quand il est question de se déplacer, ce qui est un moment important pour eux. Chaque jour que je passe à leurs côtés, j'apprends quelque chose de nouveau sur eux. Je fais tout ce que je peux pour les aider : en retour, ils me font des milliers de cadeaux.

10 h 45 : nous sommes de retour à Los Angeles. Après quatre heures d'exercices intenses dans les montagnes, les chiens sont prêts à boire et à rentrer à la maison. Une fois au centre, ils se reposent à l'ombre d'un portique de deux étages, d'un arbre touffu, ou en «Thaïlande» – c'est ainsi que j'appelle la rangée de cinq petites niches individuelles destinées aux plus petits d'entre eux. Certains des plus actifs aiment se rafraîchir dans l'un de nos bassins avant de s'écrouler de fatigue. Pendant l'heure où ils se reposent, de 11 heures à midi environ, je fais mes consultations et j'admets de nouveaux chiens au centre. C'est le meilleur moment pour introduire un nouveau membre, un chien déséquilibré, dans la meute car ses membres actuels sont morts de fatigue.

Maintenant qu'ils ont fait de l'exercice et qu'ils se sont reposés, les chiens ont mérité leur nourriture… exactement comme ils auraient dû le faire dans la nature. J'aime préparer la nourriture, la doser et la mélanger moi-même avec mes mains nues, de façon qu'elle ait toujours l'odeur de leur chef de meute. Le rituel du repas au Centre de psychologie canine dure de une heure et demie à deux heures : il est censé représenter pour les chiens un défi sur le plan psychologique – en termes humains, c'est un exercice qui met leur

« volonté » à l'épreuve. Les chiens s'alignent devant moi et attendent. Ce sont les plus doux, les plus calmes et les plus détendus qui auront leur nourriture en premier. En faisant cela, les autres chiens se rendent compte que plus ils seront doux et calmes, plus ils auront de chances d'obtenir ce qu'ils désirent. Ils doivent manger les uns à côté des autres, sans se battre ni se montrer dominants pour la nourriture. C'est un défi énorme pour un chien, mais qui assure le bon fonctionnement de la meute.

Les rottweilers se reposent ensemble pendant l'excursion.

Une fois que les chiens ont mangé et se sont reposés, ils sont prêts à faire de nouveaux exercices physiques. Comme vous devez vous en rendre compte, je crois à la fois profondément à la structure et à l'activité physique intense pour aider les chiens à atteindre l'équilibre qu'ils auraient s'ils vivaient dans la nature, dans un monde sans l'influence de l'homme.

Notre prochaine activité est la plus vigoureuse de la journée : le patin à roues alignées. Croyez-moi si vous voulez, mais la majorité des chiens aiment courir avec moi quand je fais du patin : ils aiment relever le défi d'arriver à suivre un chef de meute sur roulettes! Comme je ne peux faire du patin qu'avec au maximum 10 chiens à la fois, je fais trois ou quatre séances d'affilée. Au milieu de l'après-midi, tout le monde a eu son tour. Les chiens sont épuisés, et moi aussi. Tandis qu'ils se reposent, pendant deux heures, j'effectue des consultations par téléphone et je m'occupe de la paperasse. Vers 17 heures, on s'y remet et on joue à la balle pendant 20 minutes. Dans mon centre, de 30 à 40 chiens peuvent jouer à rattraper la même balle sans se bagarrer. C'est ce que j'appelle «le pouvoir de la meute»: il les aide à avoir un bon comportement.

Quand le jour commence à décliner, la meute se repose pour le reste de la journée. C'est le meilleur moment pour le travail individuel que je dois faire avec certains chiens. Prenez Beauty par exemple, une femelle berger allemand, grande et maigre, qui souffre gravement d'agressivité liée à la peur. Si quiconque s'approche d'elle, elle commence par reculer, puis part en courant ou attaque. Pour attacher une laisse à son collier, je dois la pourchasser jusqu'à ce qu'elle s'épuise, puis attendre qu'elle se soumette. Je vais peut-être devoir répéter ce processus un millier de fois avant qu'elle se rende compte que, quand je tends la main, ce qu'elle a de mieux à faire c'est de venir vers moi. Comme Beauty a fait de l'exercice et a pris part à la meute toute la journée, elle est dans le meilleur état d'esprit possible pour que je puisse travailler avec elle sur ses troubles.

Aujourd'hui, plus de 10 ans après l'ouverture du Centre de psychologie canine, j'ai toujours une petite équipe qui travaille à mes côtés, composée, outre ma femme Ilusion et moi-même, de quatre fidèles employés. En moyenne, nous nous occupons de 40 chiens en même temps. Il y a, dans cette meute, des chiens qui sont avec nous depuis le début. Nous considérons certains d'entre eux comme les animaux de la famille, et ils rentrent avec nous à la maison tous les soirs. Nous nous sommes attachés à tellement d'entre eux que nous devons alterner ceux que nous ramenons avec nous. D'autres chiens viennent régulièrement au centre car ils appartiennent à des clients de longue date, qui aiment l'effet équilibrant que la meute a sur eux: ces clients nous emmènent leurs chiens chaque fois qu'ils partent en voyage. Pour leurs chiens, qui sont déjà sains d'esprit, venir passer du temps avec la meute, c'est comme aller en colonie de vacances et retrouver de vieux amis.

Les autres chiens du centre sont des visiteurs temporaires, des chiens que j'amène ici pour les rééduquer. La proportion des «habitués» de la meute et des «membres temporaires» est à peu près de 50/50. Certains des «membres temporaires» sont des chiens qui ont été sauvés de refuges – des chiens qui auraient sans doute été euthanasiés si on ne pouvait pas en faire *rapidement* des animaux adaptés à la société. Les autres appartiennent à des clients particuliers. J'aime à dire que les chiens appartenant à des clients sont ceux qui font marcher mon affaire et les chiens provenant des associations, ceux qui font fonctionner mon karma. La majorité de mes clients n'ont pas besoin d'envoyer leur chien au centre pour qu'ils aillent mieux, tout comme les êtres humains n'ont pas tous besoin de faire une thérapie de groupe pour régler leurs problèmes psychologiques. La plupart des cas dont je m'occupe sont des chiens qui ont juste besoin d'un chef plus fort, de règles, de limites et de restrictions, ainsi que de cohérence à la maison pour devenir de meilleurs chiens. Mais dans certains cas, le centre représente la meilleure solution pour des animaux qui ont besoin de l'aide et de l'influence des membres de leur espèce pour réapprendre à être des chiens.

Comme beaucoup de nos chiens viennent d'associations de protection des animaux, la plupart d'entre eux ont des histoires à vous fendre le cœur. Certaines impliquent l'incroyable cruauté dont font preuve des humains envers eux : Rosemary fait partie de ceux-là. Croisée de pitbull, elle a été éduquée pour combattre d'autres chiens dans les combats clandestins. Après qu'elle eut perdu un combat important, ses maîtres l'ont aspergée d'essence et lui ont mis le feu. Une association de protection des animaux lui a sauvé la vie : elle s'est remise de ses brûlures, mais il est évident que cette épouvantable expérience a fait d'elle un chien dangereux et agressif envers les humains. Elle s'est mise à mordre les gens. J'ai entendu parler d'elle quand elle a mordu deux hommes âgés, et j'ai immédiatement proposé de la prendre dans mon centre pour essayer de la rééduquer.

Rosemary m'a été présentée comme étant un chien meurtrier et dangereux. Toutefois, quand je l'ai amenée au centre, la faire changer a été un vrai jeu d'enfant. Elle avait seulement besoin d'un endroit sûr et d'un chef solide pour pouvoir refaire confiance aux humains. Avant, elle était intimidée : elle prenait donc les devants. C'est dans ces moments qu'elle attaquait car, dans son expérience passée, si elle n'attaquait pas, l'humain lui faisait du mal. Cela ne m'a pris que deux jours pour gagner sa confiance. À partir de ce moment-là, elle a été le chien le plus doux et le plus obéissant que vous pouvez imaginer. Ce sont les humains qui avaient fait d'elle une meurtrière : elle n'était pas née pour en être une. Dès qu'elle a été au centre, entourée de l'énergie de chiens stables et équilibrés, elle s'est avérée être un cas très facile.

Rosemary vit maintenant dans une famille d'adoption qui l'aime – et qui ne peut pas croire qu'elle ait un jour été agressive envers les humains. Elle est devenue la meilleure ambassadrice qui soit pour le Centre de psychologie canine que je dirige.

Comme Rosemary, Popeye a été trouvé en train d'errer dans les rues par les membres d'une association et a fini ici car ces derniers n'arrivaient pas à le maîtriser. Popeye est un pitbull pure race qui a perdu un œil lors d'un combat clandestin. Comme il était devenu de la « marchandise endommagée », ses maîtres n'en voyaient plus l'utilité et l'ont abandonné. Alors qu'il s'habituait à n'avoir qu'un œil, il est devenu très méfiant envers les autres chiens car sa vision du monde s'était rétrécie : il se sentait vulnérable. Il a réagi en étant très agressif envers les autres membres de son espèce, de façon à les intimider – ce qui provoquait presque toujours une bagarre. Puis il s'est mis à attaquer les humains. Quand on me l'a amené, il était très arrogant, dominant et nerveux. C'était un cas bien plus difficile que Rosemary parce qu'il avait une très forte énergie : je devais donc être plus vigilant et sans arrêt sur le qui-vive en sa présence. Aujourd'hui, c'est un membre de la meute doux, en qui nous avons toute confiance, et personne ici ne lui en fait voir de toutes les couleurs sous prétexte qu'il n'a qu'un œil.

Nous avons beaucoup de pitbulls dans notre meute, pas parce qu'ils sont plus dangereux que les autres chiens, mais parce qu'ils comptent parmi les races les plus puissantes et que les associations ont du mal à les manipuler quand ils développent des troubles, plus particulièrement l'agressivité. Malheureusement pour les pitbulls, nombre de gens les élèvent pour les combats clandestins ou pour qu'ils assurent leur protection : on les conditionne donc de manière à faire ressortir le côté agressif de leur nature.

Preston est lui aussi un pitbull, et il est énorme. Il vivait avec un homme de 80 ans, passant sa vie enfermé avec lui à l'intérieur de l'appartement.

Comme il est de nature calme, il n'est jamais devenu destructeur – du moins tant que son maître était encore en vie. Il était présent quand ce dernier est mort, et il a été trouvé par le propriétaire de l'appartement, qui a appelé la fondation Amanda. Quand ils sont venus pour le prendre, il était très craintif. Les chiens craintifs risquent souvent de développer une agressivité liée à la peur. Les membres de l'association l'ont mis dans une niche, mais quand ils ont essayé de l'en sortir, il a voulu attaquer tout le monde. Comme il est très gros, ses sauveteurs ont commencé à avoir peur de lui. Cependant, quand je l'ai amené ici, j'ai immédiatement vu qu'il était effrayé et peu sûr de lui. Il a été l'un des rares cas que j'ai mis dans la meute directement à plein temps, dès le premier jour. Comme il était de nature calme, Preston a capté l'énergie détendue et stable des autres membres de la meute et a presque instantanément changé pour devenir comme eux. Il s'est calmé sur-le-champ et bien qu'il ait toujours l'air effrayant pour la plupart des visiteurs, je connais son secret – en réalité, c'est un gentil géant.

Bien que je n'aie pas de préférés au centre, Scarlett, une petite femelle bouledogue français noir et blanc, est une chienne à laquelle je me suis beaucoup attaché. Elle vient souvent avec moi à la maison, et mes fils la considèrent comme l'animal de la famille. Scarlett était la dernière venue dans une maison pleine de chiens et d'autres animaux. Ses maîtres avaient un lapin qui est sorti de son clapier : Scarlett l'a attaqué et lui a arraché un œil. Je me suis rendu chez eux pour travailler avec elle : je ne la considérais même pas comme un cas qui nécessitait d'aller au centre. Le problème, ce n'était pas elle, mais ses maîtres. La discipline n'existait pas dans cette maison – il n'y avait ni règles, ni limites, ni restrictions –, et les maîtres étaient rarement chez eux pour surveiller les divers animaux qu'ils laissaient en liberté dans la propriété. J'ai donné beaucoup de devoirs à ces personnes, mais elles n'ont rien changé. Quelques semaines plus tard, Scarlett a arraché la jambe d'un chihuahua qui vivait avec eux. Comme elle était le chien le plus agressif de la meute, et la dernière arrivée, ses maîtres ont de nouveau rejeté la responsabilité sur elle. Je ne pensais pas qu'il y eût le moindre espoir pour elle dans cette famille : j'ai donc proposé de l'adopter. Maintenant, elle est d'une telle gentillesse, d'un tel calme, que je peux l'emmener partout avec moi. Je la considère comme mon porte-bonheur. Chaque fois que j'ai besoin d'un coup de chance, je frotte son ventre comme un bouddha : cela n'a encore jamais raté.

Oliver et Dakota sont deux springers spaniels marron et blanc. Tous deux ont des problèmes physiques, comme des infections fréquentes aux yeux et aux oreilles, à cause d'un trop grand nombre de croisements dans leur lignée. Dakota est le plus amoché des deux. Je crois que tout chien entre dans votre vie pour vous apprendre quelque chose. Grâce à Dakota, j'ai fait l'expérience des dégâts neurologiques – un problème que je ne pouvais pas régler. Son énergie est « éteinte ». Tout en lui – de son aboiement à la manière dont il poursuit les ombres – est très déséquilibré. Comme aucune agressivité n'est autorisée dans la meute – jamais –, les autres chiens ne lui font pas de mal et il peut vivre en paix. Dans la nature, il serait la cible d'attaques à cause de sa faiblesse, et il ne survivrait probablement pas.

J'aimerais pouvoir vous présenter tous les chiens de ma meute, car ils ont tous des histoires et des expériences fascinantes. Néanmoins, ils ont tous quelque chose en commun : pour eux, faire partie d'une famille de la même espèce a un sens profond. Faire partie d'une famille d'humains n'aurait pas le même genre de signification : ils vivraient confortablement et seraient même peut-être gâtés, mais il leur manquerait ce sens primitif. Donc, quand ces chiens se trouvent en compagnie de membres de la même espèce – peu importe leur race –, ils éprouvent un sentiment de complétude.

J'aimerais que tous les chiens d'Amérique du Nord – et du monde – puissent être aussi équilibrés et épanouis que les chiens de ma meute. Mon but dans la vie est d'aider à rééduquer le plus de chiens « à problèmes » possible.

Quand vient le soir, il est temps pour moi de rentrer à la maison retrouver ma meute humaine : ma femme, Ilusion, et nos deux fils, André et Calvin. Geovani, lui, reste pour la nuit : il s'occupe des chiens et les met dans leur niche quand vient l'heure de dormir. Après environ sept ou huit heures d'exercice, ils sont prêts à s'effondrer. Demain, la même journée recommencera, avec moi ou l'un de mes collègues présent au centre. C'est ma vie – une vie de chien –, et je ne saurais être plus comblé.

Avec ce livre, je vous invite à en faire l'expérience avec moi.

Ma famille devant la ferme, à Ixpalino. De gauche à droite : ma mère, ma grand-mère, ma sœur, ma cousine, mon grand-père et moi.

Chapitre 1

....

Mon enfance avec les chiens

Une vision depuis l'autre côté de la barrière

Les matins d'été à la ferme, nous nous réveillions avant le lever du soleil. Nous n'avions pas l'électricité : le soir, quand le ciel s'assombrissait, nous, les enfants, n'avions pas grand-chose à faire à la lumière des bougies. Alors que les adultes parlaient doucement jusqu'à une heure avancée de la nuit, ma grande sœur et moi essayions de nous endormir malgré la chaleur étouffante. Nous n'avions pas besoin de réveil : le premier rayon de soleil qui entrait par la fenêtre ouverte et dans lequel flottait de la poussière dorée, se chargeait de nous tirer des bras de Morphée. Ce que j'entendais en premier, c'étaient les gloussements insistants des poulets qui se battaient pour le grain que mon grand-père jetait déjà dans la cour. Si je m'attardais suffisamment longtemps au lit, je sentais le café qui chauffait sur le poêle et j'entendais le bruissement de l'eau dans les seaux en céramique que ma grand-mère rapportait du puits. Avant d'entrer dans la maison, elle aspergeait légèrement d'eau la route poussiéreuse devant la porte pour nous éviter de suffoquer quand les vaches passeraient le matin en se rendant à la rivière.

La plupart du temps, la dernière chose que je souhaitais était de rester au lit. J'étais impatient de me lever et d'aller au grand air. Je voulais par-dessus tout être avec les animaux. D'aussi loin que je me souvienne, j'ai toujours aimé passer du temps en leur compagnie, marcher avec eux, ou seulement les regarder en silence en essayant de comprendre comment fonctionnait leur esprit sauvage. Je voulais savoir à quoi ressemblait le monde vu à travers les yeux d'un animal : que ce soit un chat, un poulet, un taureau ou un bouc, peu importe, je voulais comprendre l'animal du dedans. Je n'ai jamais pensé qu'ils étaient comme nous, mais je ne me souviens pas non plus d'avoir un jour pensé qu'ils nous étaient « inférieurs ». Nos différences m'ont toujours fasciné : elles me ravissaient même. Ma mère raconte encore aujourd'hui que, depuis le jour où j'ai été suffisamment grand pour caresser un chien, ma curiosité pour cet animal n'a jamais été satisfaite.

J'ai toujours été par-dessus tout attiré par l'espèce canine. Dans notre famille, avoir des chiens était aussi vital que d'avoir de l'eau à boire. Pendant mon enfance, les chiens étaient constamment présents, et je ne sous-estime pas le rôle qu'ils ont joué dans mon développement, dans l'homme que je suis aujourd'hui. Je ne peux imaginer un monde sans chien. Je respecte leur dignité : ce sont des animaux fiers et miraculeux. Je m'émerveille de leur loyauté, de leur constance, de leur résistance et de leur force. Voir le lien qu'ils ont conservé intact avec mère nature, malgré les milliers d'années passées aux côtés de l'homme, me fait grandir sur le plan spirituel. Dire que « j'aime » les chiens ne suffit pas à décrire les sentiments profonds que j'éprouve pour eux ni l'amour que je leur porte.

J'ai eu la chance d'avoir une enfance merveilleuse, que j'ai passée entouré de chiens et de nombreux autres animaux. J'ai grandi au Mexique, dans une culture très différente de celle que l'on a aux États-Unis : c'est donc avec les yeux d'un nouvel arrivant que j'ai découvert ce pays et ses coutumes. Bien que je ne sois ni vétérinaire, ni titulaire d'un doctorat, ni biologiste, j'ai rééduqué des milliers de chiens à problèmes au fil des ans : j'ai pu constater que beaucoup de chiens en Amérique du Nord ne sont pas aussi stables ni aussi heureux qu'ils pourraient l'être. J'aimerais vous présenter une façon plus équilibrée et plus saine d'aimer votre chien. Je vous promets que, si vous la suivez, vous établirez le genre de lien profond que vous avez toujours rêvé de créer avec votre animal. J'espère qu'après avoir partagé avec vous mes expériences et mon histoire personnelle, façonnée par les chiens, vous pourrez porter un regard différent sur les relations que nous autres humains entretenons avec nos amis canins.

La ferme

Je suis né et j'ai passé une partie de mon enfance à Culiacán, l'une des plus vieilles villes du Mexique, située à environ 950 kilomètres au nord de Mexico. Toutefois, ce dont je me souviens le mieux, ce sont les vacances et les week-ends que je passais à la ferme de mon grand-père, à Ixpalino, à environ une heure de route. Dans cette région du Mexique, dans l'État de Sinaloa, les fermes comme celles de mon grand-père pratiquaient toujours un genre de système féodal. La ferme, ou ranch, était dirigée par les *patrones,* les riches familles mexicaines. Mon grand-père était l'un des nombreux ouvriers agricoles dont les familles, appelées les *campesinos,* vivaient au ranch et louaient des *ejidos,* ou parcelles de terre, et gagnaient leur salaire de misère en les exploitant. Ces familles formaient une communauté – elles avaient en commun cette terre. On peut comparer cette situation à celle des métayers dans le sud des États-Unis. Mon grand-père devait avant tout s'occuper des vaches – il y en avait des douzaines – et il veillait sur elles tous les jours alors qu'elles se rendaient du pâturage au ruisseau, et du ruisseau au pâturage.

Nous pratiquions également l'élevage de poulets, ainsi que d'autres animaux, principalement pour notre consommation. La maison était exiguë – construite en longueur, étroite, faite de briques et de terre glaise. Elle n'avait que quatre chambres, qui sont vite devenues pleines à craquer à la naissance de mes frères et sœurs, et plus encore quand nos nombreux cousins nous rendaient visite. J'avais 14 ou 15 ans quand nous avons eu l'eau courante. Pourtant, je ne me suis jamais senti «pauvre». Dans cette partie du Mexique, la classe ouvrière était majoritaire. Et dans mes yeux d'enfant, la ferme était le paradis. Pour rien au monde, à aucun moment, je n'aurais voulu être ailleurs, pas même à Magic Mountain[3]. La ferme était le seul endroit où je pouvais vraiment être moi-même, être la personne que je devais devenir. C'est l'endroit qui m'a fait sentir le lien profond qui m'unit à la nature.

Et toujours, dans le décor, les chiens: ils vivaient généralement en meutes de cinq à sept bêtes, qu'ils avaient formées selon leur souhait. Ils n'étaient pas des chiens sauvages, mais pas non plus des «chiens d'intérieur». Ils vivaient dehors, dans la cour, et allaient et venaient à leur guise. La plupart étaient des chiens croisés, et beaucoup d'entre eux ressemblaient vaguement à un croisement entre le berger allemand, le labrador et le basset-hound. Les chiens ont toujours fait partie de la famille, mais ils n'étaient pas des « animaux domestiques » dans le sens moderne du terme. Ces chiens de ferme travaillaient tous pour vivre à nos côtés. Ils nous aidaient à surveiller les autres animaux – en courant à côté de mon grand-père, ou derrière lui, alors qu'il menait les vaches en troupeau, évitant ainsi qu'elles ne quittent le sentier. Les chiens remplissaient aussi d'autres fonctions, comme protéger notre terre et notre propriété. Si l'un des ouvriers oubliait son chapeau dans un champ, vous pouviez être sûr qu'un des chiens resterait là à le surveiller en attendant le retour de son propriétaire. Ils prenaient également soin des femmes de la famille. Si ma grand-mère partait aux champs apporter leur repas aux ouvriers, un ou deux chiens l'accompagnaient toujours, de peur qu'elle ne tombe sur un cochon agressif qui essaierait de lui voler la nourriture. Les chiens nous protégeaient toujours : c'était un fait entendu. Nous ne leur avons jamais « appris » à faire ces choses, en tout cas pas au sens où on « dresse » un chien, comme la plupart des gens l'entendent. Nous ne leur avons jamais ordonné quoi que ce soit en criant, comme le font certains dresseurs, et ne les avons jamais récompensés avec des cookies. Nous ne les avons jamais maltraités physiquement pour qu'ils nous obéissent. Ils faisaient tout simplement le travail qui devait être fait. Cette façon qu'ils avaient de nous aider semblait déjà faire partie de leur nature, ou peut-être s'étaient-ils transmis ce comportement de génération en génération. En échange de leur aide, nous leur jetions de temps à autre un ou deux *burritos*. Sinon, ils cherchaient la nourriture dans les poubelles ou chassaient de petits animaux. Ils interagissaient gaiement avec nous, mais avaient aussi leur mode de vie propre, leur « culture ».

Ce sont ces « chiens travailleurs » qui m'ont appris l'art et la science de la psychologie canine.

J'ai toujours aimé regarder les chiens. Je suppose que n'importe quel enfant américain courrait et jouerait avec son fidèle compagnon, lui lancerait un disque volant, s'amuserait avec lui quand il a un objet dans la gueule, ou se roulerait avec lui dans l'herbe. Très jeune, j'éprouvais du plaisir rien qu'en observant les chiens. Quand ils ne nous suivaient pas ou qu'ils n'étaient pas avec les autres animaux de la ferme, je les regardais jouer ensemble. Très vite, j'ai appris à déchiffrer leur langage corporel comme la position «d'invitation à jouer», quand un chien en invite un autre à aller jouer en abaissant les pattes avant et en gardant l'arrière-train en l'air. Je me souviens d'avoir vu des chiens qui s'attrapaient par les oreilles et qui se roulaient par terre. Parfois, ils partaient ensemble en courant pour aller explorer les environs ou s'unissaient pour fouiller le terrier d'un rongeur. À la fin de leur «journée de travail», certains d'entre eux se précipitaient au ruisseau et sautaient dedans pour se rafraîchir, pendant que les moins intrépides restaient tranquillement allongés sur les berges à les regarder. Leurs habitudes et leurs rythmes quotidiens formaient à eux seuls une culture. Les mères éduquaient leurs petits de façon qu'ils apprennent très jeunes les règles de la meute. Les meutes et les cellules familiales fonctionnaient vraiment comme une société organisée, basée sur des règles et des limites claires.

Plus je passais de temps à les observer, plus je me posais de questions à leur sujet. Comment coordonnaient-ils leurs activités et communiquaient-ils? J'ai rapidement remarqué qu'un simple regard échangé entre deux chiens pouvait modifier en un rien de temps la dynamique de la meute entière. Que se passait-il entre eux? Qu'est-ce qu'ils pouvaient bien se «dire», et comment le disaient-ils? J'ai vite compris que moi aussi, je pouvais avoir un effet sur eux. Si je voulais obtenir quelque chose d'un chien – si je voulais par exemple que l'un d'eux m'accompagne dans les champs –, je n'avais qu'à y penser, qu'à penser à la direction dans laquelle je voulais partir, pour que le chien lise en moi et obéisse. Comment en était-il capable?

J'étais également fasciné par le nombre infini de choses que les chiens apprenaient du monde complexe qui les entourait en procédant par simples tâtonnements. Je me demandais si ce qu'ils savaient de la nature était en partie inné. La connaissance qu'ils possédaient de leur environnement et de la manière d'y survivre semblait provenir d'une part égale d'inné et d'acquis. Par exemple, je me souviens parfaitement d'avoir observé deux chiots qui s'approchaient d'un scorpion, sans doute pour la première fois de leur courte vie. Ils étaient manifestement fascinés par cette créature hors du commun, et s'avançaient petit à petit vers elle, avec hésitation, du bout du nez.

Quand ils furent assez proches, le scorpion s'avança vers eux et les chiots reculèrent d'un bond. Ils se remirent alors à sentir tout autour du scorpion, reculèrent à nouveau et recommencèrent encore. Ils ne se sont jamais trop approchés, de façon à ne pas se faire piquer. Comment savaient-ils jusqu'où ils pouvaient aller ? Est-ce que le scorpion leur envoyait des « signaux » qui leur montraient quelles étaient les limites ? Comment ces deux chiots ont-ils senti le poison du scorpion ? J'ai assisté à une scène semblable entre un autre de nos chiens et un serpent à sonnette. Sentait-il le danger que représentait le serpent ? Je savais comment, moi, j'avais appris que certains animaux étaient venimeux. Mon père m'avait dit : « Si tu t'approches de ce scorpion, je te file une fessée », ou encore : « Si tu touches ce serpent, tu t'empoisonneras. » Mais on ne voit jamais un père chien ou une mère chien dire à son petit : « C'est comme ça que ça se passe. » Ces chiots apprenaient par expérience et en regardant faire les autres chiens, mais ils semblaient avoir par ailleurs une sorte de sixième sens concernant la nature – et, même petit garçon, je remarquais que ce sens manquait à la majorité des humains qui m'entouraient. Ce qui me stupéfiait, c'était que ces chiens semblaient en totale harmonie avec mère nature, et cela me poussait, jour après jour, à retourner les observer.

Chefs et suiveurs de meute

Un peu plus tard, j'ai remarqué autre chose : les chiens à la ferme de mon grand-père avaient un comportement différent des chiens des autres familles de *campesinos*. Certains des propriétaires de ranchs semblaient avoir des chiens formant des meutes très structurées, dans lesquelles il y avait un chef de meute et des suiveurs. Ces familles aimaient regarder leurs chiens se battre pour être le dominant – quand un chien en battait un autre jusqu'à l'épuisement. Ils trouvaient cela amusant. Je comprenais parfaitement que ces démonstrations de dominance fussent naturelles pour les chiens ; je les avais déjà remarquées dans les meutes de chiens sauvages qui passaient dans les champs près de chez nous. Mais mon grand-père jugeait ce genre de comportement inacceptable. Parmi les chiens de notre ferme, on ne voyait pas de chef de meute précis. Je me rends compte maintenant que c'est parce que mon grand-père n'a jamais laissé aucun chien prendre le rôle de chef à sa place – ou à celle de nous autres, humains. Il a compris instinctivement que, pour que les chiens vivent en harmonie avec nous – pour qu'ils travaillent de leur plein gré à la ferme, qu'ils ne soient jamais agressifs envers nous ou qu'ils n'essaient pas de nous dominer –, il fallait qu'ils comprennent que nous, les humains, étions les chefs de meute. C'était clair entre nous : cela se voyait à la position dans laquelle ils se tenaient en notre présence. Le langage de leurs corps montrait clairement les positions classiques de « soumission calme » et de « soumission active » – des sortes d'énergies que je décrirai en détail plus tard. Ils gardaient toujours la tête baissée et, quand ils nous accompagnaient, ils restaient toujours dans la même position – ils trottinaient derrière nous, ou à nos côtés, mais ne couraient jamais devant nous.

Mon grand-père n'a jamais eu de manuels d'instructions, de livres pratiques ou de techniques scientifiques sur lesquels s'appuyer, et pourtant, il a toujours su obtenir de ses chiens des comportements calmes, soumis et coopératifs. Je n'ai jamais vu mon grand-père avoir recours à la violence comme punition ni soudoyer les chiens avec des gâteries. Il projetait simplement cette énergie cohérente, « calme-assurée », qui signifie « chef » dans toutes les langues et pour toutes les espèces. Mon grand-père était l'une des personnes les plus confiantes et les plus placides que j'aie jamais rencontrées – et, assurément, la personne la plus en accord avec la nature. Je crois qu'il avait reconnu en moi celui qui, de tous ses petits-enfants, avait hérité de son don. La chose la plus sage qu'il m'ait jamais dite était : « Ne travaille jamais contre mère nature. Tu ne réussiras que si tu travailles *avec* elle. » Encore aujourd'hui, chaque fois que je travaille avec des chiens, je me répète cette phrase, et je la répète à mes clients. Parfois, quand je me sens stressé, je l'applique à d'autres parties de ma vie. Bien que mon grand-père soit décédé, à l'âge de 105 ans, je le remercie encore tous les jours, discrètement, pour ce conseil intemporel et sage.

Comme nous vivions entourés de chiens gentils et dociles, aucun de nous, les enfants, n'a jamais eu peur qu'ils nous fassent du mal. Nous avions confiance en eux, et c'est tout naturellement qu'à notre tour, nous sommes devenus leurs chefs. Je n'ai jamais vu un seul chien montrer les dents à mon grand-père, ni lui grogner après, ni même se montrer agressif, et aucun des enfants de la famille n'a jamais été blessé ni mordu par un chien. L'expérience que j'ai acquise auprès de mon grand-père, cet homme plein de sagesse, m'a convaincu que, quand hommes et chiens vivent ensemble, le meilleur état d'esprit qu'un chien puisse avoir est un état d'esprit « calme-soumis ». Ma famille et moi-même avons évolué au milieu de chiens ayant cet état d'esprit et nous avions avec eux une relation harmonieuse et déten-due. Les chiens, eux aussi, ont toujours semblé heureux, détendus, sereins et satisfaits. Ils ne se comportaient jamais de manière stressée ou anxieuse. C'étaient des chiens en bonne santé, équilibrés, comme la nature l'avait voulu.

Je ne veux pas attribuer tout le mérite du bonheur que j'ai éprouvé enfant à mes seuls grands-parents. Mon père était l'homme le plus honnête et le plus honorable que j'aie jamais rencontré. Il m'a appris l'intégrité. Ma mère, elle, m'a appris la patience et le sacrifice. Elle m'a toujours rappelé l'importance d'avoir un rêve, et m'a dit de rêver autant que je le voulais. Mais, comme cer-taines personnes qui ont grandi en désirant travailler avec les animaux, je me suis toujours senti légèrement différent des autres enfants. Je semblais mieux communiquer avec les animaux qu'avec les gens. Ce sentiment d'isolement s'est intensifié quand nous avons commencé à passer moins de temps à la ferme, et plus à Mazatlán, une ville animée de bord de mer.

La décision de déménager a été motivée par l'inquiétude qu'éprouvait mon père au sujet de notre éducation. Il était un fils mexicain traditionaliste – très dévoué à ses parents – mais il a compris qu'il n'y avait pas d'école digne de ce nom au ranch. Des enseignants venaient parfois faire la classe à quelques enfants de la ferme, mais ils ne revenaient que très rarement. Mon père voulait que ses enfants prennent les études au sérieux : nous avons donc déménagé à Mazatlán, la deuxième plus grande ville côtière du Mexique, et Mecque des touristes. J'avais environ six ou sept ans.

La vie à la ville : l'homme est un loup pour l'homme

Je me souviens de notre premier appartement à Mazatlán. Croyez-moi, il n'au-rait jamais pu faire la couverture d'un magazine de décoration. Il était au pre-mier étage d'un immeuble d'habitation dans la Calle Morelos, dans la partie ouvrière et surpeuplée de la ville. Il était très long et étroit, comme un *railroad flat*[4] de Manhattan – un salon, une cuisine, une entrée et deux chambres : l'une pour mes parents, l'autre pour nous. Il y avait une salle de bain, qui nous servait aussi pour laver le linge. Point final. Mon père a trouvé un travail de livreur de journaux et nous, les enfants, allions à l'école tous les jours, affublés des vêtements que les plus grands ne portaient plus.

Pour moi, la pire des choses en ville était que nous ne pouvions plus avoir de chiens. Quand nous avons amené pour la première fois des chiens à l'appartement, nous avons dû les laisser dans l'entrée. Ils sentaient mauvais, et nous n'avions pas l'habitude de nettoyer derrière eux. (Nous avons également essayé d'élever des poulets dans l'entrée, mais l'odeur était encore pire!) Nous ne pouvions pas les laisser errer dans les rues car ils auraient pu se faire renverser par les voitures, qui roulaient encore plus vite qu'à Culiacán. À la ferme, nous étions habitués de voir les chiens courir en liberté et prendre soin d'eux-mêmes; nous ne savions donc pas comment nous promener avec eux ni même comment nous occuper correctement d'eux dans un environnement urbain. Pour être honnête, nous avions aussi un peu la flemme. Les enfants du quartier, qui avaient été élevés en ville, ne jouaient pas avec les chiens. La plupart des chiens sur lesquels nous sommes tombés couraient en liberté et faisaient les poubelles pour trouver de la nourriture. J'ai remarqué que ces animaux des villes n'étaient pas aussi maigres que ceux de la ferme; ils avaient plus de nourriture à leur disposition, plus de détritus à manger. Mais il était évident qu'ils étaient bien plus peureux, nerveux et qu'ils manquaient d'assurance. C'est aussi à Mazatlán que j'ai vu pour la première fois des gens maltraiter des chiens. À la campagne, si les chiens s'en prenaient aux poulets ou cherchaient à voler la nourriture du foyer, les gens se contentaient de leur crier dessus ou de les chasser. La plupart du temps, c'étaient des chiens sauvages ou des coyotes, car les chiens qui vivaient avec nous n'auraient jamais fait cela. Mais à la ville, j'ai vu des gens leur jeter des pierres, les insulter, même si les chiens ne faisaient que passer à côté de leur voiture, devant leur magasin ou leur étal de fruits. Cela me déchirait le cœur et ne me semblait pas «naturel». C'est la seule période de ma vie où j'ai vraiment été séparé des chiens. En quelque sorte, je crois que c'est le moment où je me suis détaché de moi-même.

Comme j'étais toujours très jeune, la ville refrénait ma «sauvagerie» naturelle, de la même manière qu'elle entravait la nature profonde des chiens. À la ferme, je pouvais passer des heures dehors, à marcher dans la campagne, à suivre «les gars» – mon père, mon grand-père ou les autres ouvriers du ranch –, et des chiens nous accompagnaient toujours. Il n'y avait aucun endroit où je ne pouvais me rendre à pied. À présent, ma mère était nerveuse à l'idée de nous voir aller au coin de la rue, puis revenir. Bien sûr, elle craignait les kidnappeurs, les pédophiles – l'éternel croque-mitaine en ville. Je ne me sentais «libre» que les week-ends, quand nous retournions à la ferme. Mais ceux-ci me semblaient toujours trop courts.

Je me souviens d'un côté positif de la ville: c'est là que j'ai vu pour la première fois un chien de race. Un docteur vivait dans notre quartier. Il s'appelait le Dr Fisher. Il promenait son setter irlandais – le tout premier chien de race que je voyais de ma vie –, et quand j'ai vu son pelage roux lisse et brillant, j'ai été comme hypnotisé. Il était si soigné, et si différent des chiens galeux, des bâtards que j'avais l'habitude de voir! Je ne pouvais m'empêcher de le regarder et de penser: «Je veux ce magnifique chien.» J'ai suivi le Dr Fisher pour voir où il habitait. J'y suis retourné tous les jours et je le suivais pour le regarder promener son animal domestique. Un jour, son chien (c'était une chienne!) a eu une portée de chiots. Cela a suffi à me donner le courage de me présenter au Dr Fisher et de lui demander: «Vous pensez que vous pouvez me donner un de ces chiots?» Il m'a regardé comme si j'étais fou. J'étais là, un étranger, un enfant, et je voulais qu'il me donne un de ses chiots de race, de grande valeur, que des gens riches étaient prêts à payer des centaines de dollars. Toujours est-il qu'il a vu dans mes yeux à quel point j'étais sérieux: je voulais vraiment l'un de ces chiens! Après m'avoir considéré un long moment, il m'a répondu: «Peut-être.» Peut-être, bien sûr! Deux ans plus tard, il a fini par me donner un chiot d'une de ses portées. Je l'ai appelé Saluki, et ce chiot est devenu une belle chienne, totalement loyale. Elle a été ma compagne de tous les instants pendant près de 10 ans et m'a appris quelque chose qui s'est révélé primordial dans le travail que je fais actuellement avec les chiens et leurs propriétaires. Chien de ferme ou d'intérieur, husky sibérien, berger allemand ou setter irlandais, un chien de race est avant tout un chien ordinaire qui porte un costume de couturier. J'évoquerai plus tard le fait que trop de gens désignent la «race» comme responsable des problèmes de comportement de leur chien. La douce Saluki m'a appris que les beaux chiens de race et les bâtards à l'allure rigolote sont exactement les mêmes sous leur peau: ils sont simplement *des chiens avant tout*.

42

Malgré la présence de Saluki, je ne m'entendais pas vraiment avec les autres enfants de l'école. Pour commencer, ils étaient tous citadins, nés et éduqués à la ville, et habitués à ce type de vie. Dès le tout premier jour, il m'est clairement apparu que la façon dont ils envisageaient leur vie n'avait rien à voir avec la mienne. Je ne portais pas de jugement de valeur ; je sentais juste que nous n'avions pas grand-chose en commun. Toutefois, en bon animal de meute, je me suis rendu compte que si je voulais m'en sortir en ville, il fallait que quelqu'un change de comportement, et il était évident que ce ne serait pas les autres. Ils formaient la « meute », alors j'ai essayé de m'adapter et de m'intégrer. Je dois admettre que j'ai plutôt bien réussi mon coup. Je traînais avec eux, les accompagnais à la plage, jouais au baseball et au foot mais, au fond de moi, je savais que je faisais semblant. Ce n'était pas comme à la ferme : je ne pouvais pas poursuivre ici et là une grenouille, attraper des lucioles dans des bocaux puis les relâcher, ou simplement rester assis sous les étoiles à écouter chanter les grillons. La nature m'a toujours donné de nouvelles choses à apprendre, auxquelles réfléchir. Le sport, c'était juste pour dépenser mon surplus d'énergie et essayer de m'adapter.

La vérité, c'est que ces années à la ferme étaient restées gravées dans mon âme. Le seul endroit où j'étais vraiment heureux, c'était dehors, dans la nature, sans aucun mur, aucune rue, aucun immeuble pour m'enfermer. Je vendais mon âme pour me faire accepter, et je devais mettre quelque part ce trop-plein d'énergie et de frustration. Il n'a pas fallu longtemps avant que cela ne tourne à l'agressivité : la plupart du temps, c'était à la maison que je laissais éclater ma colère. Je me suis mis à me battre avec mes sœurs et à me disputer avec ma mère. Comme mes parents étaient intelligents, ils m'ont inscrit au judo. C'était le parfait moyen pour faire sortir ma colère et la canaliser dans une activité constructive et saine, activité qui m'a appris des choses auxquelles, encore aujourd'hui, j'attribue mon succès.

À six ans, je suis entré pour la première fois dans un cours de judo. À 14 ans, j'avais remporté six championnats d'affilée. D'une manière ou d'une autre, je devais réorienter mon agressivité, et j'ai trouvé le parfait mentor en la personne de mon maître de judo, Joaquim. Un jour, il m'a dit que j'avais un don spécial, un « feu intérieur », comme il l'appelait. Il m'a pris sous son aile et m'a raconté des histoires sur le Japon : là-bas, les gens étaient

aussi en accord avec mère nature. Il m'a enseigné des techniques de méditation japonaise : respirer, se concentrer, atteindre n'importe quel but grâce au
pouvoir de l'esprit. Cette expérience m'a rappelé mon grand-père et sa
sagesse naturelle. J'utilise toujours quotidiennement certaines des techniques
que j'ai apprises au judo – la ténacité, la maîtrise de soi, l'apaisement de l'esprit, l'extrême concentration – et je les trouve particulièrement cruciales
quand je travaille avec des chiens dangereux, très agressifs (que j'appelle
« zone rouge » ; j'y reviendrai au chapitre 6). Je recommande aussi certaines
de ces techniques à mes clients qui ont besoin d'apprendre à mieux se
contrôler *eux-mêmes* avant de pouvoir amener leur chien à être obéissant.
Mes parents n'auraient pas pu me choisir meilleur exutoire à cette période de
ma vie. Toutes ces années, c'est le judo qui m'a gardé sain d'esprit jusqu'aux
week-ends, quand je pouvais enfin jouer bruyamment dans la ferme, aller
dans les montagnes ou me promener avec les animaux. Je n'étais vraiment
dans mon élément que dans la nature ou quand je faisais du judo.

À un tournoi de judo, j'ai huit ans.

El Perrero

Quand j'ai eu environ 14 ans, mon père a commencé à travailler pour le gouvernement en tant que photographe. Il a économisé suffisamment d'argent pour pouvoir acheter une très jolie maison dans un quartier autrement plus bourgeois. Nous avions une cour et n'habitions qu'à un pâté de maisons de la plage. Ce n'est qu'à ce moment-là que j'ai recommencé à me sentir bien dans ma peau et que j'ai vu ma mission prendre forme. Tous mes amis parlaient de ce qu'ils voulaient faire quand ils seraient grands. Je n'avais pas envie de devenir pompier, ni médecin, ni avocat, ni quoi que ce soit de ce genre. Je ne savais pas exactement ce que je voulais faire, mais je savais que s'il existait une profession en relation avec les chiens, je voulais la pratiquer. Puis je me suis rappelé le jour où nous avons eu notre premier poste de télévision. Alors que j'étais un tout petit garçon, j'avais été fasciné par les rediffusions de *Lassie* et de *Rintintin*, toujours en noir et blanc et doublées en espagnol.

Comme j'avais grandi avec des chiens dans un environnement très naturel, je savais que Lassie ne comprenait pas vraiment ce que lui disait Timmy. J'arrivais aussi à comprendre que les chiens normaux n'accomplissaient pas automatiquement les choses héroïques que Lassie et Rintintin faisaient toutes les semaines. Quand j'ai appris que des dresseurs se tenaient hors champ et qu'ils contrôlaient le comportement des chiens, j'ai commencé à les idéaliser. Quel exploit de faire de ces chiens ordinaires de tels acteurs ! À la ferme, je comprenais naturellement les bêtes qui m'entouraient : d'instinct, j'ai donc su que je pourrais facilement apprendre à des chiens les mêmes tours que ceux exécutés par Lassie et Rintintin et qu'ils avaient appris auprès de maîtres-chiens. Ce sont ces deux séries télévisées qui ont donné naissance à mon premier grand rêve : me rendre à Hollywood pour devenir le meilleur dresseur de chiens du monde. En fait, j'ai fini par devenir quelqu'un de très différent – mais l'histoire le racontera plus tard.

Plus je pensais à ce but, plus il me semblait parfait pour moi. Quand je me disais : « Je vais travailler avec des chiens et je serai le meilleur dresseur du monde », cela me faisait le même effet bienfaisant qu'un verre d'eau à quelqu'un qui vient de traverser le désert. Cela me semblait *naturel*, facile et vraiment *bien*. Soudain, je ne me battais plus avec moi-même. Je savais quelle voie je voulais suivre dans le futur.

Rintintin.

Pour atteindre mon but, la première étape était de trouver du travail chez un vétérinaire du coin. La clinique n'avait rien à voir avec celles, aseptisées et sophistiquées, que l'on a aux États-Unis : elle était à la croisée d'un cabinet vétérinaire, d'un chenil et d'un institut de toilettage. Je n'avais que 15 ans, mais les employés ont tout de suite remarqué que je n'avais pas peur des chiens ; je pouvais empoigner des bêtes que même le vétérinaire n'osait pas approcher. J'ai commencé en tant qu'aide : je passais la serpillière au sol et je nettoyais après le passage des chiens. Ensuite, je suis devenu toiletteur et, très vite, j'ai progressé pour devenir technicien vétérinaire. Je tenais le chien et le gardais calme pendant que le vétérinaire lui faisait une piqûre. Je le tondais avant qu'il ne passe en chirurgie, je le lavais, lui mettais des bandages : au fond, j'aidais le vétérinaire pour tout ce qu'il y avait à faire.

C'est à peu près à cette époque – j'étais au lycée – que les autres enfants se sont mis à m'appeler *el perrero,* «le garçon aux chiens». À Mazatlán, ce n'était pas vraiment un compliment. En Amérique du Nord et en Europe occidentale, il est évident que les gens qui entretiennent des relations privilé-giées avec les animaux sont mis sur un piédestal.

Pensez à certains personnages mémorables, comme le Dr Dolittle, l'homme qui murmurait à l'oreille des chevaux, Siegfried et Roy... et même le chasseur de crocodiles[5] ! Ils sont tous – personnages de fiction comme personnes réelles – des héros dans ces cultures grâce au don incroyable qu'ils ont pour communiquer avec les animaux. Mais au Mexique, les chiens des villes sont considérés comme des bêtes inférieures et sales – et, comme je traînais avec eux, je l'étais aussi. Est-ce que cela me touchait ? Non. J'avais une mission. Toutefois, il me semble important d'expliquer les différences profondes qui existent entre le Mexique et les États-Unis dans la façon d'envisager les chiens. Venant d'un pays qui leur accorde moins de valeur, je crois être plus lucide sur la méthode à adopter pour les *respecter* davantage.

Dans la plus grande partie du monde, les chiens ne sont en réalité pas aussi chéris qu'en Amérique du Nord et en Europe de l'Ouest. En Amérique du Sud et en Afrique, on les traite de la même manière qu'au Mexique – comme des travailleurs utiles à la campagne, mais comme de la vermine dégoûtante en ville. En Russie, ils sont appréciés mais, dans les régions très pauvres, ils courent en liberté, en meutes, et sont très dangereux, même pour les humains. En Chine et en Corée, on les mange. Cela peut sembler barbare, mais rappelez-vous qu'en Inde, c'est nous qui semblons barbares car nous mangeons du bœuf, la viande des vaches sacrées ! Ayant grandi dans une cer-taine culture, mais ayant fondé ma propre famille dans une autre, je crois qu'il vaut mieux éviter de porter un jugement de valeur sur le mode de vie des autres – du moins pas avant d'en avoir au préalable fait l'expérience et d'avoir essayé de comprendre comment sont nés leurs habitudes et leurs usages. Cela étant dit, à mon arrivée aux États-Unis, j'ai eu de très grosses surprises quand j'ai vu comment on y traitait les chiens !

Passer la frontière

J'avais environ 21 ans quand j'ai succombé au désir de vivre mon rêve. Je m'en rappelle très clairement : c'était le 23 décembre. Je suis allé voir ma mère et lui ai dit : « Je pars pour les États-Unis. Aujourd'hui. » Elle m'a répondu :

«Tu es devenu fou, c'est presque Noël! Et nous n'avons que 100 dollars à te donner!» Je ne parlais pas du tout l'anglais. Je devais partir seul. Ma famille ne connaissait personne en Californie. Certains de mes oncles s'étaient installés à Yuma, dans l'Arizona, mais ce n'était pas ma destination. Mon but était Hollywood, et je savais que le seul moyen d'y arriver était de passer par Tijuana. Je me suis disputé avec ma mère, elle m'a supplié de rester. Je ne peux pas expliquer pourquoi, mais le besoin que j'éprouvais de partir pour les États-Unis *à ce moment précis* me submergeait totalement. Je savais qu'il fallait que je le fasse.

Cela a déjà été publié ailleurs, et je n'ai pas honte de le dire: je suis arrivé illégalement aux États-Unis. Maintenant, j'ai ma carte de séjour, j'ai payé une grosse amende pour avoir franchi clandestinement la frontière et je demande actuellement la citoyenneté américaine. Pour rien au monde je n'aurais voulu vivre ailleurs qu'aux États-Unis. Je pense sincèrement que c'est le plus grand pays du monde. Je suis heureux de vivre ici et d'y élever mes enfants. Néanmoins, la classe ouvrière et désargentée du Mexique n'a pas d'autre choix que de venir illégalement aux États-Unis. C'est impossible autrement. Il n'y a que vos relations et votre argent qui intéressent le gouvernement mexicain. Il faut payer des sommes astronomiques aux fonctionnaires de l'administration pour obtenir un visa légal. Ma famille ne pouvait pas réunir autant d'argent. Alors, avec seulement 100 dollars en poche, je me suis mis en route pour Tijuana afin de trouver un moyen de passer la frontière.

Je n'étais jamais allé dans cette ville. C'est un endroit où règne la brutalité. Il y a des bars et des cantines remplis d'ivrognes, de trafiquants de drogue et de criminels – des gens qui vous veulent du mal, et qui attendent toujours de tirer profit de ceux qui désirent passer la frontière. J'ai vu des choses terribles là-bas. Heureusement, j'avais un ami qui travaillait au Señor Frog's, un bar très connu de Tijuana. Il m'a laissé dormir dans l'arrière-salle de son établissement pendant deux semaines, le temps que je trouve comment passer aux États-Unis.

Je me souviens qu'il a plu presque tous les jours; je sortais néanmoins pour observer la situation à la frontière. Je voulais garder mes 100 dollars, alors j'ai essayé de traverser tout seul – j'ai essayé trois fois, mais j'ai échoué.

Après environ deux semaines, j'étais prêt à tenter ma chance une fois de plus. Il était environ 23 heures : il pleuvait, il faisait froid et il y avait du vent. Devant un stand où l'on vendait du café, où tout le monde se réunissait pour essayer de se réchauffer un peu, un gars fluet – que l'on appelle un « coyote » – est venu me voir et m'a dit : « Hé ! J'ai entendu que tu voulais passer la frontière. » J'ai acquiescé. Il a ajouté : « O. K., je te fais payer 100 dollars. » Un frisson a parcouru tout mon corps. C'était stupéfiant : il me demandait la somme exacte que j'avais sur moi. La seule chose qu'il m'ait dite, c'était : « Suis-moi. Je t'emmène à San Ysidro. » Je l'ai donc suivi vers l'est.

Nous avons couru une bonne partie du chemin, jusqu'à épuisement. Mon coyote m'a indiqué des lumières rouges dans le lointain, qui révélaient la position des *Migras* (les patrouilles de gardes-frontières). Il m'a dit : « On va rester là jusqu'à ce qu'ils partent. » Nous étions dans une mare. J'ai attendu toute la nuit, avec de l'eau jusqu'à la poitrine. J'étais gelé, je tremblais, mais je m'en fichais. Mon coyote a fini par dire : « O. K., il est temps d'y aller. » Nous avons donc couru vers le nord, dans la boue, nous avons traversé un entrepôt, une autoroute et sommes passés dans un tunnel. À l'autre bout du tunnel, il y avait une station-service. Mon guide m'a dit : « Je vais te chercher un taxi : il t'emmènera dans le centre de San Diego. » Je n'avais jamais entendu parler de San Diego. Les seules villes que je connaissais étaient San Ysidro et Los Angeles. Le coyote a remis 20 dollars au chauffeur de taxi sur les 100 que je lui avais donnés. Il m'a souhaité bonne chance et il est parti. Heureusement, le chauffeur parlait espagnol, car je ne connaissais pas un mot d'anglais. Il m'a conduit à San Diego et m'y a déposé : j'étais trempé jusqu'aux os, crasseux, assoiffé, affamé, et j'avais les bottes couvertes de boue.

J'étais l'homme le plus heureux du monde. J'étais aux États-Unis.

San Diego

Ce que j'ai vu en premier, c'étaient des laisses, des laisses partout ! J'avais vu des chaînes en ville quand je vivais au Mexique, mais rien qui ressemblait aux laisses en cuir, à celles en nylon ou à celles à enrouleur dont se servent les Américains. J'ai regardé la ville qui m'entourait et me suis demandé : « Mais où sont passés les chiens qui vagabondent normalement dans les rues ? » À vrai dire, il m'a fallu un certain temps avant d'intégrer le concept de « législation sur les laisses ». À la ferme de mon grand-père, ce qui se rapprochait le plus d'une laisse était la corde épaisse et longue que nous attachions au cou des animaux particulièrement difficiles, « comme dans une exposition canine », jusqu'à ce qu'ils comprennent que nous étions les chefs. Ensuite, l'animal retournait à la nature – plus besoin de laisse. Nous réservions en général les laisses aux mulets, puisque les chiens obéissants du ranch faisaient toujours ce qu'on leur demandait. Mais les laisses et colliers de luxe n'étaient que le début du choc culturel que j'allais subir. En ma qualité de nouvel arrivant dans ce grand pays, j'allais avoir bien d'autres surprises.

…

Je n'avais que quelques dollars en poche en arrivant aux États-Unis et je ne parlais pas l'anglais. Bien sûr, mon rêve était le même dans toutes les langues : j'étais venu ici dans le but de devenir le meilleur dresseur de chiens du monde. Les premiers mots que j'ai appris en anglais ont été : « Avez-vous besoin de quelqu'un ? »

Après plus d'un mois passé dans les rues de San Diego, battant le pavé avec les mêmes bottes que je portais en passant la frontière, j'ai trouvé mon premier emploi – et, chose incroyable, dans le secteur que je désirais ! Tout est arrivé si vite, cela ne pouvait être qu'un miracle. Je ne savais pas où m'adresser pour trouver un poste de « dresseur de chiens » – je n'étais même pas capable de lire les pages jaunes. Mais un jour, alors que je me promenais dans un quartier – toujours très excité de me trouver dans ce pays –, je suis tombé sur une pancarte désignant un salon de toilettage pour chiens. J'ai frappé à la porte et j'ai réussi à trouver les mots pour demander aux deux propriétaires du salon si elles avaient besoin de quelqu'un. À ma grande surprise, elles m'ont engagé sur-le-champ.

Souvenez-vous, je ne parlais pas un mot d'anglais, mes vêtements étaient usés et crasseux et je vivais dans la rue. Pourquoi devaient-elles me faire confiance ? Elles ne se sont pas contentées de me donner un emploi, elles m'ont aussi donné 50 % des bénéfices pour tout chien que je ramenais se faire toiletter. Cinquante pour cent ! Après quelques jours, elles ont appris que je vivais dans la rue : elles m'ont donc laissé m'installer dans le salon !

Depuis, j'appelle ces deux femmes « mes anges gardiens américains ». Elles m'ont fait confiance et ont agi comme si elles me connaissaient depuis toujours. Elles ont été mises sur mon chemin pour une bonne raison, et je leur serai éternellement reconnaissant, même si je ne me souviens plus de leurs noms !

Si quelqu'un vous dit un jour que les Américains n'agissent plus par pure bonté, ne les croyez surtout pas. Je ne serais pas là où j'en suis aujourd'hui sans l'aide désintéressée que m'ont offerte plusieurs personnes, sans la confiance qu'elles m'ont accordée. Dans ce pays, les deux adorables femmes de San Diego ont été les premières à m'aider, mais elles étaient loin d'être les dernières. Croyez-moi, il ne se passe pas un jour sans que je me rappelle combien j'ai été chanceux de croiser le chemin de certaines personnes.

Au salon de toilettage

Donc j'étais là, à 21 ans, parlant à peine anglais et travaillant dans un salon de toilettage pour chiens. Un salon de *toilettage pour chiens* ! Ce simple concept aurait fait se tordre de rire mon grand-père ! Les chiens à la ferme se nettoyaient les uns les autres et n'allaient se baigner dans le ruisseau que s'ils avaient trop chaud. Un bain, pour eux, c'était se rouler dans la boue ! Les seules fois où mon grand-père arrosait un chien au jet, c'était quand il avait des tiques, des puces ou d'autres parasites, ou si ses poils étaient trop emmêlés. Croyez-moi si vous voulez, mais certains propriétaires n'hésitaient pas à faire piquer leur chien s'il avait trop de tiques. Ils n'avaient aucune pitié : ils se débarrassaient simplement du chien et en prenaient un autre qui n'était pas « défectueux ». Même le toilettage que j'effectuais chez le vétérinaire de Mazatlán faisait en réalité partie du traitement médical. Le fait que les propriétaires de chiens américains dépensent beaucoup d'argent – dans mon esprit, des sommes énormes ! – pour faire laver, tailler ou bichonner leurs chiens régulièrement a été une véritable révélation pour moi. C'était le premier aperçu que j'avais de l'attitude des Américains envers leurs animaux de compagnie. Quand j'étais au Mexique, j'avais entendu dire que les Américains traitaient leurs animaux comme des êtres humains : maintenant, je les voyais faire, et au début, ça m'en a bouché un coin ! Apparemment, aux États-Unis, rien n'était trop beau pour les chiens.

Aussi lointain que pût être pour moi le concept de « salon de toilettage », quand j'ai commencé à y travailler, j'ai adoré ça. Les propriétaires n'auraient pas pu être plus gentilles avec moi, et je me suis vite fait la réputation d'être le seul à pouvoir calmer les chiens les plus difficiles – les races de chiens les plus puissantes, ou les chiens devant lesquels tout le monde renonçait. Quand ils ont vu comment leurs chiens réagissaient avec moi, des clients fidèles ont commencé à me demander. De mon côté, je ne comprenais toujours pas pourquoi leurs chiens se comportaient mieux avec moi qu'avec les autres toiletteurs, ou même qu'avec leurs propres maîtres. Je crois que je commençais à voir la différence, mais je n'étais pas encore en mesure de l'exprimer clairement.

Le salon de toilettage de San Diego avait de bien plus gros moyens que celui où je travaillais au Mexique. Il y avait des tondeuses, des shampoings aromatiques et des sèche-cheveux spéciaux, tout doux, conçus exclusivement pour les chiens. Génial ! Comme j'avais été formé chez le vétérinaire de Mazatlán, je n'avais jamais utilisé de tondeuse, mais j'étais très compétent avec des ciseaux. Les propriétaires du salon de toilettage ont eu des sensations fortes quand elles ont vu la vitesse et la précision avec lesquelles je travaillais, une paire de ciseaux à la main. Elles m'ont donc donné tous les cockers, les caniches, les terriers, tous les chiens difficiles à toiletter – qui s'avéraient être les chiens pour lesquels les gens payaient le plus cher. Le salon faisait payer 120 dollars pour un caniche de taille moyenne – donc 60 dollars pour moi ! C'était la manne tombée du ciel. Je ne dépensais que quelques dollars par jour – je ne me nourrissais que de deux hot-dogs à 99 cents achetés au magasin du coin pour le petit-déjeuner et le dîner. J'économisais tout le reste. À la fin de l'année, j'avais assez d'argent pour aller à Hollywood – et me rapprocher de mon rêve.

Les troubles du comportement

Rencontrer des chiens qui portaient laisses et colliers de luxe et avaient des coiffures onéreuses m'a stupéfié quand je suis arrivé aux États-Unis, mais dans un sens, le « battage hollywoodien » dans lequel j'avais baigné – les films et la télévision – m'y avait un peu préparé. C'était comme aller au cirque pour la première fois après en avoir entendu parler toute sa vie. Néanmoins, une chose dans ma nouvelle situation m'a profondément choqué : les problèmes de comportement très étranges que présentaient nombre de chiens. Même après avoir passé toute ma vie près de l'espèce canine, les chiens présentant ce que j'appelle maintenant des « troubles » m'étaient totalement étrangers. Quand je travaillais au salon de toilettage, j'ai vu les plus beaux chiens que je pouvais imaginer – des spécimens remarquables de certaines races, avec des yeux clairs, un pelage luisant, un corps sain et bien nourri. Cependant, rien qu'à les regarder, je voyais qu'ils n'étaient pas sains d'esprit. En grandissant avec des animaux, vous sentez automatiquement quand leurs niveaux d'énergie sont « normaux ». On peut reconnaître cet état d'esprit sain et équilibré dans toute créature – c'est la même chose pour un cheval, un poulet, un chameau, et même pour un enfant. J'ai remarqué immédiatement que ces chiens américains projetaient une énergie qui me semblait très étrange, très peu *naturelle*. Même chez le vétérinaire de Mazatlán, je n'avais jamais rencontré de chiens si névrosés, si facilement excitables, si peureux et tendus. Et les plaintes des propriétaires ! Je n'avais pas besoin de bien connaître l'anglais pour comprendre que ces chiens étaient agressifs, obsessionnels, et qu'ils rendaient dingues leurs maîtres. À voir la manière dont certains clients agissaient, c'étaient les chiens qui semblaient diriger leurs vies. Qu'est-ce qui pouvait bien se passer ici ?

Chez mon grand-père, au Mexique, il n'était pas question que les chiens se comportent mal et s'en sortent bien, ni même qu'ils essayent de montrer leur dominance sur une personne. Et ce n'était pas à cause de punitions ou de mauvais traitements, c'était parce que les humains savaient qu'ils étaient des humains, et que les chiens savaient qu'ils étaient des chiens. Qui était responsable, qui ne l'était pas : c'était clair comme de l'eau de roche. C'est cette équation toute simple qui a déterminé la relation entre les humains et les chiens depuis des milliers d'années – probablement des dizaines de milliers d'années –, depuis que le premier chien est apparu dans le campement de nos ancêtres et qu'il s'est rendu compte qu'il pouvait y obtenir un repas plus rapidement qu'en passant sa journée à chasser. Les frontières entre humains et animaux sont simples… et évidentes. Au Mexique, les chiens de mon entourage étaient naturellement équilibrés. Ils n'étaient pas bizarres, ne présentaient pas de troubles tels que des manifestations d'agressivité ou des obsessions. Ils étaient souvent maigres et galeux, et parfois pas très beaux à voir, mais ils semblaient vivre leur vie en parfaite harmonie, comme l'avaient souhaité Dieu et mère nature. Ils interagissaient naturellement les uns avec les autres, ainsi qu'avec les humains. Aux États-Unis, qu'est-ce qui pouvait bien clocher avec ces superbes chiens, dignes de figurer sur des affiches ?

Le fait que tant de chiens américains présentent des « troubles » m'a encore plus frappé quand je suis arrivé à Los Angeles et que j'ai commencé à y travailler comme aide dans un centre de dressage. Je voulais apprendre le métier de dresseur et j'avais entendu dire que c'était le meilleur centre de la région. Je savais que des gens fortunés payaient très cher pour laisser leurs chiens dans cet endroit très respecté. Ils y laissaient leur fidèle compagnon pendant deux semaines, de façon qu'il apprenne à obéir aux ordres comme « assis », « pas bouger », « viens ici », ou « au pied ».

Quand j'ai commencé à y travailler, j'ai été stupéfié de voir dans quel état arrivaient certains de ces chiens. Physiquement, bien sûr, ils étaient tous superbes. Ils étaient bien nourris, toilettés, et leur pelage brillait de santé. Mais émotionnellement, beaucoup n'étaient que des épaves. Certains étaient peureux et se recroquevillaient, tout tremblants ; d'autres étaient à cran et agressifs, échappant à tout contrôle. Il était ironique de constater que les maîtres apportaient généralement ces chiens au centre de dressage dans l'espoir de les débarrasser de ces comportements névrotiques. Ils croyaient qu'une fois que leur chien serait dressé à obéir aux ordres, ses peurs, ses anxiétés ou tout autre trouble du comportement disparaîtraient miraculeusement. C'est une idée fausse très répandue, mais dangereuse. Il est tout à fait vrai que si un chien est de nature douce et insouciante, un dressage traditionnel peut aider à le calmer et rendre la vie plus facile à tout le monde. Mais pour un chien qui est nerveux, tendu, excité, peureux, agressif, dominant, qui a tendance à paniquer, ou qui est déséquilibré, un dressage traditionnel peut parfois faire plus de mal que de bien. Cela m'a paru évident dès mon premier jour au centre de dressage.

Mon travail consistait à enfermer les chiens dans des niches séparées jusqu'à ce que commencent leurs «leçons» quotidiennes, et à les emmener à leurs dresseurs. Entre les cours, le sentiment d'isolement qu'éprouvaient ces chiens dans les niches faisait souvent augmenter l'anxiété avec laquelle ils étaient arrivés. Malheureusement, si le chien n'obéissait toujours pas aux ordres quand son maître venait le chercher, l'établissement n'était pas payé : faire naître la peur du chef chez le chien était donc souvent la méthode de dernier recours. Certaines bêtes repartaient dans un état psychologique pire encore que celui dans lequel elles étaient arrivées. J'ai vu des chiens se plier aux ordres d'un dresseur, mais recroquevillés, les oreilles en arrière, tremblotants, la queue entre les pattes – langage du corps qui dit haut et fort : « Je t'obéis car je suis terrifié ! » Les dresseurs de ce centre étaient des professionnels affectueux, et il ne s'y passait jamais rien de cruel ni d'inhumain. Mais il y avait, de mon point de vue, un profond malentendu sur les besoins élémentaires qu'a un chien, sur ce dont son esprit a vraiment *besoin* pour être équilibré. C'est parce que le dressage traditionnel est basé sur la psychologie humaine. Il ne s'adresse pas à la nature du chien.

Je suis resté dans cet établissement car je ressentais le besoin d'apprendre le métier de dresseur. Après tout, c'était la raison pour laquelle j'avais fait tout ce chemin. Mais ce n'était pas le rêve que je m'étais imaginé. Dès que j'y suis arrivé, j'ai senti que ce genre de «dressage» pourrait s'avérer utile pour les humains, mais qu'il était parfois préjudiciable aux chiens. En y repensant, c'est à ce moment-là que mon rêve d'origine a commencé à prendre une nouvelle direction. Une fois de plus, ce changement s'est effectué par hasard. J'aime néanmoins à penser que ce n'était pas du tout accidentel… c'était le destin.

La «méthode Cesar» voit le jour

Quand je travaillais pour ce centre de dressage, je me suis une fois de plus fait la réputation du gars capable de maîtriser les races de chiens les plus agressives et les plus puissantes, comme les pitbulls, les bergers allemands et les rottweilers. Je suis devenu fou de ces races : leur force brutale m'inspirait. Un autre garçon qui travaillait en tant qu'aide s'en sortait lui aussi très bien avec ces races puissantes, mais il refusait de s'occuper des chiens nerveux ou anxieux. En général, les cas vraiment difficiles finissaient donc par me revenir. Au lieu de crier sur un chien agressif ou anxieux, comme le faisaient certains des garçons, je m'en approchais en silence. Je ne lui parlais pas, ne le touchais pas, et ne le regardais pas dans les yeux. En fait, quand je voyais un tel chien, j'ouvrais la porte, puis je lui tournais le dos comme si je m'apprêtais à repartir dans l'autre direction. Comme un chien est curieux de nature, il finissait par venir vers moi. C'est seulement après qu'il m'eut approché que je le mettais en laisse. À ce stade, c'était facile car j'avais déjà établi ma dominance « calme-assurée » sur lui, comme l'aurait fait un autre chien dans la nature. Inconsciemment, je commençais à mettre en pratique ce que j'avais appris de la psychologie canine au cours de mes années d'observation à la ferme de mon grand-père. J'agissais avec les chiens de la même manière qu'ils agissaient entre eux. C'est comme ça que sont nées les méthodes de rééducation que j'utilise toujours aujourd'hui, même si j'étais incapable à l'époque d'expliquer avec des mots ce que je faisais – en anglais pas plus qu'en espagnol. Tout ce que je faisais me venait instinctivement.

Un « incident » d'une importance cruciale est survenu au centre de dressage : c'est là que j'ai compris le « pouvoir de la meute » pour rééduquer un chien déséquilibré. Un jour, je suis sorti dans la cour avec deux rottweilers, un chien de berger et un pitbull en même temps. J'étais le seul à avoir jamais tenté ce genre d'expérience. La plupart des employés pensaient que j'étais devenu fou. En fait, à un certain moment, on m'avait ordonné de *ne pas* travailler avec les chiens en meute, car cela rendait la direction de l'établissement nerveuse. Mais dès que j'ai découvert cette méthode, j'ai compris qu'une meute était un outil très efficace pour aider un chien à problèmes. J'ai vu que, quand un chien instable était présenté à un groupe qui avait déjà établi un lien sain, la meute influait sur le nouveau venu pour qu'il devienne équilibré. Mon travail consistait à m'assurer que l'interaction entre le nouvel arrivant et les membres de la meute ne devienne pas trop violente. Tant que je contrôlais et que je stoppais tout comportement agressif, exclusif ou défensif, le nouveau chien finissait toujours par adapter son comportement de façon à « s'intégrer » aux autres. Les humains comme les chiens – en fait, toute espèce vivant en meutes – doivent essayer de s'adapter, de s'entendre avec les autres membres de leur groupe, dans l'intérêt de l'espèce [3]. Je ne faisais qu'exploiter ce besoin très naturel, inscrit dans nos gènes. En travaillant avec une meute, j'ai remarqué que ses membres pouvaient aider les autres chiens à guérir bien plus rapidement que ne le pouvait un dresseur humain.

Au centre, j'ai vite eu la réputation d'être un garçon travailleur et digne de confiance. Mais plus je développais mes propres idées sur la psychologie canine, plus j'y étais malheureux. Je crois que je ne cachais pas très bien mon mécontentement. Un client, un homme d'affaires prospère qui était particulièrement enthousiasmé par la manière dont je m'étais occupé de son golden retriever, m'avait observé pendant un moment et était impressionné par mes compétences et mon éthique. Un jour, il est venu me voir et m'a dit : « Tu n'as pas l'air très heureux ici. Tu veux venir travailler pour moi ? » Je lui ai demandé ce que je ferais, en pensant que cela aurait bien sûr quelque chose à voir avec les chiens. J'ai été un peu déçu quand il m'a répondu : « Tu laveras des limousines. Je possède un parc. »

Waouh ! Offre alléchante, mais j'étais venu aux États-Unis pour devenir dresseur de chiens. Toujours est-il qu'il était un homme très impressionnant – le genre de *businessman* puissant et confiant que j'espérais devenir un jour.

Il m'a ensuite amadoué : il m'a dit qu'en ma qualité d'employé, j'aurais ma propre voiture. Je ne pouvais pas me payer de voiture à l'époque et, à Los Angeles, c'est presque comme ne pas avoir de jambes. J'ai mis deux semaines à me décider, mais j'ai fini par accepter son offre. Une fois encore, c'est un ange gardien qui ne me connaissait même pas qui est à l'origine d'une nouvelle étape de ma vie.

Le bouche à oreille

Mon nouveau patron menait ses employés à la baguette, mais il était équitable. Il m'a appris les ficelles du métier et m'a montré comment laver ses limousines – il était particulièrement exigeant sur le fait qu'elles soient toujours immaculées. Ce pouvait être un travail ardu, physique, mais cela n'avait pas d'importance car j'étais moi aussi – et je le suis toujours – un perfectionniste. Si je devais être laveur de voitures, je devais devenir le meilleur laveur de voitures qui ait jamais existé ! C'est cet homme qui m'a appris comment diriger une affaire pour qu'elle soit solide et lucrative.

Je n'oublierai jamais le jour où je suis passé prendre la voiture qu'il me prêtait. Bien sûr, c'était seulement une voiture – une Chevy Astro Van blanche de 88, et, non, je n'avais pas le couvre-volant rose –, mais pour moi, c'était le symbole de ma première «réussite» aux États-Unis. C'est aussi le jour où j'ai monté ma propre «affaire de dressage» pour chiens, l'Académie canine de Pacific Point. Je n'avais qu'un logo, une veste et quelques cartes professionnelles faites à la hâte, mais le plus important, c'était que je savais précisément ce que je voulais faire. Mon rêve n'était plus d'être le meilleur dresseur de chiens du monde pour le cinéma. Maintenant, je voulais venir en aide au plus de chiens possible, à ces centaines d'animaux que j'avais rencontrés depuis mon arrivée aux États-Unis. Je sentais que mon éducation particulière et ma connaissance innée de la psychologie canine pouvaient donner aux chiens et à leurs maîtres une chance d'avoir de meilleures relations et un nouvel espoir pour le futur. Cela me peinait tant de savoir que beaucoup de ces «mauvais» chiens ayant «échoué» avec des techniques de dressage traditionnelles étaient condamnés à l'euthanasie si leurs maîtres décidaient qu'ils ne pouvaient plus les «maîtriser». Je savais au fond de mon cœur que ces chiens méritaient tout autant que moi de vivre. J'étais très optimiste quant au futur, car j'étais convaincu que nombre de chiens dans ce pays avaient vraiment besoin de mon aide. À nouveau, grâce à la générosité de mon nouvel employeur, mon rêve a pris forme bien plus vite que je n'aurais pu l'imaginer.

Le bouche à oreille est une chose merveilleuse. Même dans une ville aussi grande et cosmopolite que Los Angeles, le dernier article ou bon plan à la mode peut se répandre comme une traînée de poudre. Heureusement pour moi, mon nouveau patron connaissait beaucoup de gens et n'hésitait pas à vanter mes mérites. Il appelait ses amis pour leur dire: «J'ai un Mexicain qui travaille pour moi et qui est incroyable avec les chiens. Emmène les tiens.» Ses amis ont commencé à venir me trouver avec leurs chiens difficiles. Ils étaient contents du résultat, alors ils en parlaient à leurs amis. J'ai fini par avoir, dans mon Académie canine de Pacific Point, sept dobermans et deux rottweilers. Je me promenais avec eux dans les rues d'Inglewood, petite ville du comté de Los Angeles, et cela valait le coup d'œil !

Après ça, mon affaire a commencé à vraiment bien marcher.

Mon premier camion et la veste de ma première affaire, l'Académie canine de Pacific Point.

Qu'est-ce que je pouvais bien faire qui impressionnait tant les gens? Comment, après avoir passé seulement quelques années aux États-Unis, était-il possible que j'aie déjà une affaire florissante, sans même avoir passé une seule annonce? Après tout, il y a des centaines de dresseurs de chiens et de comportementalistes diplômés en Californie du Sud, et je suis sûr que beaucoup font de l'excellent travail. Vous pouvez tout à fait décider que l'un d'entre eux est un expert plus approprié que moi pour la relation que vous souhaitez entretenir avec votre chien. Je ne peux parler qu'au nom de mes clients mais, pour eux, je suis « le Mexicain qui a un don magique avec les chiens ». Les points essentiels de ma technique étaient: l'énergie, le langage du corps et, si nécessaire, une légère tape avec la main (mise en forme de coupe) – jamais douloureuse pour le chien, elle ressemble à la sensation qu'il éprouve quand un chien dominant, ou sa mère, le « mord doucement » pour le discipliner. Je ne criais jamais, ne frappais jamais, et ne « punissais » jamais les animaux par colère. Je me contentais de les corriger, de la même manière qu'un chef de meute corrige et éduque un suiveur. Je les corrigeais, puis je passais à autre chose. Les techniques que je développais n'avaient rien de nouveau – elles découlaient directement de ce que j'avais observé dans la nature. Je ne dis pas qu'il n'existait pas d'autres dresseurs en Amérique qui expérimentaient les mêmes façons de faire, mais ces méthodes semblaient répondre à un besoin désespéré chez mes clients de Los Angeles, et ils ont donc continué à venir me trouver.

Avec la meute, quand tout a commencé.

Un jour, en 1994, j'étais chez un client à m'occuper des problèmes de son rottweiler, Kanji. Kanji faisait de gros progrès, et son propriétaire, qui avait beaucoup de relations dans le show-business, avait parlé de moi dans toute la ville. J'ai regardé dehors : une Nissan 300C marron venait de s'arrêter dans l'allée. Une femme d'une beauté incroyable en est sortie et s'est approchée de moi d'un pas nonchalant, confiant. Je l'ai bien regardée, essayant de me rappeler où je l'avais déjà vue, mais je n'arrivais pas à mettre le doigt dessus. À ses côtés marchait – pas aussi confiant – un rottweiler timide et hésitant. (Saki, qui s'est avéré être un des chiots de Kanji.)

Cette femme m'a demandé si je pouvais dresser son chien et, trois semaines plus tard, je me suis rendu chez elle. Et devinez qui a ouvert la porte? L'acteur Will Smith. J'en suis resté sans voix. Je me rappelais maintenant où j'avais vu cette femme… dans le film *A Low Down Dirty Shame*. Ma cliente, c'était Jada Pinkett Smith!

O. K., parlons franchement: je ne suis aux États-Unis que depuis trois ou quatre ans et maintenant, j'ai ma propre affaire qui prospère, et je travaille avec le chien de Jada Pinkett et Will Smith?

Jada et Will m'ont expliqué que Jay Leno venait tout juste de leur donner deux nouveaux rottweilers et qu'il fallait les faire travailler, tout comme Saki. C'était peu dire: ces chiens étaient complètement déboussolés. Heureusement, Jada a été l'une des rares personnes à « comprendre » sur-le-champ mes techniques et ma philosophie. Elle est une propriétaire de chiens idéale: tout ce qu'elle veut, c'est ce qui est le mieux pour ses animaux, et elle ferait n'importe quoi pour qu'ils soient heureux et comblés.

Ce jour a marqué le début d'une amitié de 11 ans, qui perdure encore aujourd'hui. Jada et Will m'ont recommandé à leurs amis de « l'élite hollywoodienne », dont Ridley Scott, Michael Bay, Barry Josephson et Vin Diesel. Mais ce n'est pas le cadeau le plus précieux que Jada m'ait fait, loin de là. Elle m'a pris sous son aile. Elle a engagé un professeur, pendant une année entière, pour m'apprendre l'anglais de façon intensive. Et, par-dessus tout, elle a cru en moi. Être reconnu pour ce que je faisais avait toujours été mon rêve, mais tout a un prix. Ma vie est devenue bien plus compliquée qu'avant: j'ai dû faire face à de nouveaux dilemmes, du type à qui faire confiance et de qui se méfier, quels contrats sont bons et lesquels doivent passer à la déchiqueteuse de documents… – des choses que l'on n'apprend pas dans une ferme mexicaine d'Ixpalino. Quand je butte sur certaines questions, je sais que je peux compter sur Jada. Elle n'est pas seulement l'une des personnes les plus généreuses que j'aie jamais rencontrées, elle est aussi l'une des plus intelligentes. Je n'ai qu'à lui demander: « Jada, qu'est-ce qui se passe? Qu'est-ce que je dois faire? » Elle s'y met directement et commence à me rassurer: « O. K., Cesar, ça se passe comme ça… » Je sens que j'ai quelqu'un à mes côtés : elle en sait bien plus que moi sur la façon dont les choses fonctionnent dans la cour des grands, et elle est toujours prête à donner de son temps pour m'aider, même si elle est débordée. Jada a été bien plus que ma cliente. Elle a été mon mentor, ma sœur et un de mes précieux anges gardiens.

Par ailleurs, grâce à elle, j'ai progressé à pas de géants en anglais. J'étais de plus en plus excité par ma nouvelle mission ; elle apparaissait clairement et, comme je le disais, c'était de « rééduquer les chiens et dresser les gens ». J'ai commencé un programme en autodidacte : je lisais tout ce que je pouvais sur la psychologie canine et sur le comportement animal. Les livres qui m'ont le plus influencé et rassuré sur ce que je savais d'instinct ont été celui du Dr Bruce Fogle, *The Dog's Mind,* et celui d'un vétérinaire le Dr Leon F. Whitney, *Dog Psychology.* J'ai acquis beaucoup de sagesse en lisant ces livres : j'ai veillé à prendre en compte ces informations, tout en gardant à l'esprit ce que j'avais appris d'expérience. Selon moi, d'après ce que j'ai pu observer, mère nature est le meilleur professeur au monde mais, à cette période, j'apprenais à penser de façon critique et, plus important encore, je commençais à articuler les choses que je savais instinctivement. Enfin, j'étais capable d'exprimer ces nouvelles idées clairement, et en anglais.

À cette époque, j'avais déjà rencontré ma future femme, Ilusion, qui n'avait que 16 ans quand nous avons commencé à sortir ensemble. Lorsqu'un de mes amis m'a dit qu'aux États-Unis, il y avait une loi interdisant aux garçons plus âgés de fréquenter une fille aussi jeune, j'ai paniqué. J'étais terrifié à l'idée d'être expulsé du pays, alors je me suis empressé de la « larguer ». Elle a eu le cœur brisé. Comme elle était convaincue que j'étais « le bon », elle est venue frapper à ma porte le jour de ses 18 ans. Nous avons eu une relation fragile pendant nos premières années de mariage et même après la naissance de notre fils, André. J'étais resté bloqué dans le vieux monde, avec mes habitudes mexicaines de macho. Je crois que tout ce qui m'importait, c'était moi – mon rêve, ma carrière –, et elle n'avait qu'à me soutenir ou à la fermer. Elle n'a fait aucun des deux : elle m'a quitté. Une fois qu'elle fut partie, j'ai pris conscience qu'elle le faisait pour de bon et j'ai dû me regarder dans un miroir pour la première fois de ma vie. Je ne voulais pas la perdre. Je ne voulais pas la voir se remarier… et voir un autre homme élever notre fils. Ilusion ne me reviendrait qu'à deux conditions : que nous fassions une thérapie de couple et que je m'investisse sincèrement, totalement dans notre relation. J'ai accepté, à contrecœur. Je ne pensais pas avoir autant à apprendre. J'avais tort. Ilusion m'a rééduqué, comme je rééduquais les chiens déséquilibrés. Elle m'a fait comprendre quel cadeau magnifique c'était d'avoir une compagne forte et une famille à ses côtés, et que chaque membre de la cellule familiale devait fournir sa part d'effort. Aujourd'hui, je considère Ilusion, André et Calvin comme ce que j'ai de plus cher au monde.

Alors que je m'efforçais d'être un meilleur mari grâce à certaines personnes, comme mon patron ou Jada, j'ai eu de plus en plus de travail : c'était difficile à gérer. Des organisations avaient commencé à m'appeler pour que je les aide à sauver les cas « de la dernière chance » qui devaient être euthanasiés, et je me suis soudain retrouvé avec une meute de chiens rééduqués, mais orphelins. J'avais besoin de plus d'espace, alors j'ai loué un bâtiment délabré dans le quartier des entrepôts du sud de Los Angeles. Ilusion et moi l'avons rénové et avons ouvert le Centre de psychologie canine : c'était un centre permanent de réadaptation, mais aussi un endroit où les maîtres pouvaient déposer leurs chiens pour des « thérapies de groupe ». Pendant tout ce temps, je continuais à chercher des manières de faire comprendre au « propriétaire moyen » de chien mes méthodes et ma philosophie.

Ces humains qui aiment trop

Quand j'étais petit garçon, au Mexique, je regardais *Lassie* et *Rintintin* : ces aventures de chiens superstars m'ont toujours amusé. Mais il me paraissait évident que *tous les autres gens qui regardaient* ces émissions se rendaient aussi compte qu'elles n'étaient que le fruit de fantasmes hollywoodiens ! Quand Lassie aboyait quatre fois et que Timmy lui disait : « Qu'est-ce qu'il y a Lassie ? Le feu ? À la maison… non, c'est la grange qui est en feu ? Merci ma fille, allons-y ! », je savais – et je pensais que tout le monde savait – que les chiens ne font pas cela dans la réalité. Quand je suis arrivé aux États-Unis, j'ai découvert avec stupeur que nombre de propriétaires de chien croyaient inconsciemment que Lassie *comprenait* vraiment ce que lui disait Timmy ! Je me suis rendu compte qu'ici, les gens s'imaginaient en général que les chiens étaient tous comme Lassie – des humains dans un costume de chien. Cela m'a pris un certain temps pour intégrer cette idée, mais j'ai fini par prendre conscience du fait que la plupart des propriétaires d'animaux de compagnie croyaient, sur certains points, que leur animal – que ce soit un chien, un chat, un oiseau ou un poisson rouge – était en réalité un humain, même s'il n'en avait pas l'apparence. Et ils le traitaient en conséquence.

Le Centre de psychologie canine à ses débuts.

Après avoir passé environ cinq ans aux États-Unis, cela a fini par me frapper : c'était *ça* le problème ! Les chiens d'Amérique du Nord développaient des troubles car leurs maîtres croyaient qu'ils étaient humains. *On ne les autorisait pas à être des animaux !* Dans le pays de la liberté – où tout un chacun était supposé pouvoir atteindre son but sans aucune limite –, on faisait subir tout le contraire aux chiens ! Évidemment, ils étaient dorlotés – on leur donnait la meilleure nourriture, les plus belles maisons, le toilettage le plus complet et des tonnes d'amour. Mais ce n'était pas ce qu'ils voulaient. *Ils voulaient simplement être des chiens !*

J'ai repensé à ce que j'avais appris au Mexique, où je passais un nombre d'heures incalculable à observer les meilleurs dresseurs de chiens du monde : les chiens eux-mêmes. En repensant à la relation naturelle que j'avais avec eux, j'ai commencé à comprendre de quelle manière je pouvais aider les chiens des États-Unis à devenir des créatures plus heureuses et plus saines – et aider leurs maîtres par la même occasion. Ma méthode ne consiste pas en une opération du cerveau. Je ne l'ai pas créée : c'est mère nature qui s'en est chargée. Ma formule pour réussir est simple : pour qu'un chien soit équilibré et en bonne santé, il faut qu'un humain partage avec lui de l'exercice, de la discipline et de l'affection, mais dans cet ordre ! L'ordre est vital, et j'expliquerai mieux pourquoi plus tard.

Malheureusement, la plupart des propriétaires de chien américains que je rencontre ne suivent pas cet ordre. Ils placent l'affection en numéro un. En fait, la plupart des maîtres ne donnent à leur chien que de l'affection, de l'affection et encore de l'affection ! Bien sûr, je sais qu'ils veulent bien faire. Mais leurs bonnes intentions peuvent en réalité faire du tort aux chiens. J'appelle ces maîtres « ces humains qui aiment trop ».

Vous pouvez penser en lisant ces lignes : « Je donne des tonnes d'affection à ma chienne car c'est mon bébé, et elle va très bien ! Je n'ai pas de problème de comportement avec elle. » Et c'est vrai, vous pouvez très bien avoir un chien qui a un naturel passif et enjoué, et n'avoir jamais un seul problème avec lui. Vous pouvez le couvrir d'amour et n'avoir rien d'autre en retour que cet amour inconditionnel et merveilleux que donne le chien. Vous pouvez vous considérer comme le propriétaire de chien le plus chanceux du monde, et votre chien comme le plus parfait. Grâce à votre fidèle compagnon, vous êtes heureux et comblé, et je suis content pour vous. Mais, s'il vous plaît, considérez la possibilité que votre chien puisse manquer de certaines des choses dont *il* a besoin dans *sa* vie à lui pour être heureux et comblé *en tant que chien*. J'espère tout au moins que ce livre vous aidera à prendre un peu plus conscience des besoins de votre chien, besoins spécifiques à son espèce, et qu'il vous inspirera des façons créatives pour vous aider à les satisfaire.

Je m'apprête à partager avec vous les expériences que j'ai faites dans ma vie. Ce sont les choses que j'ai apprises et observées personnellement, que j'ai éprouvées en travaillant avec des milliers de chiens depuis plus de 20 ans maintenant. Je crois, au plus profond de mon cœur, que j'ai pour mission d'aider les chiens et que je vais passer ma vie à apprendre d'eux tout ce que je peux. Je vois ma carrière avec les chiens comme un apprentissage permanent. Je suis l'élève ; ce sont mes professeurs. Laissez-les m'aider à vous apprendre ce qu'ils m'ont enseigné. Ils m'ont appris à comprendre que ce dont les chiens ont vraiment besoin n'est pas toujours ce que *nous* voulons leur donner.

Chapitre 2

....

Si nous pouvions parler aux animaux

Le langage de l'énergie

Quel mode de communication utilisez-vous avec votre chien? L'implorez-vous de venir vers vous quand il refuse et qu'il continue à courir après un congénère dans la rue? Quand votre chien vous vole votre chausson préféré, lui parlez-vous comme à un bébé pour essayer de le récupérer? Criez-vous à pleins poumons pour le faire descendre du canapé, alors qu'il y est simplement assis, en vous regardant comme si vous étiez fou? Si vous vous retrouvez dans ce que je viens de dire, je suis sûr que vous êtes conscient du fait que les techniques que vous utilisez ne fonctionnent pas. Vous savez que vous ne pouvez pas « raisonner » avec votre chien, mais vous ne connaissez tout simplement pas d'autre façon de communiquer avec lui. Je suis ici pour vous dire qu'il existe un bien meilleur moyen.

Vous vous souvenez du Dr Dolittle, l'homme qui était capable de parler et de comprendre le langage de n'importe quel animal? Depuis les livres de Hugh Lofting au film muet de 1928, des feuilletons radiophoniques des années 1930 à la comédie musicale de 1967, des dessins animés des années 1970 aux grosses comédies avec Eddie Murphy, ce conte merveilleux et son protagoniste ont su charmer des générations d'enfants et d'adultes.

Pensez juste une seconde aux mondes infinis qui s'ouvriraient à nous si nous voyions les choses comme les voient les animaux. Imaginez un peu que vous soyez capable de regarder la terre d'en haut avec les yeux d'un oiseau en plein vol, de vivre votre vie en trois dimensions comme une baleine, ou de «voir» le monde à travers des ondes sonores, comme les chauves-souris. Qui n'a jamais rêvé de ce genre de possibles si excitants? L'attrait principal de l'histoire du Dr Dolittle est qu'elle fait vivre les animaux sur grand écran et en couleurs.

Que diriez-vous si je vous disais que le secret du Dr Dolittle était plus que de la simple fiction?

Vous essayez peut-être de découvrir ce secret d'un point de vue humain. Vous vous demandez si je suis en train de vous dire qu'il existe une manière *verbale* de parler à votre chien, à l'aide d'un livre de phrases traduites en son langage, par exemple. Vous vous demandez à quoi ressemblerait ce langage, quels en seraient les sons? Inclurait-il les mots *assis, pas bouger, viens ici* et *au pied*? Devriez-vous crier ces phrases, ou pourriez-vous les murmurer? Auriez-vous à apprendre à pousser des petits cris plaintifs et à aboyer? À renifler votre derrière? Et comment vous répondrait votre chien? Comment traduiriez-vous ce qu'il vous dirait? Comme vous pouvez le constater, créer un livre de phrases toutes faites chien-humain – comme il en existe, disons, pour l'espagnol et le français – serait un véritable tour de force.

Tout ne serait-il pas plus simple s'il existait un *langage universel* que *toutes* (je dis bien *toutes*) les espèces pourraient comprendre? «Impossible, répondez-vous. Même les êtres humains ne parlent pas tous la même langue!» C'est vrai, mais cela n'a pas empêché les gens *d'essayer* de trouver une langue commune pendant des siècles. Dans l'Antiquité, les classes bourgeoises et éduquées apprenaient le grec. De cette façon, ils pouvaient tous lire et comprendre les documents importants. Pendant l'ère chrétienne, le commun des mortels savait lire et écrire le latin. Aujourd'hui, l'anglais est la langue universelle. Je l'ai appris à mes dépens en arrivant aux États-Unis, il y a plusieurs années. Croyez-moi, si vous n'êtes pas nés en parlant anglais, c'est une langue extrêmement difficile à apprendre – et pourtant, tout le monde, des Chinois aux Russes, l'accepte comme la langue internationale du commerce. Les humains ont cherché d'autres moyens de dépasser la barrière de la langue. Peu importe celle que vous parlez, si vous êtes aveugle, vous utilisez le braille. Si vous êtes sourd, vous pouvez comprendre les autres personnes sourdes grâce au langage des signes. Les mathématiques et les langages de programmation ont franchi les barrières linguistiques et permettent aux humains de langues différentes de communiquer facilement, grâce au pouvoir de la technologie.

Si les humains ont réussi à créer ces langages collectifs, n'est-il pas possible de concevoir un moyen de communication avec les autres espèces de la planète ? N'existe-t-il pas un langage que nous pourrions apprendre et qui voudrait dire la même chose pour toute créature ?

Bonne nouvelle ! Je suis heureux de vous annoncer que le langage universel du Dr Dolittle existe déjà. Et que ce ne sont pas les humains qui l'ont inventé. C'est un langage que tous les animaux parlent sans même le savoir, notamment l'animal humain. En outre, tous les animaux sont bel et bien *nés* en connaissant instinctivement ce langage. Même les êtres humains sont nés en le pratiquant couramment, mais nous avons tendance à l'oublier car on nous apprend dès l'enfance à croire que les *mots* sont le seul moyen de communiquer. L'ironie c'est que, bien que nous croyions ne plus connaître ce langage, en réalité, nous le parlons tout le temps. Nous émettons inconsciemment cette langue vingt-quatre heures sur vingt-quatre et sept jours sur sept ! Bien que nous en soyons incapables, d'autres espèces animales, elles, *nous* comprennent. Elles nous reçoivent cinq sur cinq, même quand nous ne sommes pas conscients d'être en train de communiquer !

Ce langage universel, que toutes les espèces comprennent, c'est *l'énergie*.

L'énergie dans la nature

Comment l'énergie peut-elle être un langage ? Laissez-moi vous donner quelques exemples. Dans la nature, différentes espèces animales cohabitent sans aucun problème. Prenez par exemple la savane africaine ou la jungle. Près d'un point d'eau, dans la jungle, vous pouvez voir des singes et des oiseaux dans les arbres ; dans la savane, différents herbivores comme des zèbres ou des gazelles flânent et boivent joyeusement l'eau de la même mare. Tout est paisible, bien que plusieurs espèces partagent le même espace. Comment font-elles pour si bien s'entendre ?

Et si nous parlions d'un exemple moins exotique? Dans votre jardin, il peut y avoir des écureuils, des oiseaux, des lapins, et même des renards, qui coexistent en parfaite harmonie. Il n'y a aucun problème tant que vous ne mettez pas votre tondeuse en marche. Pourquoi? Parce que tous ces animaux communiquent avec la même énergie – une énergie décontractée, équilibrée et non conflictuelle. Chaque animal sait que les autres animaux ne font que se promener, qu'ils vaquent à leurs propres occupations – boire, fourrager pour trouver de la nourriture, se détendre, se nettoyer. Ils sont tous sereins et ne cherchent pas à s'attaquer. Contrairement à nous, ils n'ont pas besoin de *se demander* comment ils se sentent. L'énergie qu'ils projettent leur dit tout ce qu'ils ont à savoir. Et dans ce sens, *ils se parlent, à longueur de temps.*

Maintenant que vous avez à l'esprit cette vision paisible, imaginez ceci: soudain, un nouvel animal entre dans votre jardin ou s'approche de votre point d'eau imaginaire dans la jungle, et projette une énergie totalement dif-férente. Cette nouvelle énergie peut être aussi anodine qu'un écureuil essayant de piller la cachette d'un autre, ou qu'une gazelle en bousculant une autre afin d'être mieux placée pour boire dans la mare. Mais cela peut aussi être plus grave, comme dans le cas d'un prédateur cherchant à attraper sa prochaine proie. N'avez-vous jamais remarqué comment tout un groupe d'animaux paisibles peut changer de comportement en un instant, peut avoir peur ou être sur la défensive, parfois avant même que le prédateur ait fait son apparition? Ces animaux ont sans doute senti son odeur – mais il est aussi probable qu'ils aient senti l'énergie qu'il projetait.

Ce qui m'a toujours semblé incroyable au sujet du règne animal, c'est que même si un prédateur est tout proche, les autres animaux sont en géné-ral capables de déterminer s'il est prudent ou non de rester auprès de lui. Imaginez qu'on vous présente un tueur en série. Pourriez-vous être détendu à ses côtés? Bien sûr que non! Mais si vous étiez un autre animal de cette planète, vous seriez sans doute capable de sentir si ce tueur en série est à la recherche d'une proie ou non. Les animaux sentent immédiatement quand un prédateur projette une énergie de chasse, parfois même avant d'avoir repéré le prédateur lui-même. En tant qu'êtres humains, nous sommes très souvent aveugles à ces nuances de l'énergie animale – nous pensons qu'un tigre est toujours dangereux, alors qu'en fait, s'il vient juste de manger une biche de 150 kilos, il est sans doute plus fatigué que dangereux. Toutefois, dès qu'il a le ventre vide, il devient un tout autre animal – rempli d'instinct et d'énergie de survie. Même l'écureuil dans votre jardin détecte cette subtile différence. Néanmoins, nous autres humains avons tendance à être aveugles devant ce qui, dans le règne animal, est si évident.

Voici un exemple d'énergie animale qui parlera certainement aux Américains du sud. Les jours ensoleillés, en Floride, en Louisiane, en Caroline du Sud ou du Nord, on voit sur les berges des marais des alligators géants chauffer au soleil leur peau de cuir – il y en a partout sur les terrains de golf chics et onéreux! Pendant ce temps, un peu plus loin, les golfeurs partent du tee. Hérons, grues et tortues prennent gaiement un bain de soleil à côté des terrifiants reptiles. De vieilles femmes fluettes promènent leurs chiens de la taille d'une tasse à thé à quelques centimètres du marais. Que voit-on ici? C'est simple. Les autres animaux – des tortues aux minuscules chihuahuas – sont conscients, à un niveau instinctif, que ces redoutables prédateurs ne sont pas en mode chasse à cet instant. Vous pouvez être sûr d'une chose, quand le ventre de la même créature se mettra à gargouiller et que son énergie passera en mode chasse, les autres animaux disparaîtront en un clin d'œil. Exceptés, peut-être, les golfeurs. Mais ils sont une espèce des plus étranges, et même la science moderne n'a pas encore réussi à les comprendre!

L'énergie chez les humains

Quand on parle d'énergie, nous autres, humains, avons bien plus en commun avec les animaux que nous voulons bien l'admettre. Pensez à la jungle la plus impitoyable de notre monde : la cafétéria du lycée. Imaginez-la comme un point d'eau où différentes espèces – dans ce cas précis, les bandes de sportifs, d'intellos ou d'accros à la fumette coexistent dans le calme. Puis, un dur renverse «accidentellement» le plateau d'un garçon moins fort. L'énergie libérée par cette interaction va se répandre dans toute la pièce. Demandez à votre enfant si ce n'est pas vrai. Et, tout comme dans le règne animal, ce changement d'énergie n'a pas nécessairement à être aussi flagrant qu'une bousculade. Disons que le petit gars de la cafétéria passe une mauvaise journée : il a échoué à deux examens de suite et n'est pas dans un bon état d'esprit. Il lève les yeux et croise par hasard le regard du dur à cuire. Peut-être que ce dernier n'avait pas l'intention de s'en prendre à qui que ce soit, mais à la seconde où il capte l'énergie diminuée du type plus faible, la dynamique entre les deux se transforme. Dans le règne animal, c'est ce qu'on appelle *la loi du plus fort*.

Dépassons maintenant la cafétéria du lycée et appliquons ce concept à notre société tout entière. Que nous ayons tort ou raison, nous attendons de nos dirigeants qu'ils projettent une énergie de dominance et de puissance, comme celle de Bill Clinton ou de Ronald Reagan. Certains dirigeants projettent une énergie charismatique qu'ils communiquent à toutes les personnes de leur entourage, comme Tony Robbins. Martin Luther King, lui, projetait une énergie que j'appelle « calme-assurée » – c'est l'énergie idéale pour un leader. Bien que Gandhi ait lui aussi été un leader, son énergie était de nature plus compatissante.

Il est intéressant de constater que l'*Homo sapiens* est la seule espèce sur terre qui serait prête à faire confiance à un chef sage, gentil, compatissant ou très sympathique. Les humains suivraient même un chef instable, mais il faudrait un autre livre pour développer ce sujet ! Aussi difficile que cela soit à comprendre pour nous, dans le règne animal, un Fidel Castro deviendrait immanquablement chef à la place de mère Teresa. Dans le monde animal, la moralité n'existe pas, pas plus que la notion de bien et de mal. Inversement, les animaux ne peuvent pas mentir ou trahir pour accéder au pouvoir : ils n'en sont tout bonnement pas capables, car les autres animaux les démasqueraient sur un simple battement de cœur. Les chefs dans la nature se doivent de projeter une force évidente et incontestable. Le règne animal est uniquement fait de règles, d'occupations journalières et de rituels – basés sur la loi du plus fort, et non sur celle du plus intelligent ou du plus juste.

Avez-vous déjà entendu parler de « l'odeur de la peur » ? Ce n'est pas qu'une expression. Les animaux ressentent des vibrations d'énergie, mais l'odorat est leur sens le plus développé – et chez un chien, énergie et odorat semblent profondément liés. En fait, les glandes anales des chiens se vident quand ils ont peur, libérant une odeur caractéristique, reconnaissable non seulement par les autres chiens, mais aussi par la plupart des animaux (dont les humains). Le sens de l'odorat d'un chien est lié à son système limbique, la partie du cerveau en charge des émotions. Dans son livre *A Dog's Mind*, le Dr Bruce Fogle cite des études remontant aux années 1970, qui démontraient déjà que les chiens étaient capables de sentir l'acide butyrique – l'un des composants de la transpiration humaine – à un taux de concentration un million de fois plus faible que nous le pouvons [4]. Pensez aux détecteurs de mensonges qui peuvent capter des changements infimes chez une personne qui ment, grâce à la transpiration de ses mains. Par essence, votre chien est un «détecteur de mensonges» vivant!

Est-ce que les chiens «sentent» vraiment, physiquement, la peur en nous? Sans doute, oui, instantanément. Un nombre incroyable de joggers ou de facteurs racontent la même expérience: ils courent ou passent simplement à côté d'une maison, et le chien se met à aboyer, à grogner, ou se précipite même sur le portail. Il peut s'agir d'un chien qui joue le rôle de protecteur de la maison et qui le prend très au sérieux: trop de facteurs et de joggeurs portent des cicatrices qui montrent à quel point les chiens puissants et agressifs – que j'appelle les chiens dans la zone rouge – sont incontrôlables. (Les chiens «zone rouge» sont des cas sérieux, sur lesquels je reviendrai plus en détail dans un prochain chapitre.)

Dans le but de vous faire comprendre de quelle façon les chiens sentent les états émotionnels, imaginez-vous ceci quand vous longez une maison où se trouve un chien «zone rouge»: *peut-être que le chien qui aboie a un secret*. Il se peut qu'il soit plus effrayé que vous ne l'êtes vous-même! En revanche, si vous restez figé par la peur, l'équilibre des forces s'inverse immédiatement. Ce chien détecte-t-il votre changement d'énergie grâce à son «sixième sens»? Sent-il qu'il s'est opéré un changement dans votre corps ou dans votre cerveau? La science ne l'a pas encore expliqué clairement pour les non-initiés mais, selon moi, c'est une combinaison des deux. Je peux l'affirmer, après avoir passé des dizaines d'années à observer les chiens de près: vous ne pouvez pas «bluffer» un chien comme vous pouvez le faire avec un copain de poker qui a un coup dans le nez. Dès que vous ressentez de la peur, le chien sait instantanément qu'il a l'avantage sur vous. Vous projetez une énergie de faiblesse. Et si le chien sort, les risques qu'il se rue sur vous ou vous morde sont bien plus importants que si vous n'aviez pas prêté attention à son aboiement et que vous aviez passé votre chemin. Dans la nature, le faible ne tarde jamais à se faire éliminer. Ce n'est pas bien ou mal: c'est comme ça que se passe la vie sur Terre depuis des millions d'années.

L'énergie et l'émotion

La chose la plus importante à comprendre concernant l'énergie est que c'est un *langage d'émotions*. En effet, vous n'avez jamais besoin de dire à un animal que vous êtes triste, fatigué, excité ou détendu, car cet animal sait déjà *exactement* ce que vous ressentez. Repensez à certaines des jolies histoires que vous avez lues dans des magazines comme *Reader's Digest* ou *People* – des histoires d'animaux de compagnie qui ont réconforté ou même sauvé leur maître malade, dépressif ou éploré. Ces histoires sont souvent suivies d'un commentaire du type : « C'est presque comme s'il savait ce que traversait son maître. » Je suis ici pour vous assurer que, oui, ces animaux *savent* exactement ce que leurs maîtres ressentent. Une étude française a montré que les chiens pourraient utiliser leur flair pour aider à distinguer les différents états émotionnels des humains [5]. Je ne suis pas scientifique, mais après avoir passé ma vie entouré de chiens, je suis sûr d'une chose : ils peuvent sans conteste sentir les changements les plus subtils d'énergie et d'émotions chez les humains qui les entourent. Bien sûr, les animaux ne peuvent pas toujours comprendre le *contexte* dans lequel s'inscrivent nos problèmes : ils ne peuvent pas définir si nous avons le cœur brisé à cause d'un divorce, après avoir été virés ou avoir égaré notre portefeuille, car ces situations très humaines ne veulent rien dire pour eux. Néanmoins, de telles situations engendrent des émotions – et ces émotions sont universelles. Malade et triste veulent dire malade et triste, peu importe votre espèce.

Les animaux ne sont pas seulement en accord avec les autres espèces – ils semblent également capables de comprendre l'énergie que dégage la planète elle-même. L'histoire regorge d'anecdotes racontant que des chiens ont semblé « prédire » des tremblements de terre, ou que des chats se sont cachés dans la cave plusieurs heures avant une tornade. En 2004, une demi-journée avant que l'ouragan Charley ne touche les côtes de la Floride, 14 requins bordés, que l'on suivait grâce à des bagues électroniques et qui n'avaient jamais auparavant quitté leur territoire au large de Sarasota, se sont soudain mis en route pour des eaux plus profondes. Repensez aussi au terrible tsunami qui a frappé l'Asie du Sud-Est la même année [6]. D'après des témoins, une heure avant que la vague n'atteigne la côte, des éléphants en captivité, qui servaient pour les « promenades à dos d'éléphant » des touristes en

Indonésie, se sont mis à gémir et ont même cassé leurs chaînes pour fuir sur les hauteurs. Partout dans la région, les animaux des zoos se sont réfugiés dans leurs abris et ont refusé d'en sortir, les chiens n'ont pas mis le nez dehors, et des centaines d'animaux sauvages du parc national du Sri Lanka – léopards, tigres, éléphants, sangliers, biches, buffles d'Asie et différents singes – se sont aussi enfuis vers des terres plus sûres [7]. Ce sont là certains des miracles de la nature qui continuent à m'étonner : ils illustrent parfaitement la puissance du langage de l'énergie.

L'une des choses les plus importantes à se rappeler est que tous les animaux qui nous entourent – particulièrement les animaux de compagnie avec lesquels nous partageons nos vies – captent notre énergie à tout moment de la journée. Bien sûr, vous pouvez dire tout ce qui vous passe par l'esprit, mais votre énergie *ne peut pas mentir* et *ne ment pas*. Vous aurez beau ordonner à votre chien de descendre du canapé et crier autant que vous voudrez, si vous ne projetez pas l'énergie d'un chef, si, au fond de vous, vous savez que vous allez lui permettre de rester sur le canapé s'il continue de vous supplier, il va sentir quelle est votre vraie limite. Ce chien restera assis sur le canapé aussi longtemps qu'il le voudra. Il sait déjà que vous n'allez pas continuer à crier jusqu'à obtenir gain de cause. Les chiens perçoivent souvent les cris des humains comme un signe d'instabilité : de fait, votre chien ne sera pas affecté par votre crise de colère, ou il sera désorienté et effrayé, mais il ne fera certainement pas le lien avec vos règles concernant le canapé !

Une personnalité calme-assurée

Maintenant que vous connaissez la puissance du « langage » de l'énergie, je dois vous aider à comprendre comment l'employer pour favoriser une meilleure communication entre votre chien et vous. Votre chien n'a besoin que d'une seconde pour déterminer quelle sorte d'énergie vous projetez, il est donc important que vous soyez cohérent. Avec lui, vous devez projeter à tout moment ce que j'appelle une énergie « calme-assurée ». Un chef calme-assuré est détendu, mais toujours sûr d'avoir le contrôle.

Dernièrement, le terme *assuré* a pris des connotations négatives. C'est peut-être parce qu'il fait penser au mot *agressif,* mais les deux ont des significations totalement différentes. Pensez aux personnalités de la culture populaire. Peu importe le parti que vous prenez dans le débat, vous devez admettre que Bill O'Reilly[6] est coléreux et agressif. Il s'écrie : « La ferme ! », interrompt les gens et tente de s'imposer par la force. Dans la plupart des situations quotidiennes, se montrer coléreux et agressif peut se retourner contre vous – ce n'est pas une façon de faire efficace du point de vue de l'énergie, et c'est très mauvais pour votre pression sanguine. Un chien coléreux et agressif ne ferait pas un bon chef, car les autres membres de la meute le percevraient comme instable.

Je n'ai pas eu l'occasion de rencontrer beaucoup de personnes « calmes-agressives » dans mon travail, mais je suppose que c'est ainsi que l'on pourrait qualifier les méchants dans les films de James Bond – ils complotent toujours pour faire exploser le monde, mais sans jamais verser une goutte de sueur ni renverser leur martini. Dans tous les cas, l'énergie « calme-agressive » n'est pas naturelle dans le règne animal.

Qu'en est-il des personnalités calmes-assurées ? Ce sont elles qui dirigent le monde animal. Dans nos paysages humains, elles sont rares, mais ce sont presque toujours les personnes les plus puissantes et les plus impressionnantes : celles qui ont brillamment réussi. Oprah Winfrey – le parfait modèle du comportement à adopter dans ma profession – est l'exemple même de l'énergie calme-assurée. Elle est détendue, d'humeur égale, mais est indéniablement convaincante et a toujours la situation en main. Les gens répondent tous positivement à son énergie magnétique, qui a fait d'elle l'une des femmes les plus influentes – et les plus riches – du monde.

La relation qu'entretient Oprah avec l'un de ses chiens, Sophie, est une tout autre histoire. Comme la plupart des personnes de pouvoir qui m'ont engagé pour les aider avec leurs chiens, Oprah avait du mal à partager son assurance-calme, tant vantée, avec Sophie. Pendant les années où j'ai aidé les gens qui avaient des problèmes avec leurs chiens, j'ai observé que nombre de personnes influentes de type A[7] – réalisateurs, directeurs de studio, stars de cinéma, médecins, juristes, architectes – n'avaient aucun problème à être dominantes et à avoir le contrôle à leur travail, mais qu'au moment où elles rentraient chez elles, elles laissaient leur chien leur marcher sur les pieds. Ces personnes considèrent souvent leur vie avec leurs animaux comme le *seul* moment où elles peuvent laisser se manifester leur douceur. Tout cela est très thérapeutique pour l'être humain, mais peut être préjudiciable sur le plan psychologique pour l'animal. Votre chien a plus besoin d'un chef de meute que d'un copain. Et si vous cherchez un modèle d'énergie calme-assurée, changez de chaîne pour regarder l'émission d'Oprah Winfrey et observez-la agir avec ses invités et son public. C'est le genre d'énergie à laquelle vous devriez aspirer quand vous interagissez avec votre chien, votre chat, votre patron ou vos enfants !

Faites semblant jusqu'à ce que vous ayez réussi

Que se passe-t-il si vous n'êtes pas naturellement une personne calme-assurée ? Comment réagissez-vous quand survient un problème ? Êtes-vous paniqué ou tendu, sur la défensive ou agressif ? Avez-vous tendance à gérer les problèmes comme s'ils étaient une attaque personnelle ? Il est vrai que l'énergie ne ment pas, mais *l'énergie et le pouvoir peuvent être canalisés* et *contrôlés*. La méditation, le yoga et diverses techniques de relaxation sont d'excellents moyens d'apprendre à mieux contrôler son énergie. Faire du judo pendant huit ans m'a permis de contrôler mon énergie mentale : c'est maintenant une seconde nature chez moi. Si vous êtes très nerveux, anxieux ou trop émotif – états qui vous trahissent à coup sûr quand un animal déchiffre votre énergie –, de telles techniques peuvent faire une grosse différence dans les rapports que vous entretenez avec vos animaux de compagnie. Apprendre à bien employer le pouvoir de l'énergie calme-assurée aura également un impact positif sur votre santé mentale, ainsi que sur vos relations avec les *humains* qui vous entourent. Je vous le garantis.

Je conseille souvent à mes clients d'utiliser leur imagination et d'employer des techniques de visualisation quand ils se sentent « coincés » alors qu'ils essayent de projeter l'énergie appropriée à leurs chiens. Il existe un tas de livres de développement personnel, de psychologie et de philosophie qui peuvent vous aider à exploiter le pouvoir de votre esprit pour changer de comportement. Certains auteurs m'ont beaucoup influencé, comme le Dr Wayne Dyer, Tony Robbins, Deepak Chopra et le Dr Phil McGraw. Des techniques d'acteur, comme celles élaborées par Konstantin Stanislavski et Lee Strasberg, sont aussi d'excellents outils pour transformer votre rapport au monde. Lors de la première saison de mon émission *Dog Whisperer*, je suis tombé sur un cas qui m'a offert un parfait exemple de la manière dont nous pouvons utiliser nos pouvoirs de visualisation pour transformer instantanément notre énergie et nos relations avec les chiens.

Sharon et son mari, Brendan, avaient sauvé Julius, un adorable bâtard croisé de pitbull et de dalmatien, qui est malheureusement arrivé chez eux en ayant peur de son ombre. Dès qu'ils sortaient le promener, il se mettait à trembler de tout son être, marchait la queue entre les pattes et se précipitait à la moindre occasion vers leur maison, vers la sécurité qu'elle représentait. Quand ils recevaient des amis, il se figeait puis se tapissait sous les meubles. En travaillant avec le couple, j'ai remarqué que Sharon devenait très anxieuse, qu'elle était effrayée dès que Julius semblait avoir peur ou qu'il tirait sur sa laisse pendant la promenade. Elle était si inquiète à son sujet qu'elle essayait de le réconforter avec des mots et, quand cela ne marchait pas, elle levait les bras au ciel en signe d'impuissance. Il me semblait évident que Julius détectait l'énergie de peur que projetait Sharon, ce qui augmentait considérablement sa propre peur.

Toutefois, quand Sharon m'a dit qu'elle était actrice, j'ai réalisé qu'elle avait un outil efficace à sa disposition, mais qu'elle n'en tirait pas profit. Les meilleurs acteurs apprennent à fouiller dans leur être profond, à utiliser le pouvoir de la pensée, des sentiments et de l'imagination pour se transformer en différents personnages et pour passer en un instant d'un état émotionnel à un autre. J'ai demandé à Sharon d'aller puiser dans la même « trousse à outils » qu'elle utilisait quand elle jouait sur scène ou dans un film, et de se concentrer sur un exercice d'interprétation très simple : penser à un personnage qu'elle considère comme calme et assuré. Grâce à son expérience, Sharon a immédiatement compris ce que je lui demandais de faire. Sans hésiter, elle m'a répondu « Cléopâtre ». Je lui ai ensuite suggéré de « devenir » Cléopâtre chaque fois qu'elle sortirait promener Julius.

Ce fut palpitant de la regarder essayer cet exercice pour la première fois ! Alors qu'elle promenait Julius, Sharon s'est mise à imaginer qu'elle était Cléopâtre. Juste sous mes yeux, elle s'est tout d'un coup tenue plus droite et a bombé sa poitrine. Elle a relevé la tête et a jeté un regard impérial autour d'elle, comme si elle régnait sur tout ce qu'elle voyait. Grâce aux talents d'actrice qu'elle avait affinés tout au long de sa vie, elle a pris soudainement conscience de son pouvoir et de sa beauté et, naturellement, s'est mise à attendre que tout le monde – et plus particulièrement son chien – obéisse au moindre de ses désirs! Bien évidemment, Julius n'avait jamais pris de cours de théâtre, mais comme il avait perçu le changement d'énergie qui s'était opéré en Sharon, il n'a pas eu d'autre choix que de devenir son «partenaire» dans cette scène imaginaire. Le changement a été immédiat chez ce chien craintif. Dès qu'il a réalisé qu'il marchait en compagnie d'une «reine», il s'est détendu et est devenu moins peureux. Après tout, quel chien serait effrayé avec la toute-puissante Cléopâtre tenant sa laisse?

Julius et ses maîtres ont travaillé dur et ils ont fait du chemin. Cela a pris des mois de pratique quotidienne, de patience, mais un an plus tard, Julius se sentait totalement en sécurité lors de ses promenades et accueillait même les inconnus à la maison – tout cela grâce au pouvoir d'un chef calme-assuré et au petit coup de main de Cléopâtre.

L'énergie calme-soumise

L'énergie qui convient à un suiveur dans une meute est appelée «énergie calme-soumise». C'est l'énergie que doit projeter votre chien dans sa relation avec vous: c'est la plus saine. Quand des gens entrent pour la première fois dans mon Centre de psychologie canine et qu'ils regardent ma meute en action, ils sont très souvent surpris de voir comment un groupe de 40 à 50 chiens peut être doux 90% du temps. C'est parce que ma meute est constituée de chiens équilibrés mentalement, de chiens calmes-soumis.

Le mot *soumis* a des connotations négatives, tout comme le terme *assuré*. *Soumis* ne veut pas nécessairement dire influençable. Cela ne signifie pas que vous deviez faire de votre chien un zombie ou un esclave. Cela veut simplement dire *détendu* et *réceptif*. C'est l'énergie que dégage un groupe d'étudiants obéissants ou une communauté à l'église. Quand je donne mes séminaires sur le comportement des chiens, je remercie toujours les membres de mon public d'être dans un état calme-soumis – c'est-à-dire ouverts d'esprit et capables d'échanger facilement les uns avec les autres. Quand j'ai appris à avoir une attitude calme-soumise envers ma femme, mon mariage s'est définitivement amélioré!

Pour que les chiens et les humains communiquent vraiment, le chien doit projeter une énergie calme-soumise avant que l'humain n'arrive à le faire obéir. (En tant que maîtres, nous ne voulons pas être perçus comme les soumis.) Même quand un chien fait des recherches et des sauvetages, il n'a pas un comportement assuré – il est actif-soumis. Bien que ce chien de sauvetage doive marcher devant son maître-chien et fouiller activement un tas de décombres, le maître-chien le fait d'abord asseoir et attend qu'il soit dans un état d'esprit de soumission : ce n'est qu'à ce moment-là qu'il lui donnera le signal pour commencer les recherches. De la même manière, les chiens qui accompagnent les personnes handicapées doivent occuper la position de soumission, même si leur maître est aveugle ou en fauteuil roulant. Les animaux sont là pour les aider, et non le contraire.

Le langage du corps

Votre chien vous observe en permanence : il capte votre énergie. Il capte aussi votre langage corporel. Les chiens utilisent le langage corporel comme moyen de communication entre eux, mais il est important de se souvenir que le langage corporel dépend également de l'énergie qu'ils projettent. Souvenez-vous de l'exemple de Sharon et de Julius : le simple fait de penser qu'elle était Cléopâtre a poussé Sharon à se tenir droite et à se sentir plus fière. L'énergie nourrit le langage corporel et, à son tour, le langage corporel vient renforcer l'énergie. Les deux sont toujours étroitement liés.

Vous pouvez apprendre à interpréter le langage corporel de votre chien grâce aux indices visuels qu'il vous envoie, mais il est important de se rappeler que différents types d'énergie peuvent engendrer la position dans laquelle il se met. Cela fonctionne un peu comme ces mots qui nous empoisonnent la vie, appelés « homonymes » : des mots qui se prononcent exactement de la même manière, mais ne veulent pas dire la même chose, comme *read* et *rend*, ou *flee et flea*[8]. Pour quelqu'un dont l'anglais n'est pas la langue maternelle, il faut un certain temps pour réussir à faire la distinction entre ces mots. Mais bien sûr, tout dépend du contexte : c'est le contexte dans lequel un terme est utilisé qui détermine son sens. Il en est de même pour les chiens et le langage corporel. Le fait qu'un chien ait les oreilles en arrière peut indiquer la soumission calme, qui est l'énergie appropriée pour un suiveur dans la meute, ou bien la peur. Un chien qui en monte un autre, cela peut signifier la dominance mais aussi n'être qu'un simple jeu. L'énergie crée toujours le contexte.

Alerte et dominant.

Alerte et détendu.

Soumis et calme.

La peur (le chien a la queue entre les pattes).

Puis-je vous renifler ?

Comme je l'ai dit précédemment, les odeurs fonctionnent aussi comme un langage pour les chiens. Le museau de votre chien – qui est des millions de fois plus sensible que votre nez – lui communique un grand nombre d'informations concernant son environnement et les autres animaux qui y vivent. Dans la nature, l'odeur anale d'un chien est son «nom». Quand deux chiens se rencontrent pour la première fois, ils se reniflent le derrière pour faire les présentations. Comme ils n'ont pas d'annuaire téléphonique, les chiens peuvent faire savoir aux autres où ils vivent et où ils ont vagabondé en urinant sur un «panneau indicateur» – buisson, arbre, pierre ou poteau. Quand une femelle est en chaleur et qu'elle urine, elle dépose son odeur dans tout son territoire, passant ainsi une sorte d'annonce destinée aux mâles du quartier [8] – qui peuvent arriver le lendemain matin devant la porte du propriétaire de la chienne, sans que ce dernier comprenne comment ils ont pu être «invités». Grâce aux odeurs, les chiens peuvent aussi savoir si l'un d'entre eux est malade ou ce qu'il a mangé. Comme dans le cas des études sur les chiens et leur capacité à «renifler» les changements émotionnels chez les humains, des scientifiques cherchent depuis des années à comprendre le pouvoir miraculeux du flair d'un chien, qui est capable de discerner toutes sortes d'informations très subtiles. En septembre 2004, le *British Medical Journal* a publié les résultats d'une étude menée par l'Université de Cambridge prouvant que les chiens «flairaient» les cancers de la vessie dans des échantillons d'urine au moins 41 fois sur 100 [9]. Pendant des années, on a entendu des anecdotes à propos de tels exploits, mais aujourd'hui, la science travaille activement à trouver une manière dont les chiens pourraient nous aider à détecter des maladies plus tôt que les appareils de haute technologie les plus sophistiqués.

Avez-vous entendu parler des scanographes, ces machines dans lesquelles vous vous allongez pendant un moment et qui sont censées faire un diagnostic complet de votre organisme ? C'est à peu près ce que font les chiens quand ils vous voient pour la première fois. Ils utilisent leur museau pour faire un scanner complet de votre corps, pour tout examiner, pour déterminer d'où vous venez et ce que vous avez fait dernièrement. Selon les codes des chiens, vous êtes censé les laisser faire. Dans mon Centre de psychologie canine, quand un nouveau chien entre dans le territoire de la meute, il doit se montrer poli et ne pas bouger pendant que les autres viennent le renifler. Si le chien reste tranquille et qu'il laisse faire les autres, il sera plus facilement accepté par la meute. S'il bouge, les autres chiens le pourchasseront jusqu'à ce qu'ils aient fini de le renifler. Un chien qui a un comportement antisocial envers les autres chiens est mal à l'aise ou agressif quand il se fait renifler : c'est un signe révélateur. Ce chien n'a pas appris les bonnes manières – comme un humain qui ne serrerait pas la main de quelqu'un qu'on lui présente. Quand une personne franchit les portes de mon centre et qu'elle traverse la meute, les chiens se comportent de la même manière avec elle. Beaucoup de gens trouvent intimidant – ou tout simplement terrifiant – qu'une meute de 40 chiens à l'air méchant se précipite sur eux pour les renifler. Un humain ne doit ni regarder ni toucher les chiens pendant ce processus, mais les chiens, eux, doivent être autorisés à l'entourer et à le renifler. C'est la seule façon qu'ils ont d'être à l'aise avec un nouvel animal, quelle que soit son espèce – en apprenant à le connaître grâce à son odeur. Pour mes chiens, je ne suis pas « Cesar ». Je suis leur chef de meute, c'est-à-dire l'odeur et l'énergie de Cesar.

Alors que vous renifler est un moyen pour votre chien de vous reconnaître, projeter l'énergie appropriée est la clé pour devenir le chef de meute de votre chien. Nous allons approfondir le concept de chef de meute – c'est la pierre angulaire d'une relation saine avec votre fidèle compagnon. Mais avant tout, il est important de rappeler que votre chien ne voit pas le monde de la même manière que vous. Quand vous aurez appris à connaître votre chien comme un animal, et non comme un humain à quatre pattes, vous serez capable de comprendre le « langage » de son énergie – et d'« entendre » véritablement ce qu'il vous dit.

Chapitre 3

....

La psychologie canine

Pas besoin de canapé

Dans le chapitre précédent, j'ai défini et détaillé l'énergie en tant que moyen de communication entre les humains et les animaux. Que vous en soyez conscient ou non, vous communiquez tout le temps avec votre chien grâce à l'énergie, mais aussi grâce au langage du corps et aux odeurs. Mais comment interpréter les messages que vous envoie votre chien? Comment savoir si vous projetez en retour la bonne énergie? Il faut commencer par comprendre la psychologie des chiens – en retournant à leur nature innée et en essayant de voir le monde à travers leurs yeux, et non les vôtres.

Les humains viennent de Saturne, les chiens viennent de Pluton

Pour que toute relation trouve un réel équilibre, elle ne peut pas être unilatérale. Les besoins des deux parties doivent être comblés. Pensez aux relations homme-femme. Au début de mon mariage, il m'a fallu un certain temps avant de me rendre compte que la manière dont je voyais le monde en tant qu'homme était très différente de celle de mon épouse. Les choses qui me rendaient heureux et me satisfaisaient dans notre relation n'étaient pas nécessairement les mêmes pour elle – et aussi longtemps que je me suis contenté de satisfaire mes propres besoins, notre couple a eu de réels problèmes. C'était ma méthode ou rien du tout, en partie parce que j'étais égoïste, mais surtout parce que je ne savais pas qu'il en existait une autre.

Si je ne comprends pas la manière dont fonctionne la femme de ma vie, comment pouvons-nous vraiment communiquer? Nous ne pouvons pas être en phase, et une telle relation risque de finir par un divorce. J'ai dû lire beaucoup de livres sur la psychologie de couple pour apprendre à voir le monde à travers les yeux d'Ilusion et, croyez-moi, cela a changé énormément de choses dans notre mariage.

Mon but ici est de vous aider à effectuer les mêmes changements positifs dans le «couple» que vous formez avec votre chien, basés sur une nouvelle compréhension de la vraie nature de cet animal. C'est seulement grâce à cette connaissance que vous pourrez établir avec lui le genre de lien – le véritable lien homme-bête – auquel vous aspirez.

La première erreur que commettent nombre de mes clients en créant un lien avec leur chien est la même que celle commise par beaucoup d'hommes avec les femmes: ils présument que leurs cerveaux fonctionnent exactement de la même manière. La plupart des amoureux des animaux persistent à essayer d'établir des rapports avec leurs chiens en utilisant la psychologie humaine. Peu importe la race – berger allemand, dalmatien, cocker, golden retriever –, ils voient les chiens comme des personnes à quatre pattes, recouvertes de poils. Je suppose qu'il est naturel d'humaniser un animal: la psychologie humaine est notre premier système de référence. Nous avons été élevés pour penser que le monde nous appartenait et qu'il devait tourner selon nos propres désirs. Toutefois, aussi intelligents que nous soyons, mère nature a toujours raison de nous. «L'humanisation» d'un chien – source de nombreux troubles du comportement pour lesquels on fait appel à moi – crée un déséquilibre, et un chien qui n'est pas équilibré est un chien frustré et, la plupart du temps, agité. On fait sans cesse appel à moi pour des chiens qui dirigent la vie de leurs maîtres, qui se comportent de façon dominante, agressive ou obsessionnelle, et qui font régner leur loi dans la maison. Parfois, cela fait des années que ces problèmes durent. Il arrive qu'un maître déconcerté me dise: «Le problème, c'est qu'il croit être une personne.» Non, c'est faux. Je vous le jure, votre chien sait parfaitement qu'il est un chien. Le problème, c'est que vous, vous ne le savez pas.

À passés différents, présents différents

Les animaux et les humains ont tous connu une évolution différente : ils n'ont pas les mêmes ancêtres et ont développé des forces et des faiblesses qui leur sont propres pour les aider à survivre sur terre. Dans son livre *À quoi pensent les animaux ?*, le professeur Marc D. Hauser affirme que les différentes espèces ont, pour survivre, des « trousses à outils mentales » intégrées et spécifiques [10]. J'aime l'analogie avec la « trousse à outils », car c'est un moyen simple pour comprendre la grande diversité qui règne dans la nature. Nous partageons tous certains outils, comme le langage universel de l'énergie que j'ai déjà décrit. Mais certains sont spécifiques à une espèce. De nombreux outils sont les mêmes pour différentes espèces – l'odorat, par exemple –, mais jouent un rôle plus important pour la survie d'une espèce en particulier. Ces « outils évolutionnistes » composent la boîte à outils de l'esprit d'un animal : chaque espèce a donc une psychologie qui est, par bien des côtés, unique et très spécifique. Les girafes ont leur psychologie propre. Les éléphants aussi. Vous ne vous attendriez pas à ce qu'un lézard ait la même psychologie qu'un humain, non ? Bien sûr que non, car un lézard évolue dans un tout autre environnement, et vit une existence totalement différente de celle d'un humain. Les lézards sont « conçus » pour des fonctions opposées aux nôtres. Pour reprendre l'image de la « trousse à outils », vous n'attendez pas d'un médecin qu'il apporte dans la salle d'opération une boîte à outils de programmeur informatique, ou d'un plombier qu'il utilise les instruments d'un violoniste pour réparer votre évier. Tous ont des outils bien distincts car tous font un travail différent. Bien que les chiens et les humains aient interagi étroitement – peut-être même de façon interdépendante – pendant des milliers d'années, les chiens ont aussi été « conçus » par la nature pour remplir des fonctions très différentes de celles des humains. Pensez-y. Étant donné les différences qui existent entre nous – nos fonctions et nos trousses à outils –, pourquoi voulez-vous que l'esprit de votre chien fonctionne de la même manière que le nôtre ?

Quand nous humanisons les chiens, nous les coupons de la réalité. En les personnifiant, nous allons être capables de les aimer comme nous aimerions un être humain, mais nous ne serons jamais en parfaite communion avec eux. Nous n'apprendrons jamais à les aimer pour qui ou pour ce qu'ils sont vraiment.

Il peut vous sembler – à la lecture de ce livre, quand vous regardez mon émission à la télévision ou que vous assistez à l'un de mes séminaires – que je répète sans cesse les mêmes choses : « Les chiens ne pensent pas comme les humains » ; « La psychologie canine n'est pas la psychologie humaine ». Si vous en avez déjà assez entendu et que vous êtes fin prêt à considérer votre chien comme un chien, félicitations et tous mes vœux de réussite ! Mais vous seriez surpris de voir le nombre de mes clients, et les centaines de gens auxquels je parle ou qui m'écrivent, qui se montrent réticents, ou qui parfois refusent même carrément d'abandonner l'image qu'ils se font de leur chien, cette image d'adorable petite personne. Leurs chiens sont leurs « bébés », et ces propriétaires ont peur, en les considérant différemment, de perdre le lien qui les unit, au lieu de le renforcer. À la fin de l'un de mes séminaires, au moment des questions-réponses, une femme visiblement découragée s'est levée et m'a dit : « Vous vous rendez compte que tout ce que vous nous dites va à l'encontre de ce que nous avons toujours pensé à propos de nos chiens ? » J'ai dû répondre au public : « Humains, vous m'en voyez désolé. » Certains de mes clients ont le cœur brisé, et pleurent même, quand je leur dis que pour résoudre les problèmes de leur chien, ils doivent commencer par percevoir et traiter leur fidèle compagnon d'une manière totalement différente de ce qu'ils ont fait jusqu'à présent, et parfois depuis des années. Quand je sors d'une consultation, il m'arrive d'avoir peur que le chien que je viens juste de rencontrer n'ait jamais la chance de vivre paisiblement, de manière équilibrée, car il semble peu probable, et même impossible, que son maître change. Si en me lisant vous vous dites que vous êtes peut-être l'une de ces personnes, s'il vous plaît, armez-vous de courage. Apprendre à connaître votre chien pour ce qu'il est *vraiment* est une nouvelle aventure, non ? C'est excitant ! C'est un grand privilège que d'être capable de vivre aux côtés de ce compagnon et de voir le monde à travers les yeux d'un membre d'une espèce complètement différente de la nôtre ! Souvenez-vous qu'en vous engageant à changer, c'est envers votre chien que vous vous engagez. Vous lui donnez une chance d'atteindre son potentiel naturel et, ce faisant, vous témoignez à une autre créature vivante la plus haute forme de *respect* qui soit, en la laissant être ce qu'elle est censée être. Vous posez donc les fondations d'une nouvelle relation avec votre chien, qui vous rapprochera davantage encore.

Mais en quoi la psychologie canine est-elle si différente? Pour commencer, il faut à nouveau observer les chiens à l'état naturel, quand les humains ne font pas partie du décor. Les chiens commencent leur vie d'une façon totalement opposée à la nôtre, et même nos sens les plus basiques sont différents.

Le nez, les yeux, les oreilles : dans cet ordre !

Quand une chienne accouche, ses petits naissent avec un odorat fonctionnel, mais ils n'ont pas encore la vue ni l'ouïe. La première chose dans la vie d'un chien, et la plus vitale – sa mère –, lui apparaît donc comme une odeur. La mère est, avant tout, une odeur et une énergie. Un nouveau-né humain peut aussi différencier l'odeur de sa mère de celle des autres humains : l'odorat est donc important pour nous aussi [11], mais ce n'est pas notre sens le plus développé. Pour l'homme, « voir, c'est croire ». Si on vous dit qu'un gars du nom de Cesar Millan est capable de contrôler une meute de 40 chiens sans laisse, vous ne le croirez pas tant que vous ne l'aurez pas vu. Eh bien, pour un chien, *sentir, c'est croire*. S'il ne sent pas, il est incapable de comprendre. Ce n'est pas réel pour lui. Comparez plutôt : nous, les humains, n'avons qu'environ 5 millions de récepteurs olfactifs dans notre nez, alors qu'un chien adulte en a en moyenne 220 millions. En réalité, comme le disent les maîtres-chiens de chiens policiers (dressés pour retrouver des gens ou des cadavres), les membres de l'espèce canine sont capables de renifler des odeurs que nous ne pouvons même pas détecter à l'aide des équipements scientifiques les plus sophistiqués [12]. En résumé, un chiot grandit pour « voir » le monde en utilisant son nez comme principal organe sensoriel.

Outre l'odeur et l'énergie, un chiot va expérimenter le toucher : il se rapproche de sa mère en se tortillant pour aller téter, bien avant qu'il ne sache à quoi elle ressemble. Il n'ouvre ses yeux qu'au bout de 15 jours et commence alors à déchiffrer le monde à l'aide de sa vue. Quant aux oreilles, elles ne se mettent à fonctionner qu'au bout de 20 jours [13]. Mais comment essayons-nous principalement de communiquer avec notre chien? En lui parlant comme s'il nous comprenait ou en lui donnant des ordres en criant !

Nez, yeux, oreilles. Mes clients en ont assez de m'entendre répéter cela, mais je vais le dire de nouveau. Nez, yeux, oreilles : apprenez cela par cœur. C'est l'ordre naturel dans lequel se développent les sens chez les chiens. Ce que j'essaie de dire, c'est que depuis le début – dès le développement de leurs tout premiers outils de survie –, les chiens ont fait l'expérience du monde d'une manière totalement différente de la nôtre.

Même l'expérience de la naissance pour un chiot est très éloignée de celle d'un humain. Pour un chien, l'énergie calme-assurée de la mère imprègne tout. Pensez au scénario typique de la naissance d'un homme. Imaginez le stéréotype de l'homme dans la salle d'accouchement : « Respire, chérie, respire ! » Pensez à votre série préférée, dans laquelle le mari fait les cent pas dans la salle d'attente et s'évanouit à la vue du sang pendant le travail. Rappelez-vous le célèbre épisode de *I Love Lucy* dans lequel Ricky et les Mertz répètent tout pour le voyage de Lucy à l'hôpital, mais perdent tous leurs moyens quand le grand jour arrive.

Pour des humains qui s'apprêtent à devenir parents pour la première fois, une naissance est généralement très stressante, pleine d'agitation. C'est une tout autre histoire dans le monde animal. Dans son environnement naturel, une mère chien ne sera pas effrayée par l'accouchement, pas plus qu'elle n'aura besoin de médecins, d'infirmières ou de sages-femmes. Elle se construit un nid, s'y rend toute seule et, dans la plupart des cas, a un comportement très intime, secret, pendant l'expérience. Avez-vous déjà vu une chienne prendre ses petits et les emmener dans un tiroir ou sous un lit pour les nettoyer en enlevant le placenta, et se mettre à les nourrir ? C'est une expérience privée pour elle. Là encore, c'est très différent pour les humains. Nous convions toute la famille dans la salle d'accouchement : la grand-mère, le grand-père, les cousins, caméra au poing, avec des cigares, des fleurs et des ballons. Une naissance est une fête pour nous ! C'est un très beau rituel mais, une fois de plus, nous venons au monde d'une manière qui diffère radicalement de celle des chiens. Être un chien n'est ni mieux ni moins bien qu'être un humain. Mais la vie pour un chien est une expérience fondamentalement différente, et ce, dès le premier jour.

Pour mieux comprendre comment fonctionne leur esprit, jetons un œil aux premiers jours des chiens et à leur développement. Alors qu'ils sont encore minuscules, quand la mère arrive dans son nid, ce sont les chiots qui doivent la trouver et venir à elle : elle ne va pas vers eux. Quand ils grandissent, parfois, elle s'éloigne d'eux – ou, même, les repousse – lorsqu'ils s'approchent pour téter. Dans la nature, c'est ici que commencent la discipline et la sélection naturelle. Les chiots les plus faibles auront plus de mal à trouver leur mère et ne pourront pas rivaliser avec les autres pour se nourrir. Si une chienne décèle une faiblesse chez l'un de ses petits, elle n'y prendra pas garde. Le chiot peut même mourir. L'énorme différence entre chiens et humains est donc flagrante. Nous sommes la seule espèce du règne animal à prêter encore plus d'attention à un enfant s'il est faible. Il n'existe pas d'unité de soins intensifs néonatals dans une meute de chiens. Cela ne signifie pas que la chienne n'aime pas sa progéniture, mais, dans le monde des chiens, « aimer » équivaut à s'assurer de la survie de la meute et des générations futures. Un chiot faible ne peut pas suivre les autres et met la meute en danger en la ralentissant, mais pas seulement. D'un point de vue génétique, il va sans doute rester faible en grandissant et il risque donc d'engendrer à son tour d'autres chiots faibles. Cela nous paraît dur mais, dans la nature, les faibles ne tardent jamais à être éliminés.

Pour un chiot, la mère est avant tout une odeur et une énergie – l'énergie calme-assurée dont je vais encore beaucoup parler dans ce livre. La progestérone, dont le taux est toujours élevé chez la mère après la grossesse, aide à accroître cette énergie calme, en inhibant la « réponse de combat ou de fuite[9] », ce qui permet à la chienne de se concentrer sur le fait d'élever ses petits [14]. L'énergie calme-assurée est la toute première énergie dont les chiots font l'expérience, et c'est cette énergie qu'ils associeront pour le restant de leurs jours à l'équilibre et à l'harmonie. Dès les tout premiers instants de leur vie, ils apprennent à suivre un chef calme-assuré. Ils apprennent également la soumission calme, tempérament naturel des *suiveurs* dans le règne animal, et tout particulièrement chez les chiens. Ils apprennent la patience. Leur nourriture n'arrive pas par camions : ils doivent attendre le retour de la mère dans le nid pour manger. Ils apprennent que survivre signifie à la fois être en compétition avec les autres chiots de la portée et coopérer avec la mère – qui est, par défaut, leur premier chef de meute.

Comment approcher un chien pour la première fois ?

Ce livre ne traite pas de la biologie canine. Toutefois, certaines questions sont importantes : comment le corps et l'esprit de votre chien sont-ils liés ? Ou encore, comment votre chien s'est-il développé à partir du chiot qu'il était ? C'est sa mère qui, la première, lui « présente » le monde. Elle est le premier « être » qu'il rencontre. Maintenant, comparez l'odeur et l'énergie calmes-affirmées émises par la mère avec la façon dont nous nous comportons en général en rencontrant un chien. Que faisons-nous à la vue d'un adorable petit chiot ? On s'exclame « Oooh ! » très fort et, en général, avec la voix aiguë que l'on prend en s'adressant à un bébé : « Viens ici mon petit amour ! » Ce faisant, nous avons recours aux sons pour nous présenter au chien – et, généralement, un son chargé en excitation et *en émotion*. Nous projetons donc *une énergie excitée et affective*, qui est la plus éloignée qui soit de l'énergie calme-assurée. Pour un chien, l'énergie affective est une énergie de faiblesse : elle est souvent négative. Le chien comprend donc dès cette rencontre que nous ne sommes pas vraiment équilibrés.

Mauvaise manière d'approcher un chien.

Bonne manière d'approcher un chien.

Que se passe-t-il ensuite ? *Nous* allons vers *le chien,* et non l'inverse. Nous nous précipitons sur lui, nous nous penchons à son niveau et nous lui donnons de l'affection – habituellement, une petite tape sur la tête – avant même qu'il ne sache qui nous sommes. À ce moment-là, le chien sait déjà que nous ne comprenons vraiment rien à son fonctionnement. Il reçoit aussi clairement un autre message : nous allons vers *lui* et, à partir de ce moment précis, nous signons un contrat qui dit que nous sommes les suiveurs et qu'il est le chef. Pouvez-vous le blâmer, après avoir fait une aussi piètre première impression et avoir projeté une image d'instabilité ?

Refaisons à présent le scénario de cette première rencontre en nous basant sur la psychologie canine, et non sur la psychologie humaine. La bonne façon d'aborder un chien que l'on ne connaît pas, c'est de ne pas l'approcher du tout. Les chiens ne s'approchent jamais les uns des autres de face, sauf s'ils se défient. Le chef de meute, lui, ne s'approche jamais des suiveurs ; ce sont toujours les suiveurs qui l'abordent. Les convenances existent dans le monde des chiens, et un « Emily Post[10] » canin exigerait

93

que, lorsqu'on rencontre un chien, on ne le regarde pas dans les yeux, on garde une énergie calme-assurée et on le laisse venir à nous. Comment ce chien va-t-il vérifier votre personne ? En vous reniflant, évidemment. Et ne vous affolez pas s'il vous renifle l'entrejambe. Bien sûr, dans le monde des humains, sentir les parties génitales de quelqu'un que l'on rencontre pour la première fois serait considéré comme extrêmement choquant, mais c'est de cette manière que les chiens se saluent. Ce geste ne sous-entend en général rien de sexuel ; c'est seulement une manière de recueillir des informations importantes sur les autres – sexe, âge, alimentation. Un chien qui vous renifle recueille ces informations. Pendant qu'il vous renifle, il ne capte pas seulement votre odeur, mais aussi l'énergie, de première importance, que vous projetez. Il est possible que vous ne reteniez pas son attention et qu'il parte à la recherche d'autres odeurs, qu'il juge plus intéressantes. Ou alors, il peut rester près de vous pour mieux vous examiner. Une fois qu'un chien a décidé de nouer le contact, en venant fourrer son nez contre vous ou en se frottant à vous, vous pouvez lui donner de l'affection. Mais ne le regardez pas encore dans les yeux, gardez cela pour quand vous vous connaîtrez mieux – de façon à ne pas aller trop loin dès le premier rendez-vous.

Il arrive qu'après avoir examiné une nouvelle personne, un chien ne s'y intéresse pas du tout et s'en détourne. Quelqu'un qui aime les chiens va tout naturellement tendre la main vers lui pour le faire revenir en lui donnant de l'affection. Certains chiens peuvent percevoir ce geste comme non désirable, et cela peut les pousser à vous mordre. Même avec un chien gentil, je suggère en général aux gens de ne pas donner de l'affection immédiatement. Laissez le chien faire votre connaissance, faites en sorte qu'il se sente à l'aise avec vous et qu'il *gagne* votre affection.

Ce conseil n'est jamais très bien reçu car nous autres, humains, ressentons un fort sentiment de satisfaction en partageant de l'affection avec les chiens. Ce que la plupart des amoureux des animaux ne comprennent pas, c'est qu'en commençant par partager de l'affection avec eux, nous ne leur rendons pas service. Nous satisfaisons nos propres besoins – après tout, les chiens sont si gentils, si attachants, si tendres et si doux ! Et il s'avère qu'ils sont importants pour notre santé physique et mentale. Comme le fait remarquer la comportementaliste Patricia B. McConnell dans son livre *The Other End of the Leash: Why We Do What We Do Around Dogs* [15], câliner un animal procure aux gens des bienfaits physiques considérables. Selon elle, des études ont montré que le fait de caresser un chien peut réduire le rythme cardiaque et la pression sanguine des humains – et du chien! – et libère des agents chimiques dans notre cerveau qui aident à nous calmer, à contrer les effets du stress. Mais quand nous allons vers un chien que nous connaissons à peine et que nous lui donnons de l'affection de façon inconditionnelle, nous pouvons créer un sérieux déséquilibre dans notre relation avec cet animal. Si nous sommes le propriétaire du chien, une première rencontre comme celle-ci marque souvent le début des problèmes de comportement. Tout comme dans le monde des humains, la première impression compte beaucoup pour un chien.

Certains amoureux des chiens doivent être en colère contre moi maintenant: laissez-moi vous dire que je comprends parfaitement que les gens aient les meilleures intentions du monde quand ils donnent avant tout de l'affection à leur animal préféré. Aborder un autre être en étant affectueux est un élan naturel pour la plupart d'entre nous et fait partie de ce qui est beau chez l'être humain. Mais nous devons essayer de nous rappeler qu'en faisant cela, nous satisfaisons à nos propres besoins d'affection, et non à ceux du chien. Comme la plupart des mammifères, les chiens ont besoin d'affection physique dans leur vie, et ils la sollicitent. Mais ce n'est pas la première chose, ni la plus importante, dont ils ont besoin de *votre* part. S'ils obtiennent avant tout de l'affection, cela fait pencher la balance de votre relation – dans la mauvaise direction.

Prendre les choses à l'envers

Vous comprenez maintenant comment, dans nos rapports avec les chiens, nous communiquons en général à l'envers: nous utilisons le son, puis la vue, et nous ignorons généralement l'odeur. Les chiens font l'expérience du monde à travers l'odeur, la vue, puis le son – dans cet ordre. Il est vital de s'en souvenir si nous voulons communiquer correctement avec eux. N'oubliez jamais ma formule: nez, yeux, oreilles. Répétez-la comme je le fais avec mes clients: jusqu'à ce que ce soit une seconde nature chez vous.

Il y a une autre chose de première importance que nous faisons à l'envers dans nos rapports avec les chiens, bien que ce concept soit un peu plus difficile à appréhender. Nous les voyons de la même manière que des humains – comme un nom et une personnalité avant tout. Quand j'entretiens des rapports avec des gens, j'attends d'eux qu'ils me voient tout d'abord comme Cesar Millan, puis comme un homme d'origine hispanique et, en dernier, comme un *Homo sapiens*. Dans nos rapports avec les gens, nous pensons rarement à l'espèce à laquelle nous appartenons, et nous oublions presque toujours que nous faisons tous partie du règne animal. Nous n'avons pas cette information à l'esprit quand nous allons boire un café avec nos amis. Un ami a un nom et une personnalité, un point c'est tout.

Naturellement, nous pensons à nos chiens, ainsi qu'à la plupart de nos animaux de compagnie de cette même façon – comme un nom et une personnalité avant tout. En fait, nous considérons généralement nos chiens comme un nom et une personnalité, puis comme une race, puis… comme un humain ! Prenez un chien célèbre, par exemple le chihuahua de Paris Hilton, Tinkerbell. Nous pensons automatiquement en premier à son nom : Tinkerbell. En même temps, nous pouvons penser à certains aspects de sa personnalité, comme : elle est gâtée ou elle porte de jolies tenues. Puis, nous pensons à elle en tant que race : c'est un chihuahua. Enfin, nous nous rappelons qu'elle est un chien, bien qu'il soit facile de la prendre pour une poupée ou un petit enfant, vu la manière dont elle est trimballée partout dans des sacs de grands couturiers ou en limousine ! Comme Tinkerbell est empêtrée dans le monde des humains, il nous vient rarement à l'idée de la considérer comme un animal – ou d'établir des rapports avec elle en tant que tel. Mais elle est bien un animal. Et c'est en cela que nous commettons une grosse erreur dans notre manière de communiquer avec nos chiens.

Quand vous interagissez avec votre chien – et cela est important si vous essayez de corriger ses troubles du comportement –, vous devez établir des rapports avec lui dans l'ordre suivant.

Tout d'abord, en le considérant comme :

1. un animal ;
2. une espèce : chien (*Canis familiaris*).

Puis comme :
3.   une race (chihuahua, dogue allemand, colley, etc.).

Et en dernier (c'est le moins important), comme :
4.   un nom (personnalité).

Cela ne veut pas dire que Paris ne peut pas aimer Tinkerbell en tant que Tinkerbell. Cela veut dire que Paris doit reconnaître en Tinkerbell l'animal et l'espèce avant tout, de façon que Tinkerbell vive une vie adaptée à sa condition d'animal. Tous les sacs de grands couturiers du monde ne feront pas d'elle un chien heureux et équilibré.

Savoir reconnaître l'animal dans votre chien

Qu'est-ce qui vous vient à l'esprit quand vous pensez au mot *animal ?* Moi, je pense à la nature, aux champs, aux forêts, à la jungle. Je pense aux loups, dont le territoire s'étend sur des kilomètres et des kilomètres. Je pense à deux mots en particulier : *naturel* et *liberté.* Tout animal, dont l'animal humain, naît avec un profond besoin de liberté. Mais quand nous faisons entrer dans notre vie des animaux, ils ne sont plus, par définition, «libres» – ou du moins pas de la façon dont la nature l'avait prévu. En les intégrant à notre environnement, nous les enfermons. La plupart du temps, nous le faisons pour de bonnes raisons, et avec la meilleure intention du monde. Mais que ce soit un chaton ou un chimpanzé, un cheval ou un chien, que nous vivions dans un studio ou dans un manoir de la taille de celui de Paris Hilton, les animaux éprouvent toujours les mêmes besoins que leur a donnés à l'origine mère nature. Et si nous faisons le choix de les faire vivre avec nous, nous avons la responsabilité, si nous voulons qu'ils soient heureux et équilibrés, de satisfaire ces besoins naturels.

Le fonctionnement des animaux est basique. Pour eux, la vie est très simple. C'est nous qui la leur rendons compliquée : nous ne les autorisons pas à être ce qu'ils sont véritablement, nous ne les comprenons pas, nous n'essayons même pas de parler leur langage, et nous négligeons de leur donner ce que la nature avait prévu pour eux.

La chose la plus importante à savoir concernant les animaux, c'est qu'ils vivent tous dans le temps présent. Tout le temps. Ce n'est pas parce qu'ils n'ont pas de mémoire – ils en ont une. Ils ne sont tout simplement pas obsédés par le passé ni par le futur. Si on m'amène un chien qui a attaqué quelqu'un la veille, je le considère comme un chien qui est probablement déséquilibré et qui a besoin d'aide aujourd'hui, mais je ne me dis pas : «Oh, c'est le chien qui a attaqué un homme hier.» Ce chien ne pense pas à ce qu'il a fait la veille, et il n'élabore pas non plus de stratégie concernant sa prochaine morsure. Il n'avait pas prémédité la première morsure – il n'a fait que réagir. Il vit dans le moment présent, et c'est maintenant qu'il a besoin d'aide. C'est sans doute la plus grande révélation que j'aie eue en passant ma vie à travailler avec des chiens. Tous les jours, au travail, ils me rappellent de vivre le moment présent. J'ai pu avoir un accrochage la veille, ou je peux m'inquiéter au sujet d'une facture que je vais devoir payer le lendemain, mais être entouré d'animaux me rappelle toujours que le seul moment important dans la vie, c'est *maintenant*.

Bien que les humains soient également des animaux, nous sommes la seule espèce qui s'appesantit sur le passé et qui s'inquiète du futur. Nous ne sommes probablement pas la seule espèce consciente de sa propre mort, mais nous sommes certainement les seuls animaux à en avoir vraiment peur.

Vivre le moment présent – ce que font naturellement les animaux – est devenu une véritable quête du Graal pour beaucoup d'êtres humains. Certaines personnes passent des années à méditer ou à psalmodier, et dépensent des milliers de dollars pour effectuer une retraite dans un monastère perché en haut d'une montagne : elles essaient d'apprendre à vivre le moment présent, même si ce n'est que pour un court instant. Mais il arrive à tous les êtres humains, ou presque, de perdre le sommeil à cause du passé ou du futur, à moins que quelque chose de vraiment dramatique ne leur arrive. Prenez par exemple un homme qui vient d'échapper à la mort. Soudain, pour lui, le ciel est beau, les arbres sont beaux, sa femme est belle ! Tout est beau. Il comprend enfin le concept de *carpe diem* (mets à profit le jour présent). Les animaux n'ont pas besoin d'apprendre cela : ils sont «nés avec».

Les êtres humains, bien sûr, sont aussi les seuls animaux à utiliser le langage verbal. Bien que des scientifiques aient récemment découvert que beaucoup d'animaux – les primates, les cétacés (baleines et dauphins), les oiseaux et même les abeilles, pour n'en citer que quelques-uns – ont des systèmes de communication plus élaborés et complexes que nous ne l'avions imaginé, les humains restent tout de même les seuls animaux capables d'assembler des mots, des idées et des concepts complexes pour créer la parole. La parole est notre principal moyen de communication, et comme nous en sommes très dépendants, nous négligeons nos quatre autres sens ainsi que le « sixième sens » que j'ai décrit dans le chapitre 2 : le sens universel de l'énergie. Je vais me répéter : tous les animaux communiquent en utilisant l'énergie, constamment. L'énergie, c'est être. L'énergie est votre identité ; elle est ce que vous faites *à n'importe quel moment*. C'est comme ça que les animaux vous voient. C'est comme ça que vous voit votre chien. Votre énergie, dans le moment présent, définit qui vous êtes.

Espèce : chien

Comme tous les autres animaux, les chiens ont un besoin inné de nourriture, d'eau, de sommeil, de sexe, et ils ressentent le besoin de se protéger des éléments. Ils descendent des loups ; en réalité, leur ADN est pratiquement identique [16]. Les chiens peuvent même s'accoupler avec des loups et engendrer une progéniture. Bien qu'il existe de nombreuses différences entre les chiens domestiqués et les loups, nous pouvons beaucoup apprendre sur la nature innée de nos chiens en observant les meutes de loups à l'état naturel.

La plupart des loups en Amérique du Nord passent le printemps et l'été à chasser du petit gibier et à pêcher le poisson, et l'hiver à chasser de façon organisée, en meute, des mammifères parfois aussi grands que des orignaux. Le biologiste David L. Mech [17] a observé des loups dans la nature et a remarqué que dans seulement 5 % des cas, leur chasse était fructueuse. Mais les loups sortaient quand même tous les jours pour chasser. Ils ne se rassemblaient pas pour dire : « On n'a pas de chance aujourd'hui : laissons tomber la chasse. » Qu'ils attrapent ou non leur proie, ils sortaient et allaient chasser. Le besoin de chasser – le besoin d'aller travailler – est profondément ancré en eux.

Biologistes et autres experts estiment que cela fait de 10 000 à 12 000 ans que les premiers chiens ont compris que se rapprocher des humains était un moyen plus simple pour survivre que de chasser. Ils ont commencé à récupérer de la nourriture dans les campements de nos ancêtres pour remplacer la chasse. Toutefois, les premiers hommes ne laissaient pas ces chiens en liberté : ils ont exploité leur capacité naturelle à sentir et à capturer une proie. Plus tard, ils s'en sont servis pour garder les animaux de la ferme et tirer les équipements trop lourds pour eux. Les chiens travaillent donc depuis des milliers d'années – que ce soit pour nous ou pour eux-mêmes. Et s'ils ne sortent pas tous les jours pour chasser, ils trouvent naturel de devoir travailler pour gagner leur nourriture. Ils ont été conçus pour ça.

Comme tous les autres animaux sur terre, les chiens éprouvent le besoin de travailler. La nature les a créés pour qu'ils servent à quelque chose, et ce désir inné ne s'évanouit pas quand nous les ramenons chez nous. Il en va de même concernant les tâches spécifiques pour lesquelles les humains les ont éduqués – chasser, rapporter, mener le troupeau ou courir. Mais quand nous les domestiquons, nous les privons souvent de leur travail. Nous leur offrons des lits confortables, des tas de jouets qui couinent, de la nourriture riche et gratuite, et des tonnes d'affection. Nous nous disons : « Quelle belle vie d'être un chien ! » Peut-être que ce serait en effet la belle vie pour un comptable à la retraite qui, après avoir travaillé pendant 40 ans, se reposait dans sa copro-priété en Floride. Mais les gènes d'un chien réclament qu'il sorte et qu'il aille se promener avec sa meute, explorer de nouveaux territoires, vagabonder et chercher à manger, à boire. Imaginez ce que l'on peut ressentir quand on a des besoins ancestraux inscrits au plus profond de soi et que l'on passe sa vie enfermé dans un deux-pièces, tout seul à longueur de journée. Des millions de chiens vivent ainsi en ville. Leurs maîtres supposent que les sortir cinq minutes dans le quartier pour qu'ils fassent leurs besoins est suffisant. Imagi-nez ce que ces chiens éprouvent. Leur frustration doit passer quelque part : c'est pour ça qu'ils développent des troubles, et c'est une des raisons pour lesquelles j'ai tant de clients.

Aussi longtemps que les chiens vivront avec les humains, leur monde sera bouleversé de cette manière, et de bien d'autres encore. Il est de notre responsabilité – si nous voulons des chiens heureux – d'essayer de nous sou-venir de qui ils sont à l'intérieur, de la façon que mère nature les a créés. Quand un chien a un problème, vous ne pouvez pas le régler en communi-quant avec lui par son simple nom. Tout d'abord, vous devez considérer ce chien comme un animal, puis comme un chien, avant de pouvoir régler n'importe lequel de ses troubles.

Le mythe de la «race à problèmes»

Quand je vais voir un client pour la première fois, il arrive que je n'aie pas connaissance du problème que je vais devoir régler. Souvent, je ne connais même pas la race du chien. J'aime arriver vierge de toute information et faire confiance à mon instinct et à ce que j'observe, car ce que me dit le maître est souvent très éloigné de la vraie source du problème. La première chose que je fais est de m'asseoir avec mon client et d'écouter sa version de l'histoire. Il m'est impossible de compter le nombre de fois où quelqu'un, qui avait lu trop de livres sur les races de chiens, m'a dit: «Eh bien, comme c'est un dalmatien, elle est de nature nerveuse»; «Il est croisé de border collie et de pitbull, et c'est le pitbull le problème»; ou encore «Les teckels ont toujours été une race à problèmes».

Je dois expliquer à ces clients qu'ils commettent une erreur fondamentale en blâmant la race pour expliquer les troubles du comportement de leur chien. C'est exactement comme quand les gens font des généralisations à propos des races et ethnies humaines – que tous les Latinos sont fainéants, les Irlandais alcooliques, ou les Italiens des truands. Quand il faut essayer de comprendre et de corriger la conduite de notre fidèle compagnon, la race vient toujours en troisième par ordre d'importance, après l'animal et le chien. À mon avis, il n'existe pas de «race à problèmes», mais on ne manque pas de «propriétaires à problèmes»!

La race est une création de l'humain. Les généticiens et les biologistes croient que ce sont les premiers humains à avoir vécu avec des chiens qui ont sélectionné les loups errants de plus petite taille et avec les plus petites dents – peut-être parce qu'ils pensaient que ces animaux leur feraient moins de mal et seraient plus faciles à contrôler [18]. Puis il y a des centaines, peut-être même des milliers d'années, nous avons commencé à faire s'accoupler des chiens pour créer une progéniture qui excellerait dans certaines tâches. Nous avons fait l'élevage des limiers pour qu'ils aient des capacités olfactives très développées, des pitbulls pour qu'ils combattent les taureaux, des chiens de berger pour qu'ils gardent les moutons, mais aussi pour qu'ils leur ressemblent... Aujourd'hui, nous avons donc les bergers allemands, les boxers, les chihuahuas, les lhassa-apso ou encore les dobermans. Nous avons le choix parmi des centaines et des centaines de races [19]. Quand on choisit son toutou, il est vraiment important de garder la race à l'esprit – nous approfondirons ce sujet plus tard –, mais il est primordial de se rappeler qu'un chien, peu importe sa race, est avant tout un animal et un chien. Tous les chiens ont la même psychologie. La race n'est que la tenue que porte le chien, même s'il arrive qu'elle entraîne des besoins spécifiques. Vous ne pourrez pas comprendre, ni contrôler, le comportement de votre chien si vous vous contentez de le considérer comme une « victime » de sa race.

Tous les chiens ont les mêmes capacités innées, mais on a sélectionné certaines races pour accentuer leurs caractéristiques propres. Nous avons tendance à interpréter à tort ces aptitudes conditionnées comme étant la personnalité du chien. Un exemple d'aptitude conditionnée est la capacité de recherche : les limiers vont naturellement être plus performants pour faire des recherches, car ils ont été conditionnés pour cela. Ils sont capables de travailler pendant plus longtemps et n'ont pas besoin de faire une pause pour manger : tout ce qu'ils veulent, c'est sentir l'odeur qu'ils recherchent ! Est-ce que tous les chiens sont capables de suivre une piste ? Peuvent-ils tous retrouver des choses grâce à leur flair ? Absolument. Ils reconnaissent tous le monde par les odeurs et ils utilisent tous leur nez de la façon dont nous nous servons de nos yeux, mais certains sont meilleurs que d'autres pour retrouver un objet recherché.

Je ne dis pas que la race n'affecte en rien la manière dont réagit le chien dans certaines conditions et dans certains environnements. En fait, les besoins spécifiques qu'éprouve un chien particulier en fonction de sa race sont l'une des choses les plus importantes à savoir au moment de choisir son nouveau compagnon. Par exemple, dans la nature, tous les chiens se déplacent, mais les huskies sibériens ont été élevés pour être capables de voyager plus longtemps. Cette race peut se déplacer pendant des jours entiers – c'est dans sa nature : c'est son « travail ». Toutefois, cette capacité innée rend la vie en ville plus difficile pour eux car leurs gènes réclament qu'ils parcourent de longues distances et qu'ils fassent de longues marches pour dépenser leur surplus d'énergie. S'ils ne font pas suffisamment d'exercice, ces chiens seront plus facilement frustrés qu'un teckel, par exemple. Mais quand un husky sibérien est frustré, il développe les mêmes symptômes et les mêmes effets secondaires qu'un teckel. Ou qu'un pitbull. Ou qu'un lévrier.

La nervosité, la peur, l'agressivité, la tension, le comportement territorial – tous ces problèmes, toutes ces maladies, découlent de la frustration de l'animal, et du chien qu'il est. Peu importe sa race. Voilà pourquoi c'est une erreur d'être obsédé par la race quand vous avez à gérer un problème de comportement.

Une fois encore, nous retrouvons l'énergie à l'origine du comportement. Tous les animaux, comme les individus, naissent avec une certaine dose d'énergie. Il existe quatre niveaux d'énergie indépendants de la race : bas, moyen, élevé et très élevé. Cela est vrai pour toutes les espèces, y compris les humains. Pensez aux gens que vous connaissez. Sans tenir compte de la race, de l'âge ou du salaire qu'ils gagnent, connaissez-vous des gens qui ont naturellement une énergie très basse ? Qui restent vautrés toute la journée sur leur canapé ? Et des personnes qui semblent ne jamais s'arrêter de courir dans tous les sens, vingt-quatre heures sur vingt-quatre et sept jours sur sept ? Ou des gens qui vont faire du sport deux heures par jour, sept jours par semaine ? J'ai deux fils merveilleux. Mon aîné, André, a une énergie moyenne, comme ma femme – ils sont toujours pensifs, mais extrêmement concentrés quand ils s'attellent à une tâche. Mon cadet, Calvin, me ressemble plus – il a une énergie très élevée. Il est naturellement débordant d'activité et, parfois, rien n'arrive à le calmer. Aucun niveau d'énergie n'est mieux ni moins bien qu'un autre, mais quand vous choisissez un chien, il est bon d'essayer d'ajuster votre niveau d'énergie au sien, et vice-versa. J'explique à mes clients qu'ils ne doivent jamais choisir sciemment un chien avec un niveau d'énergie plus haut que le leur. S'ils sont du genre décontracté, je ne leur recommanderais pas de choisir au refuge le chien qui saute frénétiquement dans sa cage. Choisir un niveau d'énergie compatible entre le chien et son maître est, à mon avis, bien plus important que le fait d'opter pour une race – particulièrement si vous voulez un chien croisé ou si vous en sauvez un d'un refuge.

Quel que soit son nom, un chien reste un chien

Maintenant, il nous reste donc à aborder le sujet que tout le monde préfère : les noms. Voici Billy, voici Max, voici Rex, voici Lisa. Les noms sont une création de l'homme : nous sommes la seule espèce qui donne des noms à ses membres. Les chiens ne lisent pas les magazines et n'y reconnaissent pas Will Smith, Halle Berry ou Robert De Niro. Ils ne voient pas les humains de cette façon. Mais nous, nous avons tendance à voir les chiens de cette manière.

Les noms vont de pair avec la personnalité. Nous sommes aussi la seule espèce qui identifie ses membres par leur personnalité. Vous pouvez être un charmant présentateur de journal télévisé ou un politicien sournois. Vous pouvez être un professeur doux et patient ou strict et sévère. Ce sont des types de personnalité. Bien que les chiens ne se perçoivent pas de cette façon, nous avons tendance à projeter sur eux ce concept de personnalité, très humain.

«Quoi?, vous dites-vous. Mon chien, Skipper, a une personnalité très arrêtée!» Dans ce domaine, certains amoureux des chiens me donnent beaucoup d'arguments et éprouvent parfois du ressentiment car ils pensent que leur chien est unique, qu'il est le meilleur, le plus merveilleux et le plus original qui ait jamais existé. Je suis d'accord avec vous: chaque animal, tout comme chaque flocon de neige, est unique en son genre. Mais je vous mets au défi d'accepter une nouvelle façon de penser: c'est vous qui avez projeté sur votre chien une personnalité. Il se peut que vous preniez un état, une capacité ou un comportement naturel pour ce que nous appelons une «personnalité». Vous pouvez même appeler une névrose ou un problème «un trouble de la personnalité» – ce qui n'est pas nécessairement bon pour votre chien.

Laissez-moi vous donner un exemple. Prenons un homme qui possède deux terriers. L'un s'appelle Lady, l'autre Columbus. Le maître a choisi le nom Columbus car ce chien aime explorer[11]. Lady, elle, est calme, timide et n'explore jamais: c'est donc une «vraie dame». Cela a un sens, n'est-ce pas? Un petit terrier qui tire sur sa laisse car il aime explorer, et un autre qui reste dans son coin et agit comme une petite femme? Au dire de leur maître, il a choisi les noms des deux chiens d'après leur «personnalité». Mais la vérité, c'est que *tous* les chiens aiment explorer. L'exploration fait partie de leur nature et quand je vois un chien qui ne semble pas s'intéresser aux choses inconnues – qui est mal assuré, peureux –, je sais immédiatement qu'il a un problème. Ce propriétaire de terriers n'a fait que choisir certains éléments du comportement de ses chiens et les cataloguer comme étant leur personnalité. Dans le monde animal, il y a les dominants et les soumis (nous allons bientôt regarder cela de plus près). Il est évident que Lady est la plus soumise des deux chiens et qu'elle a aussi un niveau d'énergie naturellement plus bas. Mais si nous travaillons sur l'image qu'elle a d'elle-même, nous pouvons légitimement espérer qu'elle deviendra aussi curieuse que Columbus.

Bien sûr, dans la nature, les chiens se reconnaissent en tant qu'individus, mais d'une manière différente de la nôtre. Leur mère ne leur donne pas de nom. Une mère voit ses chiots comme une énergie forte, une énergie moyenne ou une énergie basse – ce sont ses enfants. Ses enfants sont de l'énergie. Ils sont une odeur, distincte et reconnaissable. Plus tard, quand ils grandiront, les autres membres de la meute les identifieront aussi en tant qu'odeur et énergie ; leur « personnalité » et leur « nom » correspondront à la place qu'ils occupent dans la hiérarchie du groupe. C'est un concept qu'il nous est difficile d'appréhender, mais souvenez-vous du point essentiel que je soulève dans ce chapitre : les chiens voient le monde d'une manière totalement différente de la nôtre – ni meilleure ni plus mauvaise –, et leurs maîtres doivent apprendre à se rendre compte que cette vision du monde engendre une psychologie particulière.

La plupart du temps, le nom et la personnalité de notre animal de compagnie existent car nous y croyons. C'est nous qui souhaitons leur existence et nous nous sentons mieux en entretenant des relations avec lui de cette manière. C'est une très belle chose pour nous, cela a même une vertu thérapeutique – du moins quand cela n'interfère pas avec le fait qu'un chien reste un chien. Mais si un chien a des problèmes, vous ne les résoudrez pas si vous vous adressez à « Columbus ». Vous devez commencer par régler le problème avec l'animal, puis avec le chien, puis avec la race et, seulement après, avec le nom inscrit sur la gamelle.

Ne pas analyser

Malheureusement pour nous, les chiens ne peuvent pas s'allonger sur un canapé pour faire une analyse. Ils ne peuvent pas parler et nous dire à tout moment ce qu'ils veulent ou ce dont ils ont besoin. Mais, en réalité, ils nous le font savoir à longueur de temps grâce à leur énergie et au langage de leur corps. Et si nous comprenons leur psychologie, si nous prêtons attention à leurs instincts, nous pouvons vraiment satisfaire à tous leurs besoins.

J'ai régulièrement des clients qui ont des problèmes avec un chien qu'ils ont adopté à un refuge : ils se sont demandé pendant des mois ce qui avait bien pu lui arriver de terrible étant petit et qui aurait causé ses problèmes actuels. Ils disent de leur chien : « Il doit avoir reçu un coup de pied d'une femme qui portait des talons, car il a peur des femmes qui en portent. » Ou : « L'éboueur lui a fait peur, alors maintenant, chaque fois que le camion passe, elle devient folle. » Tout cela peut être vrai. Mais ces maîtres parlent des peurs et des phobies de leur chien comme si elles étaient celles d'humains. Comme si les chiens restaient assis à ressasser toute la journée leur enfance traumatisante, ou qu'ils occupaient leur temps libre à s'inquiéter des éboueurs et des talons hauts. Ils ne le font pas. Les chiens ne pensent pas comme nous. Pour simplifier : ils réagissent. Ces peurs et ces phobies sont des réactions conditionnées. Et toute réaction conditionnée peut être déconditionnée si l'on comprend les éléments de base de la psychologie canine.

Laissez-moi vous donner un exemple que j'ai rencontré pendant la première saison de *Dog Whisperer*. Kane était un beau dogue allemand de trois ans, d'un naturel doux. Alors qu'il courait et jouait sur un sol en lino, il a glissé et est allé violemment percuter une baie vitrée. Sa maîtresse, Marina, a entendu le bruit et a accouru vers lui, s'exclamant : « Oh mon Dieu, Kane, tu vas bien ? Oh, mon pauvre bébé… » Elle a continué comme ça, dégageant une énergie pleine d'émotion et de nervosité. Bien que Marina ait voulu bien faire et qu'elle ait sincèrement été préoccupée par le bien-être de Kane, elle n'a fait que renforcer la détresse dans laquelle il se trouvait naturellement à ce moment-là. Dans la nature, si Kane avait été en compagnie d'un autre chien équilibré de sa meute et que le même accident lui était arrivé, l'autre chien l'aurait reniflé et aurait vérifié que tout allait bien. Puis Kane se serait relevé, se serait secoué et aurait repris son chemin. Il serait passé à autre chose et aurait dorénavant sans doute fait plus attention en courant sur des surfaces glissantes. Mais à cause de la réaction de sa maîtresse, Kane est resté traumatisé par ce petit incident, et une phobie est née.

À partir de ce jour, Kane a été terrifié par les sols brillants. Pendant plus d'un an, il a refusé d'entrer dans la cuisine ; il ne voulait plus aller à l'école où enseigne Marina, où elle avait l'habitude de l'emmener tous les jours. Il refusait même d'aller chez le vétérinaire : chaque fois, Marina emmenait un bout de moquette qu'elle déroulait sur le sol afin que Kane accepte de traverser la salle d'attente. Marina a essayé d'amener son chien à marcher sur le lino à force de cajoleries et de flagorneries, mais en vain. Elle a essayé les gâteries et l'affection. Plus elle le suppliait et l'implorait, plus elle le câlinait, lui parlait et le réconfortait, plus Kane s'entêtait – et devenait peureux. En outre, Kane pèse 80 kilos : Marina pouvait le pousser ou le tirer autant qu'elle voulait, rien ne pouvait le faire bouger.

L'approche qu'a adoptée Marina concernant la phobie de Kane aurait pu être la bonne si ce dernier avait été un enfant. Un psychologue dont le patient a vécu un accident d'avion n'insiste pas pour que ce dernier reprenne l'avion dès la première séance. De la même façon, quand nos enfants ont des malheurs, ils ont besoin de notre réconfort et de notre compassion. Mais la plupart des parents se rendent compte que les enfants réagissent en fonction de la réaction *de leurs parents* à la vue de leurs « bobos ». C'est pourquoi nous essayons de réconforter nos enfants sans faire trop de cas de leurs mésaventures. Contrairement aux enfants, les chiens ne font pas de cauchemars et ne sont pas obsédés par les expériences passées. Ils vivent dans le moment présent. Kane ne passait pas ses journées à s'inquiéter au sujet des sols brillants, et il a eu une réaction naturelle de protection quand l'accident est arrivé. Mais sa maîtresse, elle, a intensifié le traumatisme de l'expérience avec son énergie nerveuse et émotive, et elle a nourri cette angoisse en donnant de l'affection à Kane dès qu'il s'approchait d'un sol brillant : de fait, ce dernier voit désormais les sols brillants comme un gros problème. Chaque fois qu'on ne laisse pas un animal dépasser sa peur, cette dernière peut se transformer en phobie. Ce dont Kane avait besoin, c'était d'un chef de meute calme-assuré qui le reconditionne et lui montre que les sols brillants n'étaient rien de plus que des sols brillants. C'est là que j'entre en scène.

J'ai commencé par emmener Kane en promenade de façon à créer un lien avec lui et à me positionner en tant que dominant. Une fois que j'ai été sûr qu'il me considérait comme son chef, j'étais prêt à m'attaquer à sa phobie. Comme Kane est un très gros chien – il pèse plus lourd que moi ! –, j'ai dû me démener pour l'amener dans l'entrée où l'accident s'était produit. Je m'y suis repris à deux fois, mais la seconde, il a marché juste à côté de moi et s'est retrouvé sur ce sol avant même de comprendre ce qui se passait ou comment il avait atterri là. Dès lors, il a réagi comme il avait été conditionné à le faire – il a paniqué. Il se tortillait, il bavait – on pouvait lire la terreur dans ses yeux. Mais cette fois, j'ai fait la différence. Je me suis contenté de le maintenir fermement. Je suis resté calme, fort et je n'ai pas montré que sa réaction m'affectait. Je ne l'ai pas réconforté, je ne lui ai pas parlé doucement comme l'avait toujours fait Marina – ce comportement n'avait fait que renforcer ses réactions négatives. À la place, je me suis assis près de lui pendant qu'il passait par tous les stades d'émotion habituels – et j'ai vu sa peur disparaître complètement. En moins de 10 minutes, il était suffisamment détendu pour que je commence à marcher avec lui… sur le sol brillant. Il marchait près de moi en chancelant, était tremblant et mal assuré au début, mais après quelques allers-retours, il a commencé à reprendre confiance. Une fois encore, je suis resté calme et assuré. Je ne l'ai pas dorloté. Je lui ai apporté l'aide d'un chef de meute fort et je lui ai communiqué mon énergie pour lui dire que c'était une activité normale et qu'il n'avait rien à craindre. En moins de 20 minutes, Kane arpentait en toute confiance les mêmes sols dont il avait eu peur pendant plus d'un an.

Le grand test est arrivé quand Marina et son fils, Emmet, ont dû prendre le relais. Marina m'a expliqué à quel point il lui était difficile de projeter une énergie calme-assurée alors qu'elle était très inquiète à propos de Kane. Il est naturel pour un humain d'éprouver de la compassion pour un autre animal qui souffre, mais les chiens n'ont pas besoin de notre compassion. Ils ont besoin d'un chef. Nous sommes leur point de référence et leur source d'énergie. Ils renvoient l'énergie psychologique que nous leur communiquons. Cela a représenté un vrai challenge pour Marina d'apprendre à être le chef de Kane alors qu'elle avait le cœur fendu à cause de lui, et qu'elle croyait devoir être sa « maman ». Toutefois, et c'est tout à son honneur, elle a travaillé dur pour changer – en outre, elle a appris à son mari et à son fils à être aussi de meilleurs chefs de meute.

Chez les comportementalistes animaux et les psychologues humains, la technique que j'ai utilisée avec Kane est parfois appelée « désensibilisation » : c'est la confrontation prolongée d'un patient aux stimuli redoutés, d'intensité relativement élevée. Cette technique est très controversée par certains défenseurs des animaux, mais je pense que, lorsqu'on travaille avec les bêtes, il faut se fier à sa propre conscience. Je crois que la façon dont j'ai procédé avec Kane n'était pas seulement humaine, elle était aussi très efficace. Depuis ce jour, Kane n'a plus de problème avec les sols brillants – ni aucune autre phobie d'ailleurs. C'est un chien incroyablement équilibré, calme et paisible.

Ce qui est merveilleux avec les chiens, contrairement aux êtres humains qui ont des problèmes psychologiques, c'est qu'ils passent immédiatement à autre chose et qu'ils ne regardent pas en arrière. Nous, les humains, avons la chance d'avoir de l'imagination : elle nous permet d'atteindre des sommets en science, en arts, en littérature et en philosophie. Mais elle est également une malédiction qui peut nous entraîner dans les replis sombres et effrayants de nos cerveaux. Puisque les chiens vivent dans le présent, ils ne s'accrochent pas au passé comme nous le faisons. Contrairement à tous les Woody Allen du monde, les chiens n'ont pas besoin de plusieurs années de thérapie, ni de longues séances assis sur un canapé, pour essayer de comprendre ce qui leur est arrivé quand ils n'étaient encore que des chiots. Au fond, ils ne connaissent que la relation de cause à effet. Une fois qu'ils ont été conditionnés pour réagir d'une nouvelle manière, ils ne sont pas seulement disposés à changer, ils en sont capables. Tant que l'on adopte l'attitude d'un chef fort et cohérent, ils peuvent avancer et surmonter quasiment toutes les phobies qu'ils ont pu développer.

Chapitre 4

....

Le pouvoir de la meute

Il y a un aspect de la psychologie de votre chien que je n'ai fait qu'effleurer dans le chapitre précédent, mais qui s'avère être le concept le plus important pour comprendre la relation que vous entretenez avec votre chien. C'est le concept de *meute*. La *mentalité de meute* de votre chien est l'une des forces naturelles qui influe le plus sur son comportement, qui le détermine.

La meute d'un chien est sa force vitale. L'instinct de meute est son instinct principal. Son statut au sein de la meute constitue son être, son identité. La meute est de la plus haute importance pour un chien : si quoi que ce soit menace son harmonie, cela menace également l'harmonie de chacun de ses membres. De même, si quelque chose menace la survie de la meute, cela menace la survie de chaque chien qui la compose. Le besoin de maintenir la meute dans un état de stabilité, de la faire fonctionner, est une force puissante en chaque chien – même chez un caniche bichonné qui n'a jamais rencontré d'autre chien ou qui n'a jamais quitté son jardin. Pourquoi ? Parce que c'est profondément enraciné dans son esprit : l'évolution et mère nature se sont chargées de ça.

Il est primordial que vous compreniez bien que votre chien envisage tous ses rapports avec les autres chiens, avec vous, et même avec les autres animaux de la maison, dans ce contexte de «meute». Bien que j'aie souligné dans le chapitre précédent les nombreuses différences entre la vision du monde des chiens et celle des humains, ces derniers – en fait, tous les primates – sont également des animaux de meute. En réalité, les meutes de chiens ne sont pas si différentes de leurs équivalents humains. Nous appelons nos meutes «familles», «clubs», «équipes de football», «églises», «entreprises», «gouvernements». Évidemment, nous pensons que nos groupes sociaux sont infiniment plus complexes que les groupes de chiens, mais sont-ils vraiment si différents? Quand vous les analysez, l'essentiel est le même: toutes les «meutes» que j'ai évoquées sont hiérarchisées, sinon elles ne fonctionnent pas. Il y a un père ou une mère, un directeur, un pasteur, un directeur général, un président, et les gens qui se trouvent sous leurs ordres ont différents statuts. Une meute de chiens fonctionne de la même manière.

Les concepts de meute et de chef de meute sont directement liés à la manière dont votre chien se comporte avec vous quand vous l'accueillez dans votre famille.

La meute à l'état naturel

Si vous observez une meute de loups dans la nature, vous verrez qu'il est naturel pour elle de suivre un rythme, tous les jours et toutes les nuits. Tout d'abord, les animaux de la meute marchent parfois jusqu'à 10 heures par jour pour trouver de l'eau et de la nourriture [20]. Puis ils mangent. S'ils tuent une biche, le chef de meute obtient le plus gros morceau, mais tous les autres membres coopèrent et se partagent le reste. Ils mangent jusqu'à ce qu'il ne reste plus rien – pas parce qu'ils n'ont pas de film alimentaire pour emballer les restants, mais parce qu'ils ne savent pas quand ils auront une autre biche à se mettre sous la dent. Il se peut que ce qu'ils mangent aujourd'hui doive leur suffire pour un long moment. C'est de là que vient l'expression «avoir une faim de loup» – vous la vérifierez souvent dans le comportement de votre chien. Les loups ne mangent pas nécessairement quand ils ont faim: ils mangent quand ils trouvent de la nourriture. Leur corps est fait pour la conserver. C'est pourquoi votre propre chien semble avoir un appétit insatiable.

C'est seulement quand ils ont fini leur travail quotidien que les loups et les chiens sauvages jouent. C'est le moment de la fête. Et dans la nature, ils sont généralement épuisés quand ils se couchent. Quand j'observais les chiens à la ferme de mon grand-père, je n'ai jamais vu un seul d'entre eux avoir des cauchemars, comme c'est souvent le cas pour les chiens domestiqués aux États-Unis. Leurs oreilles remuaient, leurs yeux aussi, mais ils ne gémissaient pas, ne poussaient pas de petits cris et ne geignaient pas. Ils étaient si épuisés par leur journée de travail et leurs jeux qu'ils dormaient paisiblement toutes les nuits.

Chaque meute a ses propres rituels : se déplacer, chercher de l'eau et de la nourriture, manger, jouer, se reposer et s'accoupler. Le plus important de tous : la meute a toujours un chef. Les autres animaux sont les suiveurs. Au sein de la meute, les animaux trouvent tous seuls leurs statuts, généralement déterminés par le niveau inné d'énergie de chaque animal. C'est le chef qui détermine – et met en application – les règles et les limites auxquelles sont sujets les membres de la meute.

J'ai déjà expliqué que le tout premier chef de meute d'un chiot est sa mère. Depuis leur naissance, les chiots apprennent à être les membres coopératifs d'une société avec l'esprit de meute. À environ trois ou quatre mois, après qu'ils ont été sevrés, ils prennent part à la véritable structure de la meute et emboîtent le pas à leur chef, et non plus à leur mère. Dans les meutes de loups ou de chiens sauvages, les chefs sont souvent des mâles, car la testostérone – présente chez les chiots mâles dès leur plus jeune âge – semble être la clé des comportements dominants [21]. Vous verrez des chiots mâles monter d'autres chiots, mâles ou femelles, bien avant qu'ils ne soient sexuellement actifs – et non, cela ne veut pas dire qu'ils sont bisexuels ! Cela signifie qu'ils reproduisent en jeux les comportements de dominance et de soumission qui seront primordiaux dans leur vie d'adulte.

Bien que les hormones fassent bel et bien partie de ce qui détermine un chef de meute, l'énergie joue un rôle encore plus important. Quand des humains ont plusieurs chiens à la maison, le chien dominant peut aussi bien être le mâle que la femelle. Le genre n'a aucune importance : seul le taux inné (et le type) d'énergie en a. En outre, dans la plupart des meutes, il existe un « couple alpha » – un mâle et une femelle qui semblent se partager le pouvoir.

Dans la nature, donc, les chefs de meutes sont innés, non acquis. Ils ne suivent pas de cours pour devenir chef ; ils ne remplissent pas de fiche de candidature et ne passent pas d'entretien. Les chefs se déclarent très tôt et montrent très jeunes leurs qualités de dominants. C'est l'énergie capitale dont nous avons parlé plus tôt qui sépare le chef des suiveurs. Le chef de meute doit être né avec une énergie élevée, voire très élevée. Cette énergie doit par ailleurs être une énergie dominante et calme-assurée. Les chiens avec une énergie moyenne, ou basse, ne deviennent pas naturellement des chefs de meute. La plupart des chiens – comme la plupart des hommes – sont nés pour être des suiveurs, non des chefs. Être un chef de meute n'implique pas seulement la dominance, cela implique aussi la responsabilité. Pensez à notre propre espèce, et au pourcentage de gens qui aimeraient avoir le pouvoir et les avantages du président, ou l'argent et les gadgets d'un Bill Gates. Ensuite, dites à ces gens qu'en échange, ils devront travailler vingt-quatre heures sur vingt-quatre et sept jours sur sept, qu'ils ne verront presque jamais leur famille et qu'ils auront très rarement des week-ends de libre. Dites-leur qu'ils seront responsables financièrement de milliers de personnes et de la sécurité nationale de centaines de millions d'autres. Combien d'entre eux choisiraient ces rôles de dirigeants après avoir été mis au courant de réalités aussi intimidantes? Je crois que la plupart des gens préféreraient des vies simples et confortables au pouvoir et à la richesse – s'ils ont vraiment compris ce que coûte le pouvoir en termes de travail et de sacrifices.

De même, dans le monde des chiens, c'est le chef de meute qui est responsable de la survie de tous les membres de la meute. Il dirige les recherches d'eau et de nourriture. Il décide du terrain de chasse; décide de qui mange, quelle ration et quand; décide des moments pour se reposer, pour dormir ou pour jouer. Le chef établit toutes les règles et structures que les autres membres doivent respecter. Un chef de meute doit avoir une totale confiance en lui, être sûr de ce qu'il fait. Et tout comme dans le monde des humains, la plupart des chiens sont nés pour suivre plutôt que pour exécuter tout le travail que nécessite la position de chef. La vie est plus simple et moins stressante pour eux quand ils vivent avec les règles, limites et restrictions que le chef a mises en place.

Quand un chien est né avec une énergie et un tempérament de dominant, oui, il est plus dur pour lui d'accepter qu'un humain soit son chef: il lui faut plus de temps. De tels animaux ne sont pas nés pour être des suiveurs, mais leur instinct d'appartenance à la meute est plus fort que celui d'être le seul et unique chef. Il est important de se rappeler qu'un chien très dominant, à l'énergie élevée, doit avoir pour maître un humain qui a l'énergie, les capacités et les connaissances nécessaires pour être son chef. La personne qui choisit un chien fort et dominant doit aussi s'engager à être le chef – et doit prendre cet engagement au sérieux.

Comme je l'ai dit plus haut, les chefs de meute projettent une énergie calme-assurée. Même si vous observez une meute de chiens ou de loups pour la première fois, vous ne devriez pas mettre longtemps à déterminer qui en est le chef. Il aura une position de dominance : tête alerte, poitrail en avant, oreilles relevées, queue droite. Parfois, il fanfaronne presque. Les chefs de meute sont des chiens visiblement très confiants : c'est dans leur nature. Ils ne font pas semblant : s'ils essayaient, ils n'y arriveraient pas. Leurs suiveurs, eux, projettent l'énergie que j'appelle «calme-soumise». Ils marchent avec la tête au niveau de leur corps, ou baissée, et quand ils se déplacent, ils marchent toujours derrière le chef, les oreilles relâchées ou en arrière, remuant la queue – mais qu'ils gardent toujours basse. Si le chef les défie, ils peuvent reculer, se courber, ou même se coucher et se rouler par terre, en montrant leur ventre. En faisant cela, ils disent : «Tu es le chef, je ne le remets pas en cause, et tout ce que tu dis me va.»

Pas de place pour la faiblesse

Dans la nature, si un chef de meute fait preuve de faiblesse, il se fera attaquer et sera remplacé par un chien plus fort. Cela est vrai pour toutes les espèces animales qui vivent en systèmes sociaux hiérarchisés. Seul le plus fort dirige. En réalité, si un membre de la meute est trop faible, il ne sera pas toléré. Si un chien est trop faible ou craintif, il se fera agresser par les autres. Aucune espèce animale ne tolère la faiblesse – exceptée la nôtre. C'est l'une des différences les plus intéressantes entre l'être humain moderne et les autres espèces du règne animal Non seulement nous acceptons la faiblesse chez certains membres de notre meute, mais nous venons même en aide à nos frères et sœurs «faibles»! Nous rééduquons les personnes en fauteuil roulant; nous prenons soin de nos malades; nous risquons nos vies pour sauver un «membre de la meute» qui risque de ne pas s'en sortir. Les chercheurs ont déjà observé un «comportement altruiste» chez d'autres espèces (particuliè-rement chez les primates) [22], mais comparés à la plupart des animaux, les êtres humains font preuve de beaucoup plus de bienveillance.

Les humains ne se contentent pas de s'aider les uns les autres : nous venons également en aide aux autres animaux. Nous sommes la seule espèce qui protège les mouettes, les crocodiles, les hyènes et les baleines. Vous ne ver-rez jamais un zèbre sauver un éléphant blessé. Pensez aux amoureux des ani-maux dans votre entourage – les amoureux des chiens, des lions, des chevaux. Chaque animal semble avoir son propre «fan-club» chez les humains – un groupe de personnes qui ont tant de compassion pour une espèce en particu-lier qu'elles n'hésiteraient pas à en sauver même le spécimen le plus désespéré. La plupart des chiens qui arrivent à mon Centre de psychologie canine sont en très mauvais état : c'est donc leur dernière chance, et je les remets en général sur pied de justesse. J'ai un chien qui n'a que trois pattes, un qui n'a pas d'oreilles, un autre qui n'a qu'un œil, et un autre encore qui est la progéniture d'un croisement entre animaux de même souche et qui en gardera à jamais des séquelles sur le plan mental. C'est parce que je suis humain, et que je ressens de la pitié pour ces chiens, que je fais tout ce que je peux pour leur donner une chance d'avoir une vie heureuse et comblée. Mais dans leur habitat naturel, les chiens ne plaignent pas les êtres faibles et fragiles : ils les attaquent et les achèvent. Ce n'est pas intentionnellement cruel – souvenez-vous, nous sommes aussi la seule espèce à avoir un système de moralité, à connaître la notion de bien et de mal. Un animal faible met en danger le reste de la meute : la nature a donc doté les animaux de l'instinct de se reproduire entre membres forts, de façon que la génération suivante ait plus de chances de survivre et de se reproduire à nouveau. La nature se charge de faire le tri elle-même.

La tendance que nous avons à secourir les autres vient de notre énergie affective. Notre compassion et notre bonté sont de belles choses : elles par-ticipent au miracle que constitue le fait d'être humain. Mais pour les autres animaux, l'énergie affective est souvent perçue comme une faiblesse. L'amour est une énergie douce : quand la survie de la meute est en ques-tion, l'amour est une forme de faiblesse. Les animaux ne se plieront pas à une énergie douce ou faible, ni à une énergie compatissante. En dépit de saint François d'Assise et de ses oiseaux, les animaux ne suivront pas un chef spirituel; ils ne suivront pas un chef sympathique, pas plus qu'ils ne suivront une énergie trop nerveuse. Nous sommes une espèce possédant l'esprit de meute mais, comme je l'ai déjà dit, nous sommes également la seule espèce sur terre qui pourrait faire confiance à un chef instable. Les animaux – chevaux, chiens, chats ou moutons – ne suivront qu'un chef stable. L'équilibre de ce chef se reflète dans la constance de son énergie calme-assurée. Donc, quand nous projetons une énergie nerveuse, affective, émotive, ou même trop agressive à nos animaux de compagnie – et particulièrement si c'est la *seule* énergie que nous projetons –, il est bien plus probable qu'ils nous considèrent comme des suiveurs que comme des chefs.

Diriger ou suivre?

Pour les chiens, il n'y a que deux positions possibles dans une relation: chef ou suiveur. Dominant ou soumis. C'est tout noir ou tout blanc. Il n'existe pas d'entre-deux dans leur monde. Si un humain veut être capable de contrôler le comportement du chien avec lequel il vit, il doit s'engager à constamment assumer le rôle de chef. C'est aussi simple que ça.

Toutefois, cela ne semble pas aussi évident à la majorité de mes clients. Des centaines m'appellent, désespérés, car les problèmes de comportement de leurs chiens dominent totalement leurs vies. Il est possible que certains d'entre eux trouvent difficile d'appréhender les concepts de dominant / soumis car, dans notre monde, ces mots ont parfois des connotations négatives. Quand nous entendons le mot *dominance,* nous pouvons penser à un homme qui bat sa femme, à un ivrogne qui se bagarre dans un bar, à une petite brute de la cour de récréation qui extorque l'argent de son déjeuner à l'avorton de la classe, ou même à un homme ou une femme masqués dans un club SM, habillés en cuir, un fouet à la main. Le mot évoque la cruauté. Il est important de se souvenir que dans le règne animal, le mot *cruauté* n'existe pas. Et la dominance n'est ni un jugement moral ni une expérience affective. C'est simplement un état, un comportement aussi naturel que s'accoupler, manger ou jouer.

Le mot *soumis,* dont nous parlons ici, ne sous-entend pas de jugement éthique non plus. Il ne désigne pas une poule mouillée ni quelqu'un de trop influençable – humain ou animal. Soumis ne signifie pas vulnérable ni inefficace. Ce terme désigne l'énergie et l'état d'esprit d'un suiveur. Pour toutes les espèces qui vivent en meute, la dominance et la soumission doivent nécessairement exister pour que la hiérarchie fonctionne. Pensez à un bureau rempli d'employés. Que se passerait-il si ceux-ci arrivaient et repartaient tous quand bon leur semble, s'ils prenaient des pauses déjeuners de quatre heures, et s'ils se disputaient à longueur de journée entre eux et avec le patron ? Ce serait le chaos, n'est-ce pas ? Vous ne considérez pas un employé qui arrive à l'heure au travail, qui s'entend bien avec ses collègues et qui accomplit son devoir en créant un minimum de conflits comme quelqu'un de faible, n'est-ce pas ? Non. Vous le trouvez coopératif et le considérez comme un bon membre de l'équipe. Mais pour qu'il y ait une « équipe », cet employé doit accepter un certain degré de soumission. Il doit implicitement comprendre que c'est le patron qui rend les décisions, et que c'est son travail, à lui, de les suivre.

Au risque de paraître politiquement incorrect, je continue donc d'utiliser les termes *dominant* et *soumis*. Ils décrivent avec précision la structure sociale naturelle des chiens. Pour un chien, la question de savoir qui est dominant et qui est soumis dans la meute n'entraîne aucun jugement, que ce soit une meute de chiens, ou une meute composée seulement d'un chien et d'un humain. Un chien « ne le prend pas personnellement » si vous êtes en position de chef. Mon expérience m'a montré que la plupart des chiens sont soulagés de savoir que c'est leur maître qui dirige. Nous les avons intégrés dans notre monde : il y a donc nombre de décisions quotidiennes et compliquées à prendre, pour lesquelles la nature n'a pas préparé les chiens. Les chiens ne peuvent pas héler un taxi, pousser un caddie ou retirer de l'argent au distributeur – du moins, pas sans un dressage très spécialisé ! Les chiens peuvent sentir ces difficultés, et j'ai vu des milliers de bêtes se détendre pour la première fois de leur vie après que leur maître s'est enfin engagé à être un vrai chef. Mais, croyez-moi, quand un chien sent que son maître n'est pas à la hauteur du rôle de chef de meute, il intervient pour tenter de combler le vide. C'est dans sa nature de faire cela, d'essayer de faire en sorte que la meute fonctionne bien. Pour votre chien, quelqu'un doit nécessairement tenir les rênes. Et quand le chien décide d'endosser ce rôle, cela a souvent des conséquences désastreuses, aussi bien pour lui que pour l'être humain.

Le «paradoxe des personnes de pouvoir»

Comme je l'ai mentionné plus haut, la majorité de mes clients sont des personnes très puissantes, habituées à diriger dans tous les domaines de leur vie. Pour ceux qui les entourent, ils projettent une telle énergie qu'ils en deviennent presque effrayants! J'ai vu certains d'entre eux littéralement aboyer des ordres à leurs employés, et ces derniers se recroqueviller au son de leur voix. Quand on parle de projeter une énergie soumise! Le personnel fait alors des pieds et des mains pour exécuter les ordres de son employeur, et il n'est pas question de savoir qui commande. C'est le comble de l'ironie dans mon travail, ce que j'appelle le «paradoxe des personnes de pouvoir». Dès que ces personnes de pouvoir rentrent chez elles, dès qu'elles franchissent la porte d'entrée, elles ne projettent plus qu'une énergie affective à leur chien: «Oh! Bonjour mon Pookey, mon petit chou à moi! Fais un bisou à maman! Oh, mais regardez-moi ce méchant chien… c'est le deuxième canapé que tu manges ce mois-ci.»

Mon but ici n'est pas de me moquer de ces clients, car j'éprouve sincèrement de l'empathie pour eux. Essayer d'être celui qui commande dans le monde humain est une expérience incroyablement stressante. Je sais qu'il est bon de rentrer chez soi et d'y trouver un adorable animal, de se laisser aller avec lui, d'être en compagnie d'une bête qui ne semble pas vous juger et à qui vous n'avez pas besoin de prouver à chaque instant combien vous êtes génial. C'est une vraie thérapie pour ces clients de câliner ces gentils chiens poilus. C'est comme un bon bain, chaud et relaxant. Et, par certains côtés, c'est vrai – leurs chiens ne les jugent pas, du moins pas de la manière dont ces gens ont l'habitude d'être jugés. Les chiens se fichent de savoir si leurs maîtres ont un million de dollars dans leur compte, une maison à la mer ou une Ferrari. Ils se fichent de savoir si le dernier album de leur maître a été disque de platine ou s'il a fait un flop, ou encore s'il a gagné l'Oscar cette année, ou si sa série télé a été annulée. Ils ne remarquent même pas si leur maître a pris 10 kilos, ou s'il a subi une opération de chirurgie esthétique. Toutefois, ce que *jugent* les chiens, c'est qui est le chef et qui est le suiveur dans la relation. Et quand ces personnes de pouvoir rentrent chez elles et qu'elles laissent leurs chiens leur sauter dessus, quand elles passent leurs soirées à leur donner des friandises, à leur courir après dans toute la maison ou à céder au moindre de leurs caprices, il est alors évident pour ces chiens de rendre leur verdict : la personne qui, dans le monde des humains, est si imposante, est devenue, aux yeux du chien, un suiveur.

Oprah et Sophie

Oprah Winfrey – modèle que je suis scrupuleusement pour le comportement à adopter dans ma profession – illustre parfaitement le phénomène que je viens de décrire. Dans le monde des humains, elle ne se contente pas d'avoir toujours les choses en main, elle est aussi incroyablement calme, d'humeur constante. Dans mes séminaires, je la cite toujours comme l'exemple classique de l'énergie calme-assurée parce qu'elle est vraiment la meilleure. Oprah n'a pas besoin de prouver qu'elle est importante : cela irradie de tout son être. Elle est aussi un modèle car elle a intégré la capacité qu'ont les animaux à vivre le moment présent. Oprah a raconté sa tragique histoire en public, ce qui n'était franchement pas facile. Elle a aussi dû surmonter le fait d'être une femme afro-américaine, ce qui était un véritable obstacle au moment où elle a commencé sa carrière. Mais, contrairement à la plupart des êtres humains, Oprah a su continuer à avancer : elle n'a jamais laissé son passé l'en empêcher. Selon moi, elle est un brillant exemple du potentiel que possède l'être humain. Et pour couronner le tout, elle est restée gentille et généreuse.

Depuis mon arrivée aux États-Unis, je rêvais de participer à l'émission d'Oprah. Pour moi, cela signifiait « avoir réussi », dans ce pays. Et quand j'ai fini par y être invité, ma rencontre avec cette grande dame de la télévision a dépassé mes attentes les plus folles. Oprah s'est montrée bienveillante, perspicace, curieuse et pleine d'esprit ; elle a même été trouver ma femme, Ilusion, dans le public pour lui faire partager cette expérience. Pour moi, la journée entière s'est déroulée comme dans un rêve. Néanmoins, j'étais invité à cause du cauchemar qu'Oprah vivait en privé, de sa faiblesse cachée. Oprah – mon modèle calme-assuré – se laissait marcher sur les pieds par sa chienne, Sophie !

En 2005, quand j'ai rencontré Oprah pour la première fois non loin de Santa Barbara, dans sa propriété de 22 hectares donnant sur la mer, elle avait deux chiens – Sophie et Solomon, deux cockers. Solomon était le soumis des deux : il était très vieux et affaibli. Sophie, âgée de 10 ans à l'époque, avait un problème qui devenait dangereux. Quand Oprah la promenait et qu'un autre chien s'approchait d'elles, Sophie montrait les dents, se mettait en position défensive, et parfois même attaquait l'autre chien. Elle avait aussi de graves problèmes d'anxiété liée à la séparation et hurlait pendant des heures quand Oprah et son compagnon, Steadman, s'absentaient de la maison. Contrairement à la plupart de mes clients, Oprah était trop perspicace pour être convaincue que l'unique responsable de ce problème était Sophie. Elle savait qu'elle pouvait changer certaines choses pour aider à l'évolution du comportement de sa chienne. Toutefois, je ne suis pas sûr qu'elle ait été totalement prête à entendre ce que j'avais à lui dire.

Pendant ma consultation – le moment où je m'assois pour écouter le maître raconter sa version de l'histoire –, j'ai compris, avec les simples mots qu'utilisait Oprah pour décrire Sophie, qu'elle considérait cette dernière non seulement comme son chien, mais aussi comme son bébé. « C'est ma fille ! m'a dit Oprah. Je l'aime comme si je l'avais mise au monde moi-même. » Dire qu'Oprah avait « humanisé » Sophie était peu dire.

Au cours de la conversation, j'ai appris que Sophie avait toujours manqué d'assurance, depuis sa naissance. Oprah et Steadman m'ont tous deux décrit son arrivée à la maison : elle se cachait sous la table, elle avait une très mauvaise image d'elle-même. Donc, qu'a fait Oprah ? Ce que la plupart des propriétaires de chiens font. Elle a utilisé la psychologie humaine, a câliné Sophie, l'a chouchoutée et l'a réconfortée. Chaque fois que Sophie était nerveuse, qu'elle avait peur, Oprah allait la trouver pour la réconforter avec toute son affection et son énergie émotionnelle. Inconsciemment, Oprah faisait exactement la même chose que Marina avec Kane après qu'il eut glissé sur le lino. En appliquant la psychologie humaine à un chien en détresse, les deux femmes *cultivaient* involontairement le manque d'assurance de leur chien.

Je ne saurais suffisamment insister sur le fait que les chiens captent tous les signaux d'énergie que nous leur envoyons. Ils déchiffrent nos émotions à tout moment de la journée. Oprah, qui avait su dépasser un passé douloureux en embrassant la vie et en vivant « maintenant », ne réussissait pas à vivre l'instant présent quand il s'agissait de Sophie ! Dès qu'elle commençait à envisager de promener sa chienne, elle anticipait le risque que cette dernière s'en prenne à un autre chien. Elle repassait dans sa tête les attaques passées et en imaginait de nouvelles. Imaginer toutes ces catastrophes rendait Oprah nerveuse et émotive – des énergies que Sophie interprétait tout naturellement comme des signes de faiblesse. La dynamique entre les deux s'instaurait dès l'instant où Oprah attrapait la laisse – *avant* même la promenade.

Oprah faisait sortir Sophie en premier – une erreur classique que commettent la plupart des propriétaires de chiens. Il est important d'établir la position de chef sur le pas de la porte. C'est celui qui sort en premier qui est le chef. Puis, Oprah aggravait son erreur en laissant Sophie marcher *devant elle* au cours de la promenade. Dans la meute, le chef est toujours devant, à moins qu'il ne donne la permission à un autre chien de prendre momentanément sa place. De fait, Sophie marchant devant, les deux allaient là où bon lui semblait. Comme elle craignait constamment que Sophie se batte, Oprah manquait de confiance et était anxieuse, et Sophie avançait devant en tirant. Un élève de deuxième aurait immédiatement compris qui était le chef et qui était le suiveur dans ce duo !

J'ai dû rappeler à Oprah qu'elle, la maîtresse, était la seule des deux à s'inquiéter à propos de ce qui pourrait se passer pendant la promenade à cause de ce qui s'était produit par le passé. Sophie ne pensait pas à tout cela. Sophie vivait le moment présent, profitait de l'herbe, des arbres, de la pureté de l'air marin. Elle ne pensait pas : « Je me demande si je vais devoir attaquer un des méchants chiens du quartier aujourd'hui. » Pas plus que ses précédents conflits n'avaient été prémédités. Sophie ne passait pas ses nuits éveillée à s'imaginer : « Je déteste vraiment ce cockapoo, Shana, et je prévois de la mordre à la première occasion. » Comme tous les chiens, en attaquant un autre chien, elle ne faisait que répondre à un stimulus qui se produisait à ce moment précis.

Que se passait-il quand Sophie rencontrait un autre chien et se montrait agressive ? Soit Oprah la saisissait rapidement pour la sortir de cette mauvaise passe, soit elle devenait très émotive, la suppliait d'arrêter et s'excusait auprès de l'autre personne. Elle ne se comportait pas comme un chef de meute : ce dernier aurait simplement corrigé Sophie. Quand un chef corrige un autre membre de la meute, ce dernier met un terme à son comportement désagréable. Les chiens calmes-soumis prêtent toujours attention aux instructions que donne le chef de meute.

Qu'est-ce qui pouvait bien pousser Sophie à avoir ces réactions agressives ? Sophie était ce que j'appelle une « anxieuse-dominante » – elle n'était pas un chien de nature agressive, mais quand elle voyait un autre chien qui lui faisait peur, elle répondait en lui montrant les dents et en le menaçant. Souvenez-vous, un animal ne peut répondre à une menace que de quatre façons différentes : se battre, fuir, éviter l'autre ou se soumettre. La réaction d'Oprah face au comportement agressif de Sophie ne faisait qu'aggraver la situation. Oprah se crispait et vivait dans la crainte, ce qui montrait de façon flagrante à Sophie que sa maîtresse n'avait pas le contrôle. Après un incident, Oprah allait parler à sa chienne, la câlinait, la réconfortait pour lui faire comprendre que tout allait bien. Une fois encore, c'est une approche envisageable dans le cas d'un enfant effrayé, mais ce n'est absolument pas de la psychologie canine ! Il est naturel pour nous, humains, d'aller réconforter les autres animaux en détresse et d'utiliser pour cela la meilleure manière que nous connaissions : la gentillesse et le réconfort. Néanmoins, pour un chien, donner de l'affection à Sophie à ce moment-là revenait à lui dire : « Bravo, tu lui as donné une bonne leçon à ce méchant chien qui nous menace. » Quand nous montrons de l'affection à une bête qui a développé un comportement instable, elle ne peut pas avancer. Dans le cas de Sophie, cela n'a fait qu'augmenter son angoisse, si bien que, quand elle se sentait coincée, elle devenait réellement hors de contrôle.

J'ai dû faire comprendre à Oprah qu'elle devait tout changer dans sa manière d'approcher Sophie si elle voulait que sa chienne soit un animal de compagnie équilibré et stable, comme elle le devait. Comme elle est très intelligente, Oprah a immédiatement saisi l'essentiel de ce concept, mais il n'était toujours pas évident pour elle d'arrêter de penser que Sophie était « sa petite fille ». À un moment, je me souviens de lui avoir dit : « Vous ne lui montrez pas qui est le chef. » L'espace d'un instant, Oprah est restée sans voix. Elle s'est tournée pour regarder Steadman. Puis elle m'a dit, très lentement : « Vous êtes en train de dire que *moi*, je ne suis pas un chef ? » C'était vrai, j'étais en train de dire à la femme que *Forbes* a déclaré valoir plus de un milliard de dollars et qui est actuellement la célébrité la plus influente et la neuvième femme la plus puissante du monde [23], qu'elle n'était pas le chef avec son cocker de 10 kilos.

Comme toutes les personnes qui aiment leur animal, Oprah ne voulait que le meilleur pour ses chiens. Mais elle envisageait le « meilleur » d'un point de vue humain. Elle ne voulait qu'aimer ses chiens et leur donner la plus belle vie possible, mais ces derniers n'avaient pas lu la liste publiée dans *Forbes* et n'avaient pas vérifié ses comptes ; ils ne se souciaient pas de savoir si la maison avait été meublée par les plus grands décorateurs du monde ou par l'Armée du salut. Les chiens d'Oprah l'aimeraient exactement de la même façon si elle faisait faillite du jour au lendemain. (Mais, comme l'a fait remarquer Oprah d'un ton pince-sans-rire, les deux chiens feraient sans doute la différence s'ils étaient soudain forcés de voyager dans la soute d'un cargo d'une compagnie aérienne plutôt que confortablement installés dans son avion privé.) Ce qu'attendaient par-dessus tout ses chiens de la vie était de se sentir en sécurité et à leur place dans la « meute » constituée par la famille d'Oprah. Et, visiblement, Sophie ne se sentait pas en sécurité.

Oprah devait apprendre à devenir un chef de meute. Elle en était déjà un dans le monde des humains. Maintenant, elle devait s'entraîner à être le genre de chef qu'un chien comprend.

Règles, limites et restrictions

Dans la nature, un chef de meute établit des règles et s'y tient. Sans règles, une meute ne survivrait pas, peu importe l'espèce. Dans beaucoup de foyers, les règles, limites et restrictions ne sont pas claires – du moins s'il y en a. Tout comme les enfants, les chiens ont besoin de règles, de limites et de restrictions pour être correctement socialisés. Chez Oprah par exemple, Sophie n'avait pas beaucoup de règles, et elle ne respectait pas toujours celles qui existaient. Parfois, par exemple, quand Sophie geignait car Oprah la laissait seule, cette dernière revenait sur sa décision et faisait demi-tour pour emmener sa chienne avec elle. D'autres fois, elle revenait dire à Sophie « d'arrêter ça », mais, en général, son comportement avait déjà dépassé le point de non-retour.

Les psychologues, pour humains comme pour animaux, appellent cela le « renforcement intermittent », et si vous êtes parent, vous savez sans doute que ce genre de discipline ne fonctionne pas. Si vous permettez un jour à votre enfant de chiper un cookie dans le pot, mais que vous le punissiez s'il le refait le lendemain, l'enfant recommencera toujours dans l'espoir de s'en sortir impunément une autre fois. C'est la même chose pour les chiens. Le renforcement intermittent des règles est un moyen infaillible pour engendrer un chien instable et déséquilibré.

Malgré le fait que Sophie ait vécu 10 ans en étant déséquilibrée, en n'ayant ni règles, ni limites, ni restrictions claires, j'ai fait remarquer à Oprah qu'il n'était jamais trop tard, ou presque, pour rééduquer un chien. Les humains peuvent changer de vie à 50, 60 ou même 70 ans, et pourtant, nous avons bien plus de problèmes que les chiens ! Oprah attendait avec impatience que l'on règle le problème, mais elle fut choquée de me voir arriver chez elle avec cinq autres chiens – Coco, notre chihuahua ; Lida et Rex, nos deux lévriers italiens ; un lhassa-apso du nom de Luigi qui appartient à Will Smith et à Jada Pinkett Smith ; et le chien qui rendait Oprah la plus nerveuse, Daddy, un pitbull bien charpenté et à l'air effrayant, que je gardais dans ma meute chaque fois que son maître, le chanteur de hip-hop Redman, partait en tournée. De tous les chiens de la meute, Daddy était celui qui avait la meilleure énergie. Il avait quatre mois quand je l'ai rencontré pour la première fois : Redman l'avait emmené dans mon tout nouveau centre. C'était devenu une mode chez les chanteurs de rap d'avoir, pour le prestige, de gros chiens à l'air méchant à leurs côtés. Redman, lui, était différent : il était responsable. Il me dit : « Je veux un chien que je peux emmener avec moi partout dans le monde. Je ne veux pas avoir de procès. » Ce jour-là, j'ai commencé à travailler avec Daddy et, depuis, il n'y a pas un seul jour où il n'a pas été comblé. Tous ceux qui le rencontrent tombent sous son charme, même s'il est très impressionnant en apparence. Daddy a aidé des centaines de chiens à devenir équilibrés, en partageant simplement avec eux son énergie calme-soumise. Et c'est un pitbull – ce qui montre qu'en matière de comportement canin, l'influence de l'énergie et de l'équilibre peut dépasser celle de la race. Tous les chiens que j'ai emmenés chez Oprah étaient très équilibrés. Ils étaient là pour faire avec Sophie une « thérapie de groupe ».

Avec Daddy, qui est toujours équilibré.

La réaction que Sophie a eue face aux autres chiens était totalement prévisible. Quand elle les a vus, elle est restée figée sur le pas de la porte. Entre se battre, fuir, les éviter ou se soumettre, elle choisissait de les éviter ! Je l'ai emmenée alors au milieu des chiens. Chaque fois que je remarquais qu'elle commençait à retrousser les babines car elle était effrayée ou anxieuse, je lui donnais une légère correction avec la laisse. J'ai gardé une énergie calme et assurée pendant toute la séance. Tout d'abord, j'ai même dû demander à Oprah de s'écarter ; elle était tellement terrifiée que Sophie captait son énergie. Après environ 10 minutes, Sophie a été capable de se détendre. En environ une demi-heure, elle a absorbé l'énergie calme-soumise du groupe et a semblé même s'amuser. Elle était toujours hésitante, mais son langage corporel était plus calme, plus détendu. C'est le pouvoir de la meute en action que je suis en train de vous raconter – un groupe de chiens équilibrés qui aident en quelques minutes un chien instable à changer de comportement. Mais l'énergie que j'envoyais à Sophie par la laisse était primordiale, elle aussi. J'étais son chef et je lui apprenais à bien s'entendre avec le reste de la meute. Pas de « si », ni de « et », ni de « mais ». Et Sophie a très bien compris le message.

Oprah et Steadman furent ébahis de la voir interagir calmement avec les autres chiens. Le simple fait que ce soit même possible leur semblait incroyable. Je leur ai donné des « devoirs » à faire : habituer Sophie à voir d'autres chiens et s'entraîner à être des chefs calmes-assurés. Être un chef calme-assuré ne fonctionne pas si vous ne le pratiquez pas tous les jours : c'est comme un régime. C'était seulement au prix d'une « thérapie » régulière que Sophie pourrait changer de façon définitive.

…

Un chien acceptera en général un humain comme chef de meute si cet humain projette l'énergie calme-assurée appropriée, s'il établit des règles, des limites et des restrictions fermes, et s'il agit de façon responsable pour la survie de la meute. Cela ne veut pas dire que nous ne puissions pas être des chefs de meute *humains*. Tout comme les chiens ne devraient pas avoir à renoncer à leur particularité de chiens pour vivre avec nous, nous ne devrions pas avoir à abandonner ce qui est si spécial dans le fait d'être humains. Nous sommes, par exemple, les seuls chefs de meute qui allons aimer nos chiens de la manière dont nous autres humains définissons l'amour. Leur chef de meute canin ne leur achètera pas de jouets qui couinent et ne leur organisera pas de petite fête d'anniversaire. Il ne récompensera pas leur bon comportement. Il ne se retournera pas pour leur dire : « Eh bien les gars, merci de m'avoir suivi pendant 15 kilomètres. » C'est normal pour eux de le faire. Une mère chien ne dira pas : « Eh bien, mes petits, comme vous vous êtes très bien conduits aujourd'hui, nous allons à la plage ! » Dans leur monde naturel, la récompense fait partie du processus. (C'est un concept que nous autres humains ferions bien de nous rappeler parfois.) Pour un chien, le simple fait de bien s'adapter à la meute et d'aider à assurer sa survie est déjà une récompense en soi. La coopération entraîne automatiquement des récompenses, comme la nourriture, l'eau, les jeux et le repos. Récompenser nos chiens en les gâtant et en leur donnant les choses qu'ils aiment est un moyen de créer un lien avec eux et de renforcer leur bon comportement. Mais si nous ne projetons pas une énergie forte de chef avant de leur donner des récompenses, notre « meute » ne fonctionnera jamais vraiment bien.

Chefs de meute sans-abri

Bien que le lien qui unit l'homme et le chien soit unique pour les deux, nous ne pouvons pas nous contenter de jouer le rôle du meilleur ami ni celui de l'amoureux des chiens. Inconsciemment ou non, quand nous jouons ce rôle, nous satisfaisons automatiquement nos propres besoins, et non ceux de notre chien. C'est nous qui avons constamment besoin d'affection et d'être acceptés de façon inconditionnelle.

Quels chiens, selon vous, comptent parmi les plus heureux et les plus stables sur le plan émotionnel en Amérique du Nord ? Vous pouvez trouver cela difficile à croire, mais je l'ai observé et je crois que ce sont les chiens qui appartiennent aux sans-abri : ils ont bien souvent les vies les plus équilibrées et les plus épanouissantes. Allez au centre de Los Angeles un de ces jours, ou au parc qui surplombe la jetée de Santa Monica, et repérez les sans-abri qui ont des chiens. Ces chiens ne ressemblent pas vraiment aux champions de l'American Kennel Club[12], mais ils sont presque toujours obéissants et ne sont pas agressifs. Regardez un sans-abri marcher avec son chien, et vous verrez un bon exemple du langage corporel qu'expriment un chef de meute et un suiveur. Habituellement, le sans-abri ne se sert pas de laisse, pourtant le chien marche en général à ses côtés ou derrière lui. Il se déplace aux côtés de son chef de meute, de la manière dont l'a voulu la nature.

« Les sans-abri ? Comment leurs chiens pourraient-ils être plus heureux ? Ils ne peuvent pas leur acheter de la nourriture biologique ! Ils ne peuvent pas les emmener chez le toiletteur deux fois par mois ni même chez le vétérinaire ! » vous exclamez-vous. C'est on ne peut plus vrai mais, rappelez-vous, les chiens ne font pas la différence entre de la nourriture biologique et de la nourriture normale ; ils ne se préoccupent pas des toiletteurs ; et, dans la nature, il n'y a pas de vétérinaire. La plupart du temps, les sans-abri n'ont même pas de but précis dans la vie – ou, en tout cas, pas de la même manière que les « gagnants » du type A. Certains d'entre eux semblent satisfaits d'aller d'un endroit à un autre, de ramasser des boîtes de conserve, et de chercher un repas et un endroit chaud où passer la nuit. Beaucoup de gens peuvent trouver leur style de vie inacceptable. Mais pour un chien, c'est le train-train quotidien, idéal et naturel, que la nature a créé pour lui. Il fait les exercices nécessaires dont il a besoin et il est libre de ses mouvements. Dans la nature, tous les animaux ont des « territoires » – certains sont petits, d'autres plus grands – qu'ils aiment arpenter, encore et encore. L'exploration est un trait de caractère naturel pour un animal et, génétiquement, cette activité équivaut à la survie [24], car plus un animal explore, plus il a de chances de trouver de l'eau et de la nourriture, et plus il aura d'information concernant le monde [25]. À Los Angeles, j'ai remarqué que les chiens qui vivent avec des sans-abri apprennent bien mieux à connaître leur ville que les chiens qui vivent à Bel Air. Le chien de Bel Air a un jardin géant mais, pour lui, c'est juste un grand chenil. Le chien de sans-abri parcourt des kilomètres et des kilomètres et va se coucher fatigué. Le chien de Bel Air se promène dans la maison, va voir l'intérieur de la voiture et le toiletteur, puis va se coucher après une autre journée d'énergie réprimée et de frustration.

On ne rend pas un chien équilibré en lui donnant des choses matérielles, mais en le laissant exprimer pleinement tous les côtés physiques et psychologiques de son être. En vivant avec un sans-abri, un chien doit trouver sa nourriture. En général, il travaille pour la trouver, et, même sans laisse, il existe une relation claire de chef et de suiveur entre la personne et le chien.

La plupart des personnes qui m'appellent à l'aide ont des problèmes pour promener leur chien à cause de toutes les choses qui viennent le distraire et qui le poussent à tirer sur sa laisse, à essayer de s'enfuir ou à aboyer – enfants, voitures et autres chiens. Ils pensent que le problème vient du chien. Mais regardez un chien avec un sans-abri. Le chien n'est jamais allé dans une école de dressage. Lui et le sans-abri marchent dans les rues animées et passent à côté de chats, de promeneurs, de scooters, de personnes avec des petits chiens qui jappent du bout de leur laisse à enrouleur, et pourtant le chien continue d'avancer. C'est ce qui se passe dans la nature : une meute de chiens ou de loups ne resterait jamais unie si ses membres s'enfuyaient constamment et se laissaient distraire par les grenouilles ou les papillons ! Si le chien se laisse distraire, le sans-abri se comporte en chef de meute : il n'a qu'à le regarder ou à lui grogner après pour lui rappeler les règles et le ramener dans le droit chemin. À la fin de la journée, la personne sans-abri récompensera le chien en lui donnant de la nourriture et de l'affection juste avant de s'installer pour la nuit. Ils partagent une existence très élémentaire, qui ressemble probablement beaucoup aux premières relations qu'ont entretenues nos ancêtres avec les chiens.

Qui commande chez vous ?

Une fois que mes clients commencent à saisir les concepts de meute et de chef de meute, en général, ils me demandent : « Comment puis-je savoir qui est le chef de meute chez moi ? » Ma réponse est alors très simple : « Qui contrôle la dynamique de votre relation ? »

Votre chien peut vous dire, de façon évidente, d'une douzaine de manières différentes qui de vous deux est le dominant. S'il vous saute dessus le soir quand vous rentrez chez vous, ce n'est pas seulement parce qu'il est content de vous voir : il est le chef de meute. Si vous ouvrez la porte pour aller le promener et qu'il sorte avant vous, ce n'est pas seulement parce qu'il adore aller se promener : il est le chef de meute. S'il vous aboie dessus et que vous le nourrissiez ensuite, ce n'est pas « mignon » : il est le chef de meute. Si vous dormez et qu'il vous réveille à 5 heures du matin en vous donnant un coup de patte pour vous dire : « Fais-moi sortir, j'ai besoin d'aller faire pipi », il vous montre avant même le lever du soleil qui commande à la maison. Chaque fois qu'il vous fait faire quelque chose, il est le chef de meute. C'est aussi simple que ça.

La plupart du temps, les chiens sont les chefs de meute dans le monde des humains car ces derniers se disent : « N'est-ce pas adorable ? Il essaie de me dire quelque chose. » Et voilà, encore ce bon vieux syndrome de *Lassie* : « Qu'est-ce qu'il y a, Lassie ? Pépé est tombé dans le puits ? » Oui, dans les exemples que je viens de donner, le chien essaie effectivement de dire quelque chose : il essaie de rappeler qu'il est le chef et que son propriétaire est son suiveur.

Donc, si vous vous réveillez quand vous l'avez décidé, vous êtes le chef de meute. Quand vous ouvrez la porte selon vos conditions, vous êtes le chef de meute. Quand vous sortez de la maison avant votre chien, vous êtes le chef de meute. Quand vous êtes celui qui prend les décisions à la maison, vous êtes le chef de meute. Et je ne parle pas de 80 % du temps : si vous n'êtes le chef de votre chien que les trois quarts du temps, votre chien ne sera votre suiveur que les trois quarts du temps. Et le quart qui reste, il le passera à tenir les rênes. Si vous donnez la moindre occasion à votre chien de vous diriger, il la saisira.

Pepper, ou le danger de n'être que partiellement un chef

Que se passe-t-il quand vous n'êtes que partiellement le chef de votre chien ? J'ai souvent vu des cas dans lesquels l'homme projetait l'énergie appropriée de chef, et en avait les comportements, à quelques situations près. C'est la formule parfaite pour avoir un chien déséquilibré : ne pas savoir quand il doit suivre ou quand il doit être le chef est encore plus perturbant pour lui que d'avoir à être le chef d'un humain. Prenez un autre cas de la première saison de *Dog Whisperer*.

Christopher, un photographe, avait adopté une adorable femelle wheaten-terrier de huit ans, du nom de Pepper, et les deux s'étaient profondément attachés l'un à l'autre. Tous les jours, Chris se rendait à pied au studio qu'il partageait avec un autre photographe et il avait dressé Pepper pour qu'elle l'accompagne. Pepper se conduisait si bien pendant leur promenade que Chris n'avait plus besoin de se servir d'une laisse. Les voir ensemble équivalait à voir le même langage corporel approprié de chef et de suiveur que celui des sans-abri avec leurs chiens. Il pouvait y avoir de la circulation, des enfants en planche à roulettes pouvaient passer à toute allure, les klaxons pouvaient retentir de partout, Pepper continuait à trottiner aux côtés de Chris, la tête baissée, remuant la queue. Un seul mot de lui suffisait à la corriger si elle se laissait distraire. Il était évident que Pepper aimait leur promenade ; elle arrivait toujours au studio revigorée et détendue. Cependant, une fois dans le studio, une autre Pepper faisait son apparition.

Le studio dans lequel travaillaient Chris et son associé, Scott, était aussi l'endroit où ils photographiaient leurs clients. Cela impliquait que des inconnus y entraient et en sortaient plusieurs fois par jour. Pepper ne semblait pas apprécier que n'importe qui entre dans le studio. Elle se précipitait à la porte, aboyait, grognait et donnait de petits coups de dents dans les talons des nouveaux venus, les « menant en troupeau » jusqu'au centre de la pièce.

Pepper fait des ravages dans le studio de photographie.

Pepper sur « son » canapé.

Pendant que Chris et Scott installaient leurs lampes et leurs accessoires, les clients étaient en général invités à s'asseoir. Malheureusement, Pepper avait décidé que le gros canapé en vinyle dans la salle d'attente était « son » canapé. Les clients qui s'y asseyaient étaient accueillis par des grognements et des aboiements, et se voyaient même menacés de se faire mordre.

Ce n'était clairement pas un comportement tolérable. Ce n'était pas anodin : une fois, Pepper était allée jusqu'à déchirer l'ourlet du pantalon d'un client. Si elle avait continué à menacer les clients de Chris et de Scott, cela aurait pu avoir de terribles conséquences pour leur affaire. Chris avait peur de devoir se séparer d'elle – pour la plupart des chiens, quand leurs maîtres ne leur trouvent pas de maison de remplacement (et effectivement, qui prendrait un chien en sachant qu'il a des problèmes ?), cela signifie le retour au chenil. Malheureusement, 56 % des chiens qui vont au chenil – et particulièrement ceux qui y sont retournés à plusieurs reprises – finissent par être euthanasiés, simplement parce qu'ils ne trouvent pas d'humain pour s'entendre avec eux[13].

Chris avait fait appel à moi en dernier recours. Il pensait sérieusement à donner Pepper. En parlant avec lui et Scott, il m'est clairement apparu qu'aucun des deux ne se comportait en chef avec Pepper au studio. À partir du moment où elle y entrait, l'endroit lui appartenait – ni règles, ni limites, ni restrictions. Chris passait la porte et se mettait immédiatement au travail : Pepper devait se débrouiller toute seule. Puisque ni Chris ni Scott ne se comportaient en « chef » au studio – du moins pas comme l'entend un chien –, Pepper pensait que c'était à elle de le faire. Elle était la reine et elle protégeait son territoire de façon obsessionnelle, de la seule manière qu'elle connaissait.

Au cours de la conversation, j'ai appris que Chris réussissait parfaitement à promener Pepper dans la rue – même sans laisse. Il est bien plus difficile de se faire obéir de son chien à l'extérieur, avec tout ce qui peut le distraire, qu'à l'intérieur de la maison. Je rencontre bien plus de cas de chiens qui sont obéissants à la maison, mais ne le sont pas en promenade, que le contraire ; j'ai donc trouvé ce cas particulièrement intéressant. J'ai demandé à Chris de me montrer comment il s'y prenait pour promener Pepper, et j'ai vu un animal totalement différent. J'ai aussi vu un Chris totalement différent ! Il était concentré, il contrôlait la situation, faisait visiblement attention à Pepper, et tous les deux semblaient en parfaite harmonie sur le plan émotionnel. Pourquoi la situation était-elle si radicalement différente au studio?

Pour résumer, quand Chris arrivait à son lieu de travail, il changeait de mentalité. À la minute où il entrait dans le studio, toute la discipline qu'il avait inculquée à Pepper partait en fumée. Chris ne remplissait pas ses obligations de chef, en partie parce qu'il manquait d'information sur la psychologie canine, mais aussi parce qu'être le chef est un travail difficile. Cela demande une certaine dose d'énergie et de concentration, car il faut être le chef à longueur de temps, et Chris était souvent si occupé et soucieux au travail qu'il ne pouvait pas s'atteler à fixer des règles claires pour Pepper. Dès qu'ils quittaient le studio, il redirigeait son énergie sur le fait d'être le chef, et tout se passait bien. Mais, comme la situation avait fini par vraiment échapper à son contrôle, il devait retourner à la case départ s'il voulait amener Pepper à le respecter au sein du studio.

Nous avons répété différents scénarios: nous imaginions des personnes entrant dans le studio. J'ai alors pu remarquer que Chris laissait Pepper se déchaîner chaque fois qu'on sonnait à la porte. Je lui ai montré comment la faire asseoir calmement, dans un état soumis, avant même que la porte ne s'ouvre. Vous pouvez voir si un chien est soumis à la position de ses oreilles et à son regard, mais vous devez aussi vous habituer à ressentir l'énergie de soumission. Chris avait appris à Pepper à obéir aux ordres, et je l'ai observé en train de lui dire (de façon peu convaincante) de «se coucher» à plusieurs reprises. Son corps se couchait, mais il était évident que son esprit était toujours vif et agité. Ses oreilles remuaient, et elle fixait la porte du regard. Quand celle-ci s'ouvrait et que le client entrait, elle redevenait folle.

J'ai expliqué à Chris que l'important, c'était que Pepper soit soumise et détendue, et non qu'elle se couche quand la porte s'ouvrait. Je lui ai montré aussi comment donner un ordre ferme. Pour résumer, Chris se laissait facilement faire et il ne pouvait pas berner Pepper à ce sujet. Souvenez-vous que l'énergie ne ment pas. Chris ne s'était pas encore suffisamment engagé: s'appliquer à être à la fois le chef de Pepper et un photographe à plein temps était un travail difficile. Être les deux à la fois semblait le dépasser. Chris voulait vraiment garder Pepper, et je l'ai aidé à se rendre compte que lui seul pouvait sauver cette situation désastreuse.

Quand je l'ai enfin vu donner des ordres à Pepper avec conviction, il n'utilisait plus de mots. Il faisait ce que je lui avais dit. Il ne faisait qu'un seul son : « Shhhhh. » Ce n'était pas ce son précis qui était important – en fait, je l'avais choisi car c'était le bruit que ma mère avait l'habitude de faire pour nous faire tenir tranquilles, mes frères et sœurs et moi ! Ce qui importait, c'était l'énergie derrière ce son. J'avais expliqué à Chris que la clé, c'était de corriger Pepper *avant* qu'elle ne soit dans cet état d'esprit excité et agressif. Cela voulait dire la corriger – lui dire : « Shhhhh » – encore et encore, jusqu'à ce qu'elle soit conditionnée à rester calme et soumise chaque fois qu'elle était avec lui dans le studio.

Le cas de Pepper illustre une des pires conséquences que peut avoir le fait de n'être que partiellement le chef de son animal. Avec des chiens à basse énergie et de nature joyeuse, les conséquences ne seront pas nécessairement graves, mais dans le cas de Chris et Pepper, les enjeux étaient élevés. Chris risquait d'avoir des procès, de perdre des clients et même de perdre son affaire s'il n'arrivait pas à contrôler Pepper – et Pepper risquait de perdre sa maison, son maître et très probablement la vie (si Chris n'arrivait pas à lui trouver une autre maison). Heureusement, une fois qu'il eut compris la gravité du problème, Chris a pris ses responsabilités avec sérieux et les mesures qui s'imposaient. Il n'y avait aucune raison qu'une chienne comme Pepper vive une vie aussi déséquilibrée. Elle avait en elle tous les éléments nécessaires pour être heureuse et équilibrée. Toutefois, elle avait besoin que Chris, son chef de meute, l'aide à les faire remonter à la surface.

Être chef, un travail à temps complet

Du jour de leur naissance à celui de leur mort, les chiens ont besoin d'un chef. D'instinct, ils ont besoin de savoir quelle place ils occupent par rapport à nous. En général, les maîtres ont une place dans le cœur de leur chien, mais pas dans leur « meute » : c'est dans ces cas-là que le chien prend le pouvoir. Ils profitent d'un humain qui les aime mais qui ne les dirige pas. Les chiens ne raisonnent pas. Ils ne pensent pas : « Eh bien, c'est génial que cette personne m'aime. Cela me fait me sentir si bien que je n'attaquerai plus jamais un autre chien. » Vous ne pouvez pas dire à un chien ce que vous diriez à un enfant : « Si tu n'es pas sage, tu n'iras pas au parc canin demain. » Un chien ne peut pas faire ce lien. Vous devez montrer à votre chien qui est le chef au moment où le chien a un comportement qui mérite une correction.

Chez vous, tout le monde peut être un chef de meute. En fait, il est primordial que tout humain à la maison soit le chef de meute du chien – du plus jeune enfant au plus vieil adulte. Homme ou femme. Tout le monde doit participer au programme que je mets en place. Je me rends dans beaucoup de familles où le chien respecte une personne, mais fait peu de cas des autres membres de la famille : c'est parfois un autre moyen de courir à la catastrophe. Chez moi, je suis le chef de meute, tout comme ma femme et mes deux fils. André et Calvin peuvent traverser ma meute au Centre de psychologie canine sans même que les chiens clignent des yeux. Mes garçons ont appris à diriger en m'observant, mais on peut apprendre à tous les enfants comment devenir le chef d'un animal.

Le fait d'être un chef de meute ne dépend ni de la taille, ni du poids, ni du sexe, ni de l'âge. Jada Pinkett Smith pèse à tout casser une cinquantaine de kilos, mais elle a été capable de maîtriser quatre rottweilers en même temps, mieux encore que ne l'a été son mari. Will Smith se débrouillait bien avec les chiens, et ces derniers le respectaient, mais Jada a vraiment consacré le temps et l'énergie requis pour être un chef de meute fort. Elle m'a accompagné à la plage et dans les montagnes, où j'emmenais les chiens pour des promenades sans laisses.

Diriger un chien pendant une promenade est le meilleur moyen d'établir sa position de chef de meute – comme le prouvent les chiens qui vivent avec des sans-abri. C'est une activité primordiale qui crée, et cimente, les liens de chef et de suiveur. J'expliquerai en détail comment se rendre maître de la promenade dans un prochain chapitre, mais aussi simple que cela puisse paraître, c'est une des clés pour créer de la stabilité dans l'esprit de votre chien.

Chez les chiens qui sont dressés pour des travaux spécifiques, le chef de meute n'a même pas besoin d'être devant. Prenez les huskies de Sibérie : bien que l'être humain, le chef de meute, soit à l'arrière, sur le traîneau, c'est lui qui dirige. Les chiens qui vivent avec des handicapés – les personnes en fauteuil roulant, les aveugles, les personnes avec des besoins particuliers – ont souvent besoin d'être physiquement maîtres de la situation, mais c'est la personne qu'ils aident qui dirige en réalité. C'est très beau de voir un chien vivre avec une personne handicapée. Souvent, les deux semblent partager une sorte de lien surnaturel – un sixième sens. Ils sont tellement en accord que le chien sent souvent, avant de recevoir l'ordre, ce dont son maître a besoin. C'est le genre de lien qu'ont les chiens entre eux dans une meute. Ils ne communiquent pas avec des mots : la communication vient du sentiment de sécurité qu'ils ressentent au sein de la structure de la meute.

Avec l'énergie calme-assurée appropriée, de la discipline et en étant un chef de meute, vous pouvez, vous aussi, créer ce genre de lien profond avec votre chien. Mais pour y arriver, il est important que vous soyez conscient des choses que vous pouvez faire par inadvertance et qui participent aux problèmes de votre chien.

Chapitre 5

....

Les troubles

Comment nous détraquons nos chiens

Les chiens naissent presque tous naturellement équilibrés. S'ils vivent comme ils le font dans la nature – en meute stable –, ils passent leur journée en paix et s'épanouissent. Si l'un des chiens de la meute devient instable, il devra quitter la meute de lui-même, ou y sera forcé par les autres membres. Cela paraît dur, mais c'est la manière qu'a trouvée la nature pour assurer la survie de la meute et sa pérennité pour les générations futures.

Quand les humains adoptent des chiens, quand ils les font entrer dans leur maison et dans leur vie, ils agissent la plupart du temps dans l'intérêt du chien. Nous essayons de leur donner ce dont, selon nous, ils ont besoin. Le problème, c'est que nous faisons des suppositions basées non sur ce dont les chiens ont besoin, mais sur ce dont *nous* avons besoin. En humanisant nos chiens, nous leur nuisons sur le plan psychologique.

Quand nous humanisons nos chiens, nous créons ce que j'appelle des « troubles » – qui sont à peu près équivalents à ce qu'un psychiatre appelle des « troubles » en parlant des problèmes de ses patients. Les « troubles » résultent d'une mauvaise adaptation au monde. En tant qu'êtres humains, nos troubles sont très divers : ils peuvent être aussi simples que la peur des araignées, ou aussi complexes que les troubles obsessionnels compulsifs ou les troubles alimentaires. Chez les chiens, les troubles sont bien plus simples. Mais tout comme les troubles humains, ceux des chiens sont causés par un déséquilibre.

Dans ce chapitre, je veux aborder les troubles les plus communs que je rencontre chez les chiens que j'aide. J'espère que vous apprendrez comment réagir face à ces troubles une fois qu'ils existent, mais pas seulement : je veux surtout vous apprendre à les prévenir.

L'agressivité

L'agressivité est la raison pour laquelle on fait le plus souvent appel à moi. On me considère fréquemment comme le « dernier espoir » du chien avant de décider de le donner ou même avant qu'il ne soit euthanasié. L'agressivité n'est pas vraiment un *trouble*. Elle en est la *conséquence*. L'agressivité n'est pas naturelle chez un chien. Même les loups à l'état sauvage se montrent rarement agressifs envers les membres de leur espèce, et même envers les humains [26] – à moins qu'il n'y ait une raison claire et précise, comme un comportement menaçant ou la faim. L'agressivité se développe quand les troubles d'un chien ne sont pas réglés, quand son énergie réprimée n'est pas libérée. Malheureusement, une telle agressivité empire toujours si on ne fait rien pour l'empêcher. La triste vérité, c'est que quand on fait appel à moi pour traiter un chien agressif, je me retrouve en général face à un chien à qui on aurait facilement pu éviter d'avoir ce problème. Son agressivité aurait pu être stoppée avant que l'animal ne soit autant perturbé. Certains propriétaires de chien ne m'appellent à l'aide qu'après que leur chien a mordu quelqu'un et qu'ils se retrouvent soudain avec un procès sur les bras. Ils disent des choses comme : « C'est un amour à la maison avec les enfants » ou « Il n'agit comme ça que quand on sonne à la porte ». Je souhaite que toute personne qui a un chien prenne plus au sérieux les premiers signes d'un comportement agressif et qu'elle demande l'aide d'un professionnel avant que ses voisins ne la traînent en justice – ou, pire encore, avant que quelqu'un ne soit blessé.

L'agressivité liée à la dominance

Alors que l'agressivité n'est pas un état naturel pour un chien, la dominance l'est chez certains. Il se peut que votre chien soit un animal de nature dominante, avec une énergie élevée. Cela veut-il dire pour autant qu'il est voué à être agressif ou dangereux ? Non. En revanche, cela implique que vous soyez un chef de meute plus fiable et calme-assuré avec lui. Je veux dire que vous devez jouer ce rôle vingt-quatre heures sur vingt-quatre et sept jours sur sept, car c'est ce que « être un chef » signifie pour un chien. Un chef est un chef, sans relâche. Peu importe que vous soyez fatigué, peu importe que vous vouliez vous concentrer sur un match de baseball ou sur votre magazine, vous devez toujours lui projeter la même énergie calme-assurée de chef.

L'agressivité liée à la dominance : le chien a les oreilles et la queue relevées, le poitrail en avant, et il montre les dents.

Rappelez-vous, les chiens de nature dominante, les chefs de meute, sont rares. Tout comme dans le monde des humains il n'y a que quelques Oprah Winfrey et Bill Gates, dans le monde des chiens il existe un nombre équivalent de chefs de meute nés. Ces chiens peuvent devenir des animaux très dangereux s'ils n'affrontent pas suffisamment de défis sur les plans physique et psychologique. Ils peuvent devenir des chiens à problèmes. Nous nous devons de fournir à ces chiens, si nous leur faisons partager notre vie, la stimulation et les défis dont ils ont besoin.

Contrairement à ce que croient nombre de gens, il n'existe pas de «race dominante». Pensez-y – dans une portée de chiots, l'un d'entre eux va se démarquer comme le plus dominant et deviendra le chef de la meute en grandissant; les autres seront les suiveurs. Même portée. Même race. Il existe des races *puissantes* – les pitbulls, les rottweilers, les bergers allemands, les chiens de cour italiens –, mais c'est le travail du chef de meute de faire en sorte que cette énergie passe dans des exutoires sains. Si vous avez un chien d'une race puissante, vous feriez mieux de vous assurer que c'est bien vous le chef de meute.

Dans la nature, c'est l'animal ayant la nature la plus dominante qui devient le chef de meute. Comme je l'ai dit précédemment, le fait d'être un chef est inné, non acquis. Mais que se passe-t-il s'il arrive quelque chose à ce chef? Le numéro deux va prendre sa place – il s'agit souvent de la femelle du mâle dominant. Puis un autre mâle pourra la défier pour prendre sa place. Si elle sent qu'il n'est pas assez puissant pour la remplacer, elle le chassera… ou le tuera. Mais s'il est le plus puissant, toute la meute capitulera immédiatement devant lui – sans même se battre. Mère nature se charge de «voter» pour eux – c'est l'énergie du nouveau chef qui le fait élire de façon automatique. Une fois que cette hiérarchie s'est mise en place, les chiens qui occupent les rangs de deuxième et de troisième ne s'en offusquent pas: ils ne sont pas «ambitieux» comme peuvent l'être les humains – comme un vice-président qui attend son tour pour devenir président ou un jeune cadre qui attend de prendre la tête de l'entreprise. Les chiens sont programmés instinctivement pour accepter le fait que ce soit l'animal le plus dominant qui dirige la meute. Si un chien est plus puissant qu'eux, ils vont volontiers se plier à lui. Votre fidèle compagnon ne le prendra donc pas «personnellement» si vous établissez votre dominance sur lui. S'il le pouvait, il vous remercierait même sans doute.

Si vous avez un chien de nature dominante, vous devez établir votre autorité très tôt, constamment, et de façon convaincante. Pensez que votre chien est entré dans votre vie pour une raison : pour faire de vous une personne plus forte, plus confiante et plus calme-assurée. Qui parmi nous ne profiterait pas d'un peu plus d'énergie calme-assurée dans sa vie – que ce soit au travail, avec sa famille ou même quand on est coincé dans un embouteillage ? Il est préférable d'éduquer un chien dès son plus jeune âge pour qu'il vous voie comme son chef, mais il est tout à fait possible de devenir le chef de meute d'un chien agressif à n'importe quel moment de sa vie. Tout réside dans l'énergie que vous projetez. Vous pourriez être aveugle, n'avoir qu'une jambe ou qu'un bras, ou être en fauteuil roulant, si votre énergie est plus puissante que celle d'un rottweiler de 80 kilos, vous êtes le chef. De façon automatique. Je ne suis pas grand, mais au Centre de psychologie canine, je maîtrise de 30 à 40 chiens en même temps. Souvent, je n'ai besoin que d'un regard pour couper court au mauvais comportement d'un animal. Ce n'est pas ma taille qui compte, c'est l'intensité de l'énergie que je projette.

Si une personne possédant un chien d'une race puissante, ou qui a un esprit de dominant, a un niveau d'énergie plus faible que celui de son chien, alors c'est cette personne qui devra effectuer un travail sur elle. Souvenez-vous, c'est naturel : votre chien ne veut pas être votre égal. Son monde est fait de chefs et de suiveurs et c'est à vous, son maître, de choisir le rôle que vous allez tenir. Si vous ne voulez pas le faire, ou n'en êtes tout simplement pas capable, vous n'avez peut-être pas choisi le chien qui vous correspond. Dans un prochain chapitre, je vais parler de l'agressivité « zone rouge », qui est un problème sérieux. Des chiens puissants qui ont atteint la zone rouge ont causé de graves morsures, et même la mort. La plupart du temps, ce sont des chiens dominants que leurs maîtres sont incapables de maîtriser. Alors réfléchissez bien au chien avec lequel vous vivez. Si vous n'êtes pas capable de le maîtriser, tout le temps et dans toutes les situations, cela sera mauvais pour vous, pour votre chien et pour la société.

Voici l'exemple d'une cliente qui a laissé un chien dominant échapper à son contrôle au point que son agressivité se dirigeait vers la zone dangereuse. Disons que cette cliente s'appelait Sue. J'ai travaillé avec Sue pendant six mois, essayant de lui apprendre comment maîtriser son chien, Tommy, un croisé de setter irlandais et de berger allemand. Dès le départ, Sue a tout fait de travers avec Tommy, qui était un chien de nature dominante. Elle a commencé par le laisser lui sauter dessus, mais elle est allée jusqu'à le laisser la monter en restant sans bouger tant qu'il n'avait pas fini. Tommy était hors de contrôle. Il avait un comportement très territorial, se montrait très protecteur envers Sue et était clairement le dominant à la maison. C'était une relation très malsaine. Il avait déjà mordu des enfants du quartier, attaqué l'homme responsable de l'entretien de la piscine, et le service de contrôle des animaux avait été alerté. J'ai essayé d'apprendre à Sue à se rendre maître de la promenade, à projeter une énergie calme-assurée, mais elle en était tout simplement incapable. Elle avait ses propres problèmes psychologiques à gérer et, pour une raison quelconque, elle n'arrivait pas à faire respecter les règles et la discipline. J'ai fini par lui annoncer : «J'ai fait tout ce que je pouvais pour vous aider, mais à ce stade, la seule chose à faire pour que Tommy reste en vie est de le placer dans une autre famille.»

Évidemment, Sue a eu le cœur brisé, mais cela a sauvé la vie de Tommy. Il n'est pas seulement en vie : Tommy est maintenant un chien qui recherche les cadavres pour la police de Los Angeles, et il joue également dans un film réalisé par les studios DreamWorks. Il a désormais à sa disposition des moyens plus sains pour canaliser son énergie de dominant, et il obéit sans problème aux ordres de ses maîtres-chiens. C'était une situation banale : le mauvais chien avec la mauvaise personne, une mauvaise équation qui peut engendrer des problèmes dangereux.

Les humains peuvent exacerber de différentes manières une agressivité liée à la dominance. La première est de *laisser s'installer la* dominance. Souvenez-vous, si vous ne décidez pas des choses que vous faites avec votre chien, alors c'est lui votre chef de meute. Une autre manière est de jouer à des «jeux de dominance», et de le laisser gagner. Même si vous ne faites que jouer à la corde avec votre chiot, si vous le laissez s'habituer à gagner, il se peut qu'il commence à y voir un signe de sa dominance sur vous. Se bagarrer avec un chien, même s'il n'est encore qu'un chiot, peut donner lieu à des problèmes d'agressivité dans le futur. Si votre chien se met à être possessif ou à grogner au cours d'une de vos bagarres, il se peut que vous soyez en train d'engendrer un monstre.

L'agressivité liée à la peur

Souvent, la cause de l'agressivité, c'est la peur, surtout chez les petits chiens qui souffrent du complexe de Napoléon. Quand je travaillais au salon de toilettage de San Diego, j'ai tout de suite remarqué que, généralement, les plus petits chiens étaient les plus méchants. Il est fréquent que l'agression liée à la peur commence par un simple grondement féroce ou par des babines retroussées. Si votre chien montre ces signes quand vous l'emmenez chez le toiletteur ou quand vous essayez de le faire sortir de sous la table, il est temps de vous faire aider! Comme toute forme d'agressivité, celle provoquée par la peur s'intensifie toujours. Le chien comprend que le fait de retrousser les babines éloigne les gens, et cela se transforme vite en coup de dent. La bonne nouvelle, c'est qu'en général, les chiens qui mordent à cause de la peur ne mordent pas fort. Ils donnent un petit coup de dent, puis se retirent. Leur seul but est que vous – ou la personne qui les a offensés – partiez et les laissiez tranquilles. Mais toute forme d'agressivité peut empirer. Votre chien n'est pas mignon quand il grogne ou qu'il essaie de mordre. Il ne s'agit pas «seulement de sa personnalité»: il souffre d'un déséquilibre et a besoin d'aide.

Les mauvais traitements peuvent être la cause de l'agressivité liée à la peur. Si un chien a été blessé et qu'il découvre qu'il peut mettre un terme à la douleur en devenant agressif, il est évident que c'est ce qu'il va faire. Toutefois, la plupart des cas d'agressivité liée à la peur pour lesquels on m'appelle découlent non de la cruauté des humains, mais du fait que les maîtres donnent de l'amour au mauvais moment. Le chien d'Oprah, Sophie, en est un parfait exemple. Quand Sophie attaquait un autre chien, Oprah allait la chercher pour la réconforter, ce qui encourageait son comportement.

J'ai en ce moment un chien dans mon centre, Pinky, une femelle croisée de pitbull, qui est un cas extrême d'agressivité liée à la peur. Quand un être humain s'approche d'elle, elle retrousse les babines en grognant férocement, replie sa queue entre ses pattes, se tapit et se met à trembler. Je veux dire vraiment *trembler*. Ses pattes tremblent tellement qu'elle peut à peine se lever: elle est paralysée par la peur. Son maître a pitié d'elle. Il a tellement pitié qu'il la réconforte toujours en lui donnant de l'affection, et rend par là son comportement et son état d'esprit encore plus instables. Quand vous voyez un cas extrême comme celui de Pinky, vous vous rendez compte à quel point l'agressivité liée à la peur peut détruire un chien.

Pinky a un comportement très craintif.

Donnez de l'affection… mais au bon moment !

C'est le moment pour moi de m'arrêter un instant pour vous rappeler – une fois de plus – l'une des manières les plus communes par lesquelles nous détraquons nos chiens et provoquons des troubles chez eux. Nous leur offrons de l'affection, mais aux mauvais moments. Nous leur donnons de l'affection au moment où l'état d'esprit de notre chien est le plus instable. C'est souvent le conseil que mes clients trouvent le plus difficile à entendre : « Retenir son affection ? Ce n'est pas naturel ! » S'il vous plaît, ne vous méprenez pas sur ce que je suis en train de vous dire. L'amour est une chose magnifique, et c'est l'un des cadeaux les plus précieux que nous puissions partager avec notre chien. Mais ce n'est pas ce dont les chiens ont besoin en priorité – tout particulièrement s'ils souffrent de troubles. Si vous êtes instable, vous ne pouvez pas vraiment faire l'expérience de l'amour : vous n'êtes pas en mesure d'éprouver réellement ce sentiment. L'amour n'est d'aucune aide à un chien instable. Les chiens agressifs ne guérissent pas parce que leur maître les aime, tout comme un mari violent ne guérira pas si sa femme, sa victime, ne fait que l'aimer davantage. Il est évident que les parents qu'on voit dans l'émission *Super Nanny* aiment leurs enfants. Mais ils ne leur donnent que de l'amour. Ils ne font pas faire d'exercice à leurs enfants. Ils ne les stimulent pas sur le plan psychologique. Est-ce que ces enfants s'amusent? Non. C'est pourquoi leurs parents appellent la super nanny. Les chiens instables ne s'amusent pas non plus, bien qu'ils soient souvent très aimés de leurs maîtres. C'est pourquoi ces derniers m'appellent.

L'amour n'est pas destiné à accroître l'instabilité. L'amour est là pour récompenser la stabilité, pour nous permettre d'atteindre un meilleur niveau de communication. Tout comme dans le monde des humains, dans le monde des chiens, l'amour ne veut dire quelque chose que si on le gagne. Je ne dirai jamais à personne d'arrêter d'aimer son chien, ni de l'aimer «moins», ni de mesurer d'une manière ou d'une autre l'amour qu'il lui donne. Donnez à votre chien tout l'amour que vous pouvez. Donnez tout l'amour que vous avez au fond du cœur, et même davantage! Mais, s'il vous plaît, donnez-le au moment opportun. Partagez des moments d'affection avec votre chien pour l'aider, et non juste pour satisfaire vos propres besoins. Donner de l'amour au bon moment, et seulement à ce moment-là, est une manière de *prouver* votre amour à votre chien: les actes parlent plus que les mots.

L'agressivité liée à la peur ne sort pas de nulle part. À leur insu, elle est soigneusement entretenue, comme un jardin, par des maîtres bien intentionnés. Un autre exemple de chien agressif parce qu'il est peureux est Josh, que le scénariste de mon émission télé a surnommé le «gremlin toiletté», à cause de ses longs poils qui lui cachent les yeux. Josh était un chien de chenil que personne ne voulait adopter. Il montrait les dents à toute personne qui passait devant sa niche. Tout le monde au chenil avait pitié de lui – tout le monde. «Avoir pitié» d'un animal à un chenil est commun. La compassion est humaine, mais quand 50 personnes se rendent dans un chenil et que toutes envoient à l'animal une énergie douce et compatissante en s'écriant: «Oh! le pauvre toutou!», cette énergie finit par devenir l'identité de cet animal; elle le définit.

Ronette, une infirmière, a eu tellement pitié de Josh qu'elle l'a adopté sur-le-champ. Puis elle a continué à avoir pitié de lui, tous les jours. Quand il grognait après sa fille car elle s'approchait de sa gamelle, Ronette allait le trouver pour le réconforter, comme si c'était sa fille qui l'avait offensé. Quand il attaquait les toiletteurs professionnels, si souvent qu'il a fini par être banni du salon, elle passait des heures à toiletter ce petit grincheux qui ne laissait personne approcher une paire de ciseaux de ses yeux.

Croyez-le ou non, très peu de chiens m'ont mordu au cours de ma carrière. Josh a été l'un d'entre eux! Il m'a mordu alors que je le toilettais – mais j'ai continué comme si rien ne s'était passé. Il devait apprendre qu'un humain n'allait pas revenir sur sa position, peu importe combien il était agressif. Comme c'était un petit chien, il préférait gronder férocement que donner des coups de dent, et donner des coups de dent que mordre. Il a capitulé et aujourd'hui, Josh peut aller chez le toiletteur sans faire couler le sang.

J'ai pris Pinky et Josh en exemple pour illustrer le fait qu'«avoir pitié» d'un chien ne lui rend pas service. En réalité, cela diminue ses chances de devenir équilibré dans le futur. Imaginez si quelqu'un «avait pitié» de vous à longueur de temps. Quelle image auriez-vous de vous-même? Les chiens ont besoin d'un chef avant d'avoir besoin d'amour. L'amour récompense l'équilibre, et c'est comme cela que l'équilibre est maintenu.

Comment réagir face à un comportement agressif lié à la peur? Vous ne devez pas capituler. Vous avez le choix: attendre le chien et le laisser venir à vous, ou prendre les devants et aller le chercher. Si vous prenez les devants, vous devez aller jusqu'au bout. Vous ne pouvez pas le laisser gagner. Vous devez rester calme et assuré, et vous ne devez pas vous mettre en colère. Souvenez-vous que vous faites cela pour le bien de l'animal. La patience est la clé. Patienter. L'homme est le seul animal qui ne semble pas comprendre la patience. Les loups attendent leur proie. Les crocodiles attendent. Les tigres aussi. Mais, particulièrement ici, aux États-Unis, nous sommes habitués aux *drive-in*, à FedEx, et à l'Internet à haut débit. Vous ne pouvez pas rééduquer à la hâte un chien qui est agressif à cause de la peur. Vous allez peut-être devoir vous attaquer au problème de ce chien une cinquantaine, voire une centaine de fois, avant que cela marche. Au centre, j'ai en ce moment deux chiens peureux : je sais que je vais devoir les faire sortir des coins de pièces encore et encore avant qu'ils ne comprennent que seule la soumission calme sera récompensée.

Pinky, la femelle pitbull agressive, s'est détendue au moment où je lui ai mis au cou ma laisse à 35 cents. C'est dans la nature d'un suiveur – elle veut qu'on lui dise quoi faire. Si je marche avec elle sur quelques mètres, elle commence à manifester tous les signes de la soumission calme : elle se détend et se calme. Si j'attends trop longtemps avant de lui dire ce que je veux qu'elle fasse ensuite, son langage corporel change à nouveau – elle met sa queue entre ses pattes, elle commence à trembler. Peu importe l'affection que vous donnerez à ce chien, cela ne l'aidera pas – dans son cas, l'affection contribue grandement à son problème. Quand dois-je donner de l'affection à Pinky ? Au moment où je la vois détendue, quand je la promène en laisse. Je continuerai à faire cela jusqu'à ce qu'elle soit rééduquée.

Dès que je promène Pinky en laisse, elle commence à se détendre.

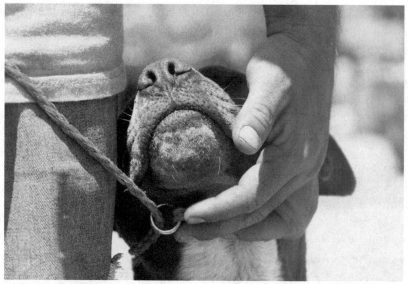

Je donne de l'affection à Pinky… après qu'elle est devenue calme-soumise.

Les chiens peuvent devenir agressifs à cause de la peur, de la dominance, de la possessivité, de la territorialité et de beaucoup d'autres raisons – et l'agressivité varie en intensité. Dans le prochain chapitre, nous parlerons de ce que j'appelle la « zone rouge ». Les cas « zone rouge » – qui présentent une agressivité extrême et chronique – devraient toujours être confiés à un professionnel. N'essayez jamais de maîtriser un tel chien vous-même. Mais c'est à vous d'évaluer à quel point vous êtes à l'aise avec votre animal. Si votre chien présente une légère agressivité, comparable à celle de Josh, mais que vous ne vous faites pas confiance pour maîtriser la situation, s'il vous plaît, péchez par excès de sécurité. Appelez à l'aide un dresseur de chiens professionnel ou un comportementaliste animalier, et ce, aussi bien dans l'intérêt de votre chien que dans le vôtre.

L'énergie hyperactive

Est-ce que votre chien vous saute dessus quand vous rentrez à la maison ? Pensez-vous que c'est juste parce qu'il est content de vous voir et qu'il est très « vivant » ? Prenez-vous ce comportement pour la « personnalité » de votre chien ? Ce n'est pas de la personnalité ni qu'il est très vivant. L'énergie hyperactive – la surexcitation – n'est pas naturelle chez un chien. Elle n'est pas saine.

À l'état naturel, les chiens s'excitent et jouent ensemble, mais il y a un temps et un lieu pour cela. Après avoir chassé, ou après avoir mangé, ils semblent faire la fête, et nous prenons ce comportement pour de l'affection. Ils peuvent « jouer de manière brutale » les uns avec les autres, et devenir excités-soumis ou excités-dominants. Mais ils ne restent pas dans cet état d'excitation pendant longtemps. En outre, quand ils sont excités, ils ne font pas ce bruit qui dénote l'hyperactivité, cet « halètement » que les chiens domestiques, eux, font. C'est un type différent d'excitation, un genre d'excitation folle. Certains chiens en Amérique du Nord semblent être tout le temps dans un état de surexcitation, et ce n'est pas bon pour eux.

J'ai remarqué que mes clients interprétaient souvent les mots *bonheur* et *excitation* de la même manière : « Elle est juste contente de me voir ! » Mais ce n'est pas la même chose. Un chien heureux est alerte : ses oreilles sont relevées, sa tête aussi, et il remue la queue. Un chien surexcité saute partout, halète et ne peut s'empêcher de remuer dans tous les sens : c'est de l'énergie réprimée. Les chiens hyperactifs font souvent partie des cas les plus difficiles à rééduquer. En outre, l'énergie hyperactive engendre d'autres troubles, comme les idées fixes et les obsessions.

Quand ils rentrent chez eux et que leurs chiens les accueillent en leur sautant dessus, la plupart de mes clients répondent en leur donnant des tonnes d'affection. Tout d'abord, si un chien vous saute dessus, c'est un acte de dominance : ne l'autorisez pas. Les chiens sont de nature curieuse et, de toute évidence, ils seront intéressés si quelqu'un frappe à votre porte. Mais vous devez leur apprendre la manière dont ils doivent accueillir les visiteurs. Les chiens n'accueillent pas les autres chiens en leur sautant dessus. Si cet usage est bon dans le monde des chiens, il l'est certainement aussi chez vous.

Durant la période où vous faites son éducation, gardez votre chien en laisse si des visiteurs viennent chez vous. Quand vous sentez que vous faites des progrès, demandez à vos amis de vous prêter main-forte. Apprenez-leur à ne pas répondre à votre chien quand il est surexcité et qu'il leur saute dessus – ne pas lui parler, ne pas le toucher, ne pas le regarder –, et ce, jusqu'à ce qu'il se soit calmé. Quand un chien se sent ignoré, il arrive qu'il se calme en à peine quelques secondes.

Les chiens hyperactifs ont besoin d'exercice, de beaucoup d'exercice. Et ils en ont besoin avant d'obtenir de l'affection. Quand vous rentrez chez vous, emmenez promener votre chien pendant un long moment, puis nourrissez-le. Ainsi, vous lui avez procuré un défi sur les plans physique et psychologique, suivi d'une récompense: la nourriture. Plus tard, quand il s'est calmé, donnez-lui de l'affection. N'encouragez pas ce comportement de folie – quand il saute partout –, même si vous trouvez ça marrant et que vous vous sentez aimé. Je suis désolé de vous le dire, mais toute cette agitation n'est pas engendrée par le fait que votre chien est «content de vous voir». C'est parce qu'il réprime un surplus d'énergie et qu'il doit le libérer d'une manière ou d'une autre.

L'anxiété due à la séparation

L'anxiété peut engendrer l'énergie hyperactive. Dans la nature, l'anxiété n'est pas courante. La peur, oui; l'anxiété, non. C'est seulement quand nous ramenons les animaux chez nous, ou que nous les enfermons, que nous créons chez eux de l'anxiété. L'anxiété peut engendrer le genre de petits cris plaintifs, de longs gémissements, de hurlements que la chienne d'Oprah, Sophie, poussait chaque fois que sa maîtresse s'absentait. Que votre chien soit inquiet d'être séparé de vous est normal: c'est instinctif chez lui de s'inquiéter ou d'être triste quand la meute est dispersée, même si cette «meute» n'est composée que de vous et lui. Et il n'est pas naturel pour un chien d'être enfermé tout seul, toute la journée à ne rien faire. Votre chien ne peut pas lire un livre ou faire des mots croisés… ni même regarder mon émission à la télévision! Il ne peut pas dépenser son énergie en votre absence. Rien d'étonnant donc à ce que tant de chiens américains ressentent une anxiété face à la séparation – et qu'ils finissent avec cette accumulation d'énergie hyperactive quand leurs maîtres rentrent chez eux.

En passant, quand vous rentrez chez vous et que vous trouvez votre paire de chaussures préférées dévorée, ce n'est pas parce que votre chien est « en colère contre vous » car vous l'avez laissé seul et qu'il « savait » que vous aimiez ces chaussures ! Vous humanisez de nouveau votre chien ! Votre chien a mangé vos chaussures à cause de son énergie refoulée. Tout d'abord, il sent vos chaussures ; elles ont une odeur familière, votre odeur. En sentant vos chaussures et en réagissant à cette odeur familière, il s'excite. Une fois qu'il est excité, il doit libérer toute cette énergie et cette anxiété : c'est pourquoi il se déchaîne sur vos pauvres chaussures.

Je trouve que les propriétaires de chiens ne savent pas assez souvent reconnaître les symptômes de l'anxiété chez leur animal. Ils pensent que l'angoisse de la séparation commence quand ils quittent la maison – mais, en réalité, elle commence avec l'énergie non libérée qui s'est accumulée depuis que le chien s'est réveillé. Un maître se réveille, se lave les dents, boit une tasse de café et prépare le petit-déjeuner – et pendant tout ce temps, le chien est là, à faire les cent pas. Le maître pense : « Oh, c'est juste qu'il aime être avec moi. Il veut s'assurer que je vais bien à longueur de temps. » Tout cela est une fiction que l'être humain crée dans sa tête pour se sentir bien. Ce chien ne vous montre pas à quel point il vous aime, mais à quel point il est anxieux. Si vous quittez votre domicile sans lui donner les moyens de libérer cette énergie, il est évident qu'il développera des troubles liés à l'angoisse de la séparation.

Je dis à mes clients que la première chose à faire le matin, c'est d'emmener leur chien faire une longue promenade, courir, ou même à leur séance de patin à roues alignées ; en outre, c'est bon pour la santé des humains aussi. Si vous ne pouvez vraiment pas le faire, mettez votre chien sur un tapis de jogging pendant que vous prenez votre petit-déjeuner ou que vous vous maquillez. Fatiguez-le vraiment. Puis, c'est le moment de le nourrir. Lorsque vous quitterez votre domicile, votre chien sera fatigué et repu, et aura naturellement besoin de repos. Son esprit sera calme-soumis, et il trouvera bien plus logique de passer le reste de la journée à se reposer. Vous risquerez moins de trouver votre chien hyperactif à votre porte en rentrant le soir. Un autre conseil est de ne pas faire grand cas du fait d'entrer ou de sortir de la maison. Si vous projetez une énergie d'excitation quand vous entrez ou sortez de chez vous, cela ne fait que nourrir un esprit angoissé.

Obsessions, fixations

Quand l'énergie d'un chien n'est pas libérée, il y a une autre conséquence possible : le chien a des obsessions ou fait des fixations. Elles peuvent porter sur n'importe quoi – une balle de tennis ou le chat –, mais cela n'est bon ni pour vous ni pour votre chien.

Une fixation est une perte d'énergie. Un chien a besoin de mettre son énergie dans quelque chose de façon à être équilibré et calme-soumis. Un chien qui vit avec un sans-abri, par exemple, marche toute la journée : c'est là que passe son énergie. Un chien qui vit avec une personne handicapée est mis au défi physique et psychologique d'assurer sa sécurité : c'est une autre façon pour lui de libérer son énergie. Les maîtres qui courent ou se promènent avec leur chien de façon régulière les aident de la même manière à se vider de leur énergie.

Bon nombre de gens pensent que s'ils ouvrent la porte de leur maison et font sortir leur chien, ce dernier fera suffisamment d'exercice en suivant un écureuil dans le jardin – écureuil que, 99 % du temps, le chien n'attrapera pas. Le chien passe donc sa journée à regarder l'écureuil dans l'arbre, et commence à faire une fixation sur cette petite bête, qui se fiche royalement du chien. (Avez-vous déjà rencontré un écureuil anxieux ?) Le seul qui perd la boule, c'est le chien. Il concentre toute son énergie sur l'écureuil : une fixation peut naître de cette façon.

Par ailleurs, le simple fait d'autoriser son chien à rester assis à regarder un chat, un oiseau ou tout autre animal dans la maison peut entraîner une fixation. Comme le chien ne mord pas, n'aboie pas et ne grogne pas, son maître pense que tout va bien ; mais rester fixé sur quelque chose n'est pas normal pour un chien. Il aura les yeux fixes, les pupilles dilatées, et même parfois il bavera. Son langage corporel indiquera qu'il est tendu. Si son maître lui donne un ordre quand il est dans cet état de fixation, le chien n'obéira pas. Il ne bougera même pas les oreilles en reconnaissant la voix de son maître. Quand quelqu'un emmène son chien au parc, que ce dernier fait des allées et venues en courant et qu'il poursuit de façon compulsive de plus petits chiens, il n'est pas en train de jouer. Ce n'est pas un jeu : c'est une fixation. Même si cela ne finit pas par une morsure cette fois-là, une fixation comme celle-ci est un problème grave car elle peut vite entraîner le chien dans la zone rouge.

Un autre type de fixation : quand un chien est obsédé par un jouet ou une activité. Avez-vous déjà rencontré un chien qui devient fou à cause d'une balle de tennis, qui vous supplie de lui lancer la balle encore et encore, jusqu'à ce que vous ayez envie de vous arracher les cheveux ? Beaucoup de gens pensent qu'ils peuvent remplacer les promenades régulières par le fait de sortir son chien et de lui faire rapporter une balle. Cela ne fonctionne pas. Oui, c'est de l'exercice, mais ce n'est pas le genre d'activité primitive que constitue le fait de se déplacer avec un chef de meute. J'aime comparer cela avec le fait d'emmener les enfants chez Chuck E. Cheese[14] plutôt que de leur faire prendre des leçons de piano. Chez Chuck E. Cheese, ils sauteront dans tous les sens : c'est de l'excitation. Des leçons de piano, elles, constitueront un défi sur le plan psychologique : c'est de la soumission calme. Pour un chien, jouer à rattraper une balle est de l'excitation ; une promenade, c'est de la soumission calme. Si un maître néglige la promenade et se contente de jouer avec son chien, ce dernier devra utiliser ce moment de jeu comme le seul moyen de libérer son énergie. On fait faire cette activité au chien alors qu'il est dans un état d'anxiété et d'excitation. Il jouera jusqu'à l'épuisement, mais son maître sera épuisé bien avant lui. Ce faisant, il jouera à un rythme effréné, qu'il n'aurait jamais atteint naturellement. Quand les loups ou les chiens sauvages chassent, ils sont très organisés. Ils sont calmes. Ils ne font pas de fixation sur ce qu'ils chassent. Concentrés, oui ; obsédés, non. L'un est un état naturel ; l'autre, pas.

Le problème, c'est que les maîtres trouvent souvent les fixations de leur animal « mignonnes » ou « drôles ». Ou alors ils les décrivent comme étant de l'amour : « Elle *aime* tout simplement ce *Frisbee* ! » ou « Il *adore* jouer avec cette balle. » Ce n'est pas un amour sain. Une fixation est comme une dépendance chez un homme et peut être tout aussi dangereuse. Pensez à un accro du jeu à Las Vegas, qui reste assis toute la nuit à mettre des pièces dans des machines à sous et à activer le levier pendant des heures et des heures. C'est une fixation. Fumer, boire – en fait, dès que vous n'avez plus le contrôle et qu'il n'y a plus de limite, vous êtes dans un mode de fixation. Vous ne contrôlez plus. Dans ce cas, c'est la balle qui contrôle le chien. Ou le chat. Ou l'écureuil. Certains chiens peuvent devenir tellement obsédés par un objet qu'ils attaqueront ou mordront quiconque – chien ou personne – essaiera de le leur enlever. Si vous ne prenez pas garde, vous allez droit dans la zone rouge.

Au Centre de psychologie canine, avant de jouer à la balle, je m'assure que tous les chiens sont calmes. De même avant de leur donner leur repas. De même avant de leur donner de l'affection. Je ne donne jamais rien aux chiens s'ils ne sont pas dans un état d'esprit calme-soumis. C'est comme ça que j'arrive à rééduquer un chien qui fait des fixations et à le rendre de nouveau normal. Il n'obtient jamais rien de ma part quand il est dans un état obsessionnel. C'est ainsi que j'arrive à avoir 50 chiens en train de jouer avec la même balle sans que personne ne soit blessé. En outre, nous ne jouons ni ne mangeons jamais sans avoir auparavant effectué des exercices énergiques, comme marcher, courir ou faire du patin. Libérer l'énergie est primordial.

Les chiens qui font des fixations mettent notre patience à l'épreuve. La plupart des gens tentent de faire entendre raison avec des mots à leur animal quand il fait une fixation sur son jouet préféré ou sur une balle de tennis. Puis, ils passent aux ordres : « Non, lâche-le. Lâche. Lâche. Lâche. Lâche ! » Cela ne fait qu'engendrer plus d'énergie d'instabilité et d'excitation chez l'animal. L'être humain est déjà énervé et en colère contre le chien, car ce dernier n'a pas écouté un mot de ce qu'il dit depuis 10 minutes. Puis, le maître se décide à attraper le chien et à lui arracher l'objet. Il projette alors une énergie si instable et énervée que la fixation du chien ne fait qu'empirer.

Démêler les névroses de Jordan

Le cas le plus fatigant, sur le plan physique, que j'ai traité lors de la première saison de mon émission fut celui de Jordan, un bouledogue aux obsessions multiples. Son maître, Bill, désirait avoir un chien particulièrement calme, paresseux même, et à basse énergie. Jordan devait certainement avoir l'air calme quand Bill l'a choisi dans la portée, mais en grandissant, il était devenu hyperactif, dominant et obsessionnel. Il pouvait faire une fixation sur une planche à roulettes, un ballon de basket, un tuyau d'arrosage – en réalité, sur presque tous les objets qui se trouvaient à sa portée. Il prenait un objet dans sa gueule et ne le lâchait plus. Bill et sa famille ont fait la pire chose qui soit face à un chien qui a dans la gueule un objet sur lequel il fait une fixation : ils ont essayé de le lui arracher. En tentant de lui arracher le ballon ou la planche, ils activaient son instinct de proie, ce qui le rendait encore plus fou. L'énergie de Bill n'aidait pas beaucoup non plus. La patience est une vertu face à un esprit obsessionnel – tout comme l'énergie calme-assurée bien sûr. Bill semblait être un type décontracté, facile à vivre, mais il s'est avéré être extrêmement tendu, et il s'énervait facilement. Vous vous souvenez quand j'ai dit que l'énergie ne mentait pas ? Bill ne trompait pas Jordan : son énergie énervée, passive-agressive, se reflétait dans les obsessions de ce dernier.

Quand je rééduque des chiens, ceux qui sont agressifs et dominants sont en général plus faciles à guérir que les hyperactifs et les obsessionnels. Jordan n'a pas fait exception à la règle. J'ai commencé avec la planche à roulettes : comme les bouledogues ont vite chaud et qu'ils s'épuisent généralement assez vite, je m'étais imaginé que cela ne prendrait pas longtemps pour vider Jordan de son énergie. Il m'a prouvé combien j'avais tort. Ce bouledogue était un petit gars très déterminé. Quand il avait un objet dans la gueule, au lieu de le lui retirer, je lui lançais le défi de reculer, réclamant par là l'objet en question. Chaque fois qu'il avançait, je le corrigeais en lui donnant un petit coup. Cela a fini par transmettre un message à son cerveau : ce que je voulais était qu'il soit soumis. J'avançais au lieu de reculer devant lui. Et j'ai gardé la même énergie calme-assurée jusqu'à ce que Jordan comprenne : comme il avait vécu dans cet état obsessionnel pendant très longtemps, cela n'a pas été facile. J'étais en sueur à la fin de la séance.

J'allais ensuite devoir travailler avec le maître de Jordan, Bill. Je devais lui faire comprendre sa part de responsabilité. Il devait apprendre à devenir plus patient et s'entraîner à être calme et plus assuré. Je suis persuadé, et j'en ai fait l'expérience, que les animaux entrent dans nos vies pour une raison pré-cise : pour nous enseigner des choses et nous aider à devenir meilleurs. Jordan poussait certainement Bill à bout. Peut-être que si Bill avait eu un chien plus doux, avec une énergie plus basse, il n'aurait pas eu à relever ce défi : changer. Bill aimait Jordan et il était motivé à devenir une personne plus équilibrée de façon que Jordan puisse être, lui aussi, un bouledogue plus équilibré.

Démêler les névroses de Jordan.

Un chien obsessionnel, ou qui fait une fixation, a besoin d'un exutoire pour son énergie refoulée : tout commence par une promenade. Il a aussi besoin d'un maître qui est là pour le « faire réagir » quand il commence à faire une fixation. Vous ne devez pas attendre qu'il soit déjà passé en mode fixation. Vous reconnaîtrez cet état quand vous le verrez, car son langage corporel va changer : le chien va se raidir et ses pupilles vont se dilater. Quand cela se produit, il a besoin d'être immédiatement ramené à un état calme et détendu, avec une correction appropriée. J'ai conseillé à Bill d'emmener Jordan faire de longues promenades pour le fatiguer, puis de lui présenter l'objet de sa fixation et de s'assurer qu'il n'irait pas le chercher. Si le chien a ce problème depuis longtemps, vous allez devoir refaire ce geste encore et encore, peut-être même pendant des mois, si la fixation est vraiment grave. C'est ce qu'ils disent chez les alcooliques anonymes : un jour à la fois. Si vous avez toujours eu de mauvaises habitudes dans votre vie – fumer, boire, vous suralimenter –, vous devez constamment fournir des efforts pour les remplacer par des activités positives. Rééduquer un chien obsessionnel et qui a des fixations peut sembler nécessiter beaucoup de travail; et ça peut être le cas. Mais nous devons à nos chiens de faire ce genre d'efforts pour qu'ils deviennent équilibrés.

Les phobies

Vous vous rappelez de Kane, le dogue allemand qui avait peur des sols brillants? C'est un exemple classique de phobie. Un chien peut développer une phobie concernant à peu près n'importe quoi, que ce soit une paire de bottes, un autre animal, ou même toutes les personnes d'un même sexe! Les phobies sont, pour le dire simplement, des peurs que le chien n'a pas été capable de dépasser. Si on ne laisse pas un chien passer à autre chose après un incident qui l'a effrayé, cette peur peut se transformer en phobie. Dans la nature, un animal apprend de sa peur. Un loup apprend à éviter les pièges. Un chat apprend à ne pas jouer avec les serpents. Mais les animaux ne font pas grand cas des choses qui les effraient: cela ne les empêche pas de dormir. Ils ressentent une émotion, en tirent un enseignement et continuent à vivre leur vie. Nous, les humains, créons des phobies chez eux en réagissant devant leur peur. Nous les empêchons d'avancer. Marina, la maîtresse de Kane, a fait toute une histoire quand son chien a glissé pour la première fois sur le sol brillant. Ensuite, elle a commis l'erreur de le réconforter chaque fois qu'il s'approchait de l'objet de sa phobie.

Même si nous ne connaissons pas ce qui a pu causer une phobie chez un chien, devinez ce qui va la provoquer ou l'intensifier? Vous avez trouvé: une fois de plus, c'est de donner de l'affection au mauvais moment. Quand un enfant est effrayé et que nous le réconfortons, que nous lui donnons de l'affection, nous faisons preuve de psychologie humaine. Quand un chien a peur et que nous le réconfortons en lui donnant de l'affection, c'est aussi de la psychologie humaine – et non canine. Un chien ne serait pas affectueux avec un autre chien qui aurait peur! La bonne manière de réagir face à la phobie d'un chien est de se comporter en chef. Tout d'abord, vider le chien de son énergie – comme une phobie est une sorte d'obsession inversée, les mêmes principes s'appliquent. Si un chien est fatigué et détendu, il a bien moins de risques d'être phobique – et il sera bien plus réceptif à un chef de meute fort qui l'aidera à dépasser ses peurs.

Le manque d'estime de soi

Le manque d'estime de soi n'est pas un trouble, mais il joue un rôle dans la plupart des problèmes qu'ont les chiens que je rencontre. Quand je parle d'estime de soi chez un chien, je ne fais pas référence à ce que peut penser un chien de son allure ou de sa popularité. Selon moi, elle a trait à l'énergie, à la dominance et à la soumission. Les chiens qui ont peu d'estime pour eux-mêmes sont soumis, ont une énergie faible, et sont faibles d'esprit : ils peuvent avoir des peurs, être pris de panique ou développer des phobies. Ils font souvent preuve d'anxiété et peuvent avoir des comportements d'agressivité liée à la peur (comme Josh et Pinky), ou simplement être très timides.

Les chiens qui ont une mauvaise estime d'eux-mêmes peuvent aussi développer des obsessions, mais d'une manière différente d'un chien énergique et dominant comme Jordan. Prenez Brooks, un bouvier de l'Entlebuch. Quand Brooks était un petit chiot, il était très craintif. Après avoir été mordu par le chien d'un voisin, il est devenu encore plus peureux. Il se recroquevillait et s'en allait furtivement dès que quelqu'un essayait de le caresser. Ayant une mauvaise estime de soi, il pensait que tout le monde en avait après lui, et il avait peur. Puis, un jour, quelqu'un a joué avec lui à un jeu de « poursuite » en utilisant un crayon laser – l'un de ces objets en forme de crayon qui envoient un rayon de lumière à travers une pièce. Brooks s'est mis à beaucoup aimer ce jeu, car il lui donnait l'occasion de poursuivre quelque chose. Cette chose fuyait devant *lui* pour changer ! Il éprouvait un sentiment de dominance, se sentait bien et pouvait libérer toute l'énergie qu'il avait accumulée dans ses peurs en pourchassant cette lumière. À partir de ce moment-là, Brooks a développé une obsession pour les lumières. Il était constamment distrait par les rayons du soleil, par les reflets, par les formes que dessinait la lumière et par les ombres au sol. Ses maîtres, Lorain et Chuck, ne pouvaient pas l'emmener promener sans qu'il ne s'échappe pour pourchasser n'importe quel reflet de lumière éparse. Dans l'esprit de Brooks, la lumière était devenue son unique moyen de libérer toute l'énergie qu'il réprimait. Pour lui, qui manquait d'assurance, cette lumière représentait quelque chose qu'il pouvait essayer de contrôler. Elle ne le poursuivait jamais : au contraire, elle se dérobait toujours devant lui. Cette obsession a directement été causée par le manque d'exercice physique et par la mauvaise image que Brooks avait de lui.

Brooks devient fou à pourchasser les ombres et la lumière.

Contrairement à Jordan, chien dominant et avec un niveau élevé d'énergie, Brooks était faible d'esprit. C'était un chien soumis : le débarrasser de ses obsessions m'a pris moins de cinq minutes. Je n'ai eu qu'à tirer plusieurs fois sur sa laisse pour qu'il comprenne. Bien entendu, ses maîtres allaient devoir continuer à le corriger – de façon constante – chaque fois qu'il ferait une fixation sur quelque chose, mais il n'a pas fallu longtemps pour que son obsession ne soit plus qu'un lointain souvenir.

Il existe des chiens qui ont une image d'eux-mêmes vraiment catastrophique – des chiens comme Pinky. Ils restent englués dans leur sentiment d'insécurité. Au lieu de se battre ou de fuir, ils restent figés. Ils vont se cacher, restent paralysés, se mettent à trembler – ils ne peuvent tout simplement rien faire. Ils n'iront pas mieux par eux-mêmes : ils ont besoin de l'aide d'un humain.

Les chiens qui ont une mauvaise estime d'eux-mêmes recherchent désespérément un chef de meute ! Ils *veulent* qu'on leur dise quoi faire ; c'est parfois la seule façon pour qu'ils puissent se détendre, comme dans le cas de Pinky. Ces chiens obéissent bien aux règles, aux limites et aux restrictions. Le « pouvoir de la meute » les aide à guérir plus vite. Le fait d'être entouré d'autres membres de son espèce est une thérapie efficace pour un chien qui manque d'estime de soi, mais il faut surveiller de près ses premiers pas dans la meute à cause de l'instinct naturel des chiens qui les pousse à attaquer les faibles. Peu à peu, ces chiens vont mieux, mais ils ont besoin d'un chef de meute humain pour les guider.

Un dernier mot à propos de l'estime de soi. Un chien domestique ne doit pas non plus avoir une trop bonne estime de lui-même. À l'état sauvage, seul le chef de meute se pavane, la queue relevée et le poitrail en avant, projetant une énergie de dominant aux autres. Si vous êtes bien le chef de meute de votre chien, vous devez être le seul chez vous à vous comporter ainsi ! Quand je pénètre dans une maison où les humains marchent sur la pointe des pieds autour du chien, où ce dernier est une petite brute à laquelle tout le monde obéit, je sais que cet animal aurait besoin d'être un peu moins fier de lui. Devenir le chef de meute d'un chien dominant signifie le remettre à sa place. Cela ne signifie en aucune façon le maltraiter ou l'humilier. Et souvenez-vous bien : il ne vous en voudra pas d'assumer le rôle du chef. Il est possible qu'il résiste un peu au début – pour voir jusqu'où il peut aller –, mais il ne s'offusquera plus dès que vous lui aurez prouvé que votre énergie est plus puissante que la sienne.

La prévention

Tous les troubles que je vous ai présentés peuvent être évités si vous vous rappelez qu'il faut traiter son chien comme un chien, et non comme un humain – et si vous jugez primordial de faire des efforts pour que votre chien soit épanoui, de la même manière qu'il vous épanouit. Dans le chapitre 7, je partagerai avec vous ma méthode, très simple, pour que votre chien soit heureux et équilibré. Mais avant, je veux traiter des cas les plus sérieux pour lesquels on m'appelle à l'aide : les cas d'agressivité « zone rouge ».

Chapitre 6

Les chiens dans la zone rouge

L'agressivité dangereuse

Imaginez-vous ceci : vous rentrez chez vous, dans votre immeuble de grand prestige, après avoir fait quelques courses. L'ascenseur s'arrête à votre étage et la porte s'ouvre. La première et dernière chose que vous voyez, ce sont deux chiens de 60 kilos, un mastiff et un dogue des Canaries, gronder férocement, se détacher de leur laisse et vous foncer dessus.

C'est ainsi que s'est achevée en janvier 2001 la vie de Diane Whipple, 33 ans, entraîneuse de crosse vivant à San Francisco. Les maîtres des deux chiens ont tous deux été reconnus coupables d'homicide involontaire et ont purgé une peine de quatre ans de prison. C'est sans doute le cas d'attaque mortelle de chiens le plus célèbre aux États-Unis, mais il est loin d'être le seul. En moyenne, 18 personnes par an meurent dans ce pays à la suite des attaques de chiens [27]. Nous dépensons 165 millions de dollars pour soigner environ un million de morsures sérieuses chaque année [28]. Les morsures de chiens engendrent environ 44 000 blessures au visage dans les hôpitaux américains [29] et, ce qui est le plus tragique, c'est que 60 % des victimes de ces blessures sont des enfants[15]. La majorité des chiens responsables de ces morsures finiront comme des statistiques – ils feront partie des 2,7 millions d'animaux exécutés chaque année dans les refuges[16].

Rappelez-vous, ces animaux n'ont pas « prémédité » leur attaque. Ils n'étaient pas des « tueurs-nés », pas plus qu'ils ne se sont soudainement transformés en machines à tuer. Contrairement à un meurtrier humain condamné à mort pour les crimes qu'il a commis, aucun de ces chiens ne pouvait discerner le bien du mal dans le fait de retirer la vie à quelqu'un – que ce soit à un humain ou à un animal. Comme je l'ai déjà dit, la moralité n'existe pas dans le règne animal : seule la survie existe. Si des chiens deviennent violents, ils agissent en suivant leur instinct de survie, en répondant par le combat ou la fuite. Une agressivité dangereuse n'est pas une cause : c'est la conséquence de sérieux troubles du comportement. Et bien souvent, le comportement agressif d'un chien violent a été délibérément exacerbé – ou même inculqué – par les humains qui étaient censés prendre soin de lui.

À l'état sauvage, les chiens sont naturellement des prédateurs. Ils sont aussi conçus pour défendre physiquement leur territoire. Mais l'agressivité envers les humains – ou les autres chiens – ne devrait jamais être permise chez les chiens domestiques qui partagent nos vies. Jamais. Si nous devons être les chefs de meute de nos chiens, la première règle à instaurer dans la meute devrait être : « Pas d'agression violente ! »

J'ai construit ma réputation de spécialiste du comportement canin en rééduquant certaines des races les plus impressionnantes qui existent : les pitbulls, les rottweilers, les boxers et les bergers allemands. J'aime ces races musculeuses, mais il est certain qu'elles ne conviennent pas à tout le monde. Malheureusement, quand quelqu'un n'arrive pas à maîtriser son chien, d'une race puissante et ayant un niveau d'énergie élevé, le maître, le chien, et parfois même d'innocents spectateurs, en souffrent.

Je pense que plus de 90 % de ce que j'appelle des agressions « zone rouge » sont évitables. La majorité des cas pour lesquels on sollicite mon aide présentent certains comportements agressifs, mais, en plus de 20 années passées à travailler avec les chiens, je n'ai rencontré que deux cas « zone rouge » que je pensais ne pas pouvoir rééduquer : je n'ai pas pu en faire des animaux sociaux capables de vivre avec les hommes. De ma propre expérience, seulement 1 % environ de tous les chiens que l'on m'a apportés pour des problèmes d'agressivité ont un réel déséquilibre mental, ou ont été tellement traumatisés par les humains que l'on ne peut pas les réinsérer sans risque dans la société. En réalité, nous exécutons beaucoup d'animaux qui n'ont pas mérité de mourir. Le seul «crime» que ces chiens ont commis est d'avoir eu le mauvais maître pour prendre soin d'eux.

Définir la «zone rouge»

Je n'avais jamais rencontré un chien dans la zone rouge avant d'arriver aux États-Unis. J'avais vu des chiens enragés et certains se battre entre eux, mais une fois qu'un des chiens avait établi sa position de dominance en mettant l'autre à terre, en général, le combat prenait fin sur-le-champ. Dans la nature, adopter un comportement menaçant sert habituellement à mettre un terme à l'agressivité pure. À moins qu'un chien ne soit faible et qu'il doive être exécuté par la meute, il est dans l'intérêt de cette dernière de maintenir l'agressivité au minimum. Avant d'arriver ici, je n'avais jamais vu de chien qui, après s'être fait mordre en guise d'avertissement, ne mettait pas un terme à son comportement agressif – comme clouer un autre chien à terre, ou poursuivre et faire fuir une personne en lui faisant peur. Mais la zone rouge est quelque chose de complètement différent. La zone rouge veut dire tuer – que ce soit un autre animal ou un être humain. Ce n'est pas une affaire de dominance ni de territoire. L'intention d'un chien dans la zone rouge est de s'en prendre à sa cible jusqu'à épuisement. Jusqu'à ce qu'il ne lui reste plus de vie.

Un «cas zone rouge» ne vous écoutera pas, même si vous lui tenez tête. Que ce chien soit votre compagnon de toujours et qu'il dorme dans votre lit n'a aucune importance. Une fois que cette lumière rouge s'est allumée, c'est comme si vous n'existiez plus. Le chien se battra avec vous et préférera mourir plutôt que de mettre fin à son attaque. Vous pouvez le frapper, lui hurler dessus, il ne vous entendra pas : il est entièrement concentré sur son objectif. Il s'est fixé pour mission de tuer, et cela dépasse toutes les douleurs que vous pouvez lui infliger. En réalité, frapper un chien dans la zone rouge ou hurler après lui ne fera qu'accélérer ou intensifier son envie de tuer. C'est un chien qui fait une fixation – mais cette fixation est meurtrière.

Un cas « zone rouge » n'apparaît jamais du jour au lendemain. C'est pourquoi il est si tragique de constater qu'il pourrait facilement être évité.

Bombes à retardement

« Je ne savais pas qu'il ferait un jour une chose comme celle-là. Comment anticiper ce genre de choses? Un événement aussi bizarre? Comment anticiper le fait qu'un chien que vous connaissez bien, qui est gentil, aimant et affectueux, soit capable de faire quelque chose de si horrible, brutal, dégoûtant et épouvantable? » [30]

Ce sont les mots qu'a prononcés Marjorie Knoller pour sa défense lors du procès pour le meurtre de Diane Whipple. Ironie de la chose, Marjorie Knoller et son compagnon, Robert Noel, semblaient être les seuls de leur quartier de San Francisco à ne pas avoir « anticipé » une réaction aussi « bizarre » de la part de leurs deux chiens croisés de mastiff et de dogue des Canaries, Bane et Hera. Ces deux chiens avaient déjà pénétré dans la zone rouge quand les deux avocats les ont adoptés et, pour reprendre les mots d'un vétérinaire qui leur a envoyé une lettre pour les prévenir du danger que représentaient ces chiens, ils étaient des « bombes à retardement », prêtes à exploser.

Cette histoire insensée, et qui aurait pu être évitée, commence avec un détenu de la prison de Folsom que les avocats Knoller et Noel représentaient. Ce prisonnier essayait de monter un commerce illégal de dogues des Canaries depuis sa cellule. Les chiens puissants comme les dogues, les chiens de cour italiens et les pitbulls sont exploités à cause de leur grande force physique et de leurs tendances territoriales: malheureusement, ils sont souvent condamnés à être des « gladiateurs » dans des batailles de chiens illégales, ou à servir de gardes dans des crack-houses, des laboratoires de méthamphétamine ou d'autres activités criminelles.

Dans l'affaire de San Francisco, les deux chiens, Bane et Hera, avaient été gardés en l'absence du détenu par une femme qui vivait dans une ferme près de la prison de Folsom. Après qu'ils eurent attaqué plusieurs poulets, quelques moutons et un chat, elle a décidé qu'elle ne voulait plus s'en occuper. Comme les autres habitants de la ferme et elle-même tremblaient de peur devant eux, les deux chiens sont restés attachés à une chaîne dans un coin isolé de la propriété, ce qui n'a fait qu'augmenter leur frustration et leur agressivité. Finalement, le détenu a réussi à persuader ses deux avocats d'adopter ses chiens.

Après avoir fait l'expérience du meurtre en tuant des animaux plus faibles à la ferme, Bane et Hera étaient déjà bien dans la zone rouge. Personne ne les a corrigés après qu'ils eurent fait cela : on s'est contenté de les bannir en les mettant dans un coin. Puis les chiens sont partis vivre en ville, chez des maîtres inexpérimentés, dans un appartement deux-pièces, où leur frustration réprimée n'a cessé d'augmenter. Les deux avocats leur donnaient énormément d'affection, mais les chiens la leur rendaient en leur sautant dessus – en les dominant. Leurs maîtres semblaient les promener régulièrement, mais les chiens marchaient toujours devant eux, les traînant et les dominant pendant tout le trajet. Après la tragédie, plusieurs témoins ont déclaré avoir vu Marjorie Knoller courir après les chiens alors que ces derniers la tiraient par leurs laisses, échappant totalement à son contrôle.

En ville, ces chiens ne pouvaient prendre ni bouc ni poulet pour cible, et l'énergie de faiblesse qu'ils ressentaient venait majoritairement des humains. Quand les chiens étaient dans l'ascenseur de l'immeuble, tout ce qu'ils avaient à faire était de grogner férocement pour que les gens refusent d'y entrer. Dans la rue, les gens reculaient de peur quand ils croisaient ces chiens impressionnants. Cette réaction de cause à effet n'a fait qu'augmenter leur état d'esprit de dominance. Pour eux, un humain qui projetait de la peur n'était en rien différent d'un poulet ou d'un bouc qui projetait de la peur. La peur reste de la peur. C'est de l'énergie de faiblesse. Personne n'avait mis fin à leur comportement dominant et agressif quand ils avaient attaqué des animaux à la ferme. Et personne n'y mettait fin maintenant. Les chiens ne savaient pas pourquoi la fermière s'était débarrassée d'eux : tout ce qu'ils savaient, c'était que, grâce à leur comportement dominant et agressif, ils avaient appris à survivre et à s'imposer. Alors, à quoi bon changer de comportement maintenant ?

J'aimerais pouvoir remonter le temps et recommencer cette terrible histoire à zéro. Je commencerais par inculquer dès le premier jour à ces chiens que l'agressivité n'est pas tolérable. Point final. Toutefois, faire cela avec une race d'une telle puissance demande énormément de travail et d'énergie. Dans l'idéal, ces chiens auraient dû faire de 4 à 8 heures d'exercices et d'activités primitives par jour. Ils auraient dû être socialisés quand ils n'étaient encore que des chiots : on aurait dû les forcer à accepter les autres animaux et les autres chiens comme des membres de leur meute, et les humains, particulièrement les enfants, comme leurs chefs de meute. Les humains n'auraient pas dû les conditionner en prenant part à des «jeux» de dominance, comme tirer quand ils ont un objet dans la gueule, ou des simulations de lutte. Quand les chiens ont grandi, ils ont été habitués à gagner ces jeux et ont donc encore plus eu l'impression d'être les dominants. Leurs maîtres n'auraient jamais dû avoir recours à la violence pour les punir. Ces chiens avaient besoin d'humains exceptionnellement puissants, cohérents et calmes-assurés pour être leurs chefs de meute.

Pour ceux qui avanceraient que la race de ces chiens était en cause, je concède qu'il est vrai que les dogues des Canaries, les chiens de cour italiens, les pitbulls et les rottweilers ont tous été élevés à l'origine pour être des «gladiateurs» canins. Mais, avant d'être une race, ils sont des animaux et des chiens. Cette puissante énergie pourrait être redirigée vers d'autres activités, qui la canaliseraient. Les humains étaient aussi des gladiateurs dans le passé, mais aujourd'hui, nous redirigeons notre énergie vers le basket, le baseball, le foot, le football américain ou le hockey. À l'origine, nous avons élevé des dogues des Canaries pour en faire des chiens de garde. Les Espagnols les ont aussi utilisés pour être des chiens de berger : ces derniers ne tuent pas leurs troupeaux. En outre, les dogues des Canaries et les chiens apparentés ont récemment fait d'excellents chiens de cirque : ils ont redéployé leur énergie physique et psychologique dans les performances qu'ils font sur la piste.

La race ne façonne pas nécessairement le comportement du chien, mais les races de chiens puissants ont des besoins spéciaux et nécessitent que des gens spécialisés s'occupent d'elles – des gens sérieux et responsables. Malheureusement, les deux avocats n'étaient pas formés pour gérer ces animaux puissants. Ils leur ont fait prendre des cours de dressage pour qu'ils obéissent mais, comme vous le savez maintenant, apprendre à obéir à des ordres ne résout en rien les problèmes d'un chien déséquilibré, comme la peur, l'anxiété, la nervosité, la dominance et l'agressivité.

Les maîtres ont dit qu'ils «aimaient» leurs chiens mais, une fois encore, l'affection n'est pas la chose la plus importante que les chiens attendent de nous. Ils ont également besoin de règles, de limites et de restrictions – et d'après ce qu'ont dit les témoins au procès, il semblerait qu'au pire, ces maîtres négligeaient les règles et, qu'au mieux, ils n'étaient pas cohérents. Un voisin, qui avait été mordu par l'un des chiens, a déclaré que le seul commentaire émis par Robert Noel après l'incident avait été: « Hum, c'est intéressant. » D'autres témoins ont affirmé avoir vu les chiens menacer et attaquer d'autres chiens, deux jours seulement avant le meurtre. Une promeneuse de chiens professionnelle a affirmé que quand elle a demandé à Noel de museler ses chiens, il lui a dit de la fermer et l'a insultée.

Diane Whipple, l'innocente victime, avait aussi déjà été mordue par l'un des chiens et était, depuis ce jour, morte de peur devant eux; elle changeait de chemin pour les éviter dans l'immeuble. Non seulement les maîtres de ces chiens ne se sont pas excusés auprès d'elle après l'incident mais, pire encore, ils n'ont pas appelé un professionnel à l'aide afin que les chiens se comportent bien avec cette femme et qu'elle soit en sécurité par la suite. Ils n'ont absolument rien fait, s'assurant par là qu'à la prochaine rencontre des chiens avec Diane Whipple et l'énergie de peur qu'elle leur projetterait, ceux-ci la prendraient une nouvelle fois pour cible.

L'attaque subie par Diane Whipple est digne d'un film d'horreur. Elle a duré de cinq à dix minutes, et le médecin légiste qui l'a examinée a déclaré que seuls la plante de ses pieds et le haut de son crâne avaient été épargnés. Elle est morte à l'hôpital quatre heures après avoir été attaquée. En outre, cette tragédie a entraîné deux autres morts non nécessaires – celles de Bane et de Hera. Bane, le mâle, a été euthanasié le jour de l'attaque. J'ai offert mes services pour rééduquer Hera. Ces chiens n'étaient pas des tueurs-nés: ce sont les humains qui leur avaient appris à se comporter ainsi. Bien que je croie qu'Hera aurait pu avoir une chance d'être rééduquée, un tollé général s'était déjà élevé contre elle et avait scellé son sort. Même si j'avais été capable de la faire changer de comportement, personne ne lui aurait plus jamais fait confiance.

Engendrer un monstre

J'ai déjà expliqué qu'un chien a naturellement les dispositions pour devenir chef de meute: cela ne relève pas de l'acquis, mais de l'inné.

C'est exactement le contraire pour les chiens «zone rouge»: ce sont les humains qui éduquent ces chiens pour qu'ils deviennent de véritables monstres, ce n'est pas inné chez eux. Nous avons commencé il y a des milliers d'années en pratiquant l'élevage de chiens pour qu'ils deviennent des combattants, en les sélectionnant d'après certaines aptitudes et en les faisant se reproduire avec des chiens similaires. À l'époque victorienne, on élevait des pitbulls et des bull-terriers pour qu'ils combattent dans des sports impitoyables, comme les combats de chiens et le bull-baiting[17]. Ils ont été sélectionnés à cause de la capacité qu'ils avaient à s'accrocher à leur adversaire grâce à leurs puissantes mâchoires et à les retenir en exerçant une pression incessante. Les rottweilers descendent des chiens qu'utilisaient les Romains pour conduire les bestiaux: ils voyageaient avec l'armée romaine alors qu'elle faisait la conquête du continent européen, et gardaient les immenses troupeaux de bétail de l'armée en repoussant les loups et autres prédateurs [31]. En l'an 55 avant Jésus-Christ, pendant l'invasion de l'Angleterre, Jules César a décrit les ancêtres de la race des mastiffs en train de combattre aux côtés de leurs maîtres. Ces chiens faisaient preuve d'une telle bravoure qu'ils ont été ramenés à Rome pour qu'ils se mesurent à d'autres chiens, à des taureaux, à des ours, à des lions, à des tigres, et même à des gladiateurs dans le Circus Maximus [32]. Ces anciens mastiffs étaient les ancêtres de Bane et de Hera, les dogues des Canaries qui ont tué Diane Whipple.

Nous avons élevé ces chiens pour qu'ils soient des guerriers mais, sous leur armure, ils ne sont que des chiens possédant des armes plus puissantes que les autres. Ils ne viennent pas au monde en étant dangereux et agressifs; quand ce sont encore des chiots, ils peuvent être socialisés de façon à s'entendre bien avec les enfants, les humains, et même les chats ou les autres animaux. Bien qu'ils aient l'envie de combattre inscrite dans leurs gènes, ils ont besoin de quelqu'un pour la faire ressortir. Dans l'Amérique moderne, les combats de chiens sont interdits, mais ils sont bien plus courants que vous ne le pensez. Les *dog-men*, les éleveurs de pitbulls, croient que la seule façon de préserver la «pureté» de la lignée des pitbulls américains est de prouver ce qu'ils appellent leur «capacité aux jeux», leur capacité à se battre jusqu'à la mort. Ces hommes prennent part à des jeux connus sous le nom de «jeux tests»: ils lâchent leur chien dans une arène avec un autre et rejettent les chiens qui survivent mais ne répondent pas aux critères de l'éleveur. Ces chiens perdants sont donc tués par leur propriétaire ou abandonnés, condamnés à errer dans les rues. Parfois, ils ont de la chance et sont recueillis par une association mais, en général, ils sont ramassés par la fourrière et euthanasiés si on ne leur trouve pas de foyer – ce qui est habituellement le cas, car ce sont des pitbulls, des dogues des Canaries ou des rottweilers. Parfois encore, ils attaquent d'autres chiens – ou des êtres humains.

Il est aussi devenu à la mode, parmi les membres de gangs, très machos, d'avoir de gros chiens puissants à leurs côtés : ils les exhibent comme de l'artillerie à quatre pattes. Les combats de chiens clandestins sont devenus une activité populaire pour certains gangs. Parier sur le chien qui va sortir vivant de l'arène est une forme de jeu qui se développe. Toutefois, les combats de chiens ne se limitent pas aux gangs et aux criminels. Selon le *New York Daily News,* aux États-Unis, un réseau clandestin de combats de chiens pour riches existerait, dans lequel circuleraient des milliers de dollars. Dans l'article, une source anonyme se vante : « Nous sommes comme une société secrète dans le dernier sport extrême. [...] Des gens de tous horizons y prennent part : des célébrités, des courtiers de Wall Street, des gens ordinaires. » [33] Peu importe d'où ils viennent, c'est effrayant. D'autant plus que certains d'entre eux amènent parfois leurs enfants pour assister à ces sports sanglants, et créent ainsi un cercle vicieux de brutalité. Ils désensibilisent toute une génération à la question de la cruauté envers les animaux, et à celle de la violence en général.

Les gens qui éduquent des pitbulls, des dogues des Canaries, des chiens de cour italiens ou d'autres chiens pour le combat transforment, en les maltraitant, ces chiens innocents en tueurs. Quand ils sont jeunes, on ne les laisse pas être des chiots : ils doivent déjà être des guerriers. Quand ils sont encore tout petits, leurs maîtres commencent à les taper à la tête, à mettre du piment dans leur nourriture, à les exciter, à les faire attaquer par un chien plus gros – parce qu'ils croient que cela va rendre leur chien plus dur. Ils le tapent, le pincent jusqu'à ce qu'il montre les dents, et n'arrêteront qu'à ce moment-là. De cette manière, le chien apprend à montrer les dents pour se préserver. Ils achètent des poulets et laissent leur chien les chasser en le félicitant. Puis, ils attachent le poulet pour que le chien apprenne à tuer. L'animal n'a pas le choix. Quand il n'a plus d'utilité pour son propriétaire, ce dernier s'en débarrasse comme s'il n'était qu'un vulgaire déchet – souvent en le laissant sur un terrain vague ou au bord d'une route. C'est pour ça que l'on trouve tant de races puissantes dans les refuges : pitbulls et croisés de pitbulls, boxers, rottweilers, mastiffs et bergers allemands. La plupart du temps, ils sont jugés « inadoptables » et finissent par être euthanasiés. Mon Centre de psychologie canine accueille des chiens comme ceux-là, qui ont été jugés comme étant des « causes perdues » avant d'arriver chez moi afin d'être rééduqués. Certaines de ces « causes perdues » ont maintenant une vie heureuse dans des familles d'adoption, ou ils effectuent un travail productif pour la police ou des organisations (recherche et sauvetage).

Pour les gens qui élèvent des pitbulls ou d'autres chiens à des fins illégales, tout est question d'apparences. Ils pensent que s'ils marchent avec un chien tout en muscles à leurs côtés, aux oreilles coupées et portant des cicatrices et une chaîne autour du cou, ils auront l'air de vrais durs et auront immédiatement droit au statut de méchant. Heureusement pour leurs chiens – ou du moins pour ceux qui survivent et ont une chance d'être rééduqués –, ces « méchants » sont de mauvais dresseurs et de mauvais maîtres-chiens. Tout d'abord, ils commencent à maltraiter leur chien très jeune : ce dernier est donc plus traumatisé par le combat qu'il n'a envie de combattre. Ces chiens deviennent en réalité très peureux, anxieux et tendus à l'idée du combat. C'est la peur qui les fait combattre – la « réponse de combat ou de fuite ».

L'inefficacité de leurs maîtres explique pourquoi je réussis si souvent à rééduquer ces chiens. Tout d'abord, j'exige d'eux qu'ils soient dans un état d'esprit calme. L'animal en eux reconnaît immédiatement que c'est une situation bien plus souhaitable que celle dans laquelle ils se trouvaient précédemment. Contrairement aux humains, qui ont le pouvoir (ou la malédiction) du déni pour se maintenir dans une situation de maltraitance, les animaux iront toujours vers l'équilibre. Leur cerveau se dira automatiquement : « Hé ! Je peux enfin me reposer. » Ils sont soulagés de ne plus être dans cet état de tension perpétuelle. Oui, ce sont toujours des pitbulls, mais avant cela, ce sont des chiens.

Et les chiens ne sont pas censés s'entretuer. Donc, une fois que j'ai étouffé ces caractéristiques de pitbulls, la vraie nature du chien à l'intérieur peut refaire surface. Le cerveau n'envoie plus de signaux de pitbulls : il n'envoie plus que des signaux de chiens.

Race et agressivité

Bien qu'il n'existe pas de race « zone rouge », statistiquement, ce sont les pitbulls qui causent le plus de morsures aux États-Unis et qui sont responsables de 41 accidents mortels sur les 144 survenus depuis 2000, selon la National Canine Research Foundation. Les rottweilers occupent la deuxième place, avec 33 attaques. Ces chiffres sont la raison pour laquelle les pitbulls sont interdits dans 200 villes et villages du pays, dont Miami, Cincinnati et Pawtucket, dans l'État du Rhode Island [34]. Dans certains États, les propriétaires ne peuvent pas assurer leur logement ou doivent payer des primes très élevées s'ils possèdent certaines races de chiens. Par exemple, la compagnie d'assurance Allstate n'assure pas certaines maisons si leurs propriétaires possèdent des pitbulls, des akitas américains, des boxers, des chows-chows, des dobermans, des rottweilers, des dogues des Canaries et des races hybrides de loups et de chiens [35]. Alors que l'augmentation des primes peut être une façon d'encourager les propriétaires à être plus responsables, je pense que l'interdiction catégorique de certaines races n'est pas la solution. (Détail intéressant, l'American Kennel Club ne reconnaît même pas le pitbull comme une « race » officielle.) Déclarer certaines races hors la loi est une méthode rapide et simple qui tient du rafistolage, mais ce n'est pas un remède contre les morsures et les attaques de chiens en Amérique.

La vérité, c'est que chaque race canine peut engendrer un cas de zone rouge – c'est la puissance du chien et la taille de sa victime qui déterminent l'étendue des dégâts. Il est arrivé que des chiens d'autres races tuent aussi des gens. Par exemple, en 2000, un petit croisé de loulou de Poméranie a tué une fillette de six ans en Californie du Sud. En 2005, un husky sibérien – considéré en général comme une « race douce et civilisée » – a attaqué mortellement un petit bébé de sept jours au Rhode Island [36]. Le plus souvent, c'est le propriétaire qui est responsable – et non la race ni le chien. De même, presque chaque chien peut devenir un compagnon gentil et obéissant, même si sa race est considérée comme étant de nature «agressive». Rappelez-vous, l'agressivité n'est pas un état naturel : c'est la conséquence de l'instabilité. Tout dépend de la relation entre le chien et son chef calme-assuré.

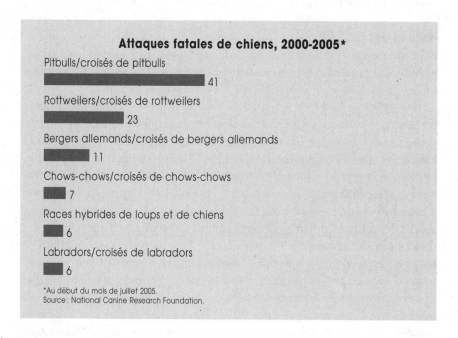

Attaques fatales de chiens, 2000-2005*

Pitbulls/croisés de pitbulls
41

Rottweilers/croisés de rottweilers
23

Bergers allemands/croisés de bergers allemands
11

Chows-chows/croisés de chows-chows
7

Races hybrides de loups et de chiens
6

Labradors/croisés de labradors
6

*Au début du mois de juillet 2005.
Source : National Canine Research Foundation.

Emily dans la zone rouge

L'un des épisodes les plus marquants de *Dog Whisperer* racontait l'histoire d'un cas «zone rouge» : celui d'Emily, une femelle pitbull de six ans. Ce cas illustrait, entre autres choses, le fait que si l'on écoute les stéréotypes concernant une race de chiens en s'attendant au pire avec elle, on crée bien souvent ce que l'on craint.

Vous ne pouvez pas imaginer un chiot plus attendrissant qu'Emily. Dès la naissance, elle était petite pour sa race et arborait un pelage d'un blanc laiteux moucheté de marron. Quand la jeune Jessica a vu que l'une des taches d'Emily avait la forme d'un cœur, elle a su que cette chienne était spéciale. Ce sont des traits charmants comme celui-ci qui nous font aimer un chien en particulier et nous incitent à lui faire partager notre vie, souvent sans que l'on comprenne vraiment l'étendue de nos responsabilités envers cet animal.

Jessica a eu le coup de foudre pour Emily et l'a ramenée chez elle sur un coup de tête. Elle vivait avec son père, Dave, qui avait toujours tout permis à sa fille. Il ne voulait pas qu'elle ait de chien, et quand il a appris qu'elle avait choisi un pitbull, il a été encore plus réticent. On lui avait toujours dit que les pitbulls étaient des chiens dangereux et incontrôlables. Mais ce petit chiot était la chose la plus mignonne qu'il ait jamais vue : comme d'habitude, il a donc cédé aux souhaits de sa fille.

Il s'est avéré que Jessica n'a imposé aucune règle, limite ou restriction à Emily – tout comme son père l'avait fait avec elle. En outre, plus Emily grandissait, plus Dave la redoutait et, malheureusement, la regardait avec peur. Il pensait, consciemment ou inconsciemment : « Un jour, elle sera dangereuse. » Même s'il aimait cette chienne, il ne pouvait pas s'empêcher de penser à cela. Comme j'ai tenté de l'illustrer dans ce livre, les pensées que nous nourrissons à propos des animaux se transforment en énergie – une énergie qu'ils captent. Les impressions que nous avons à leur propos définissent qui ils sont. Ce n'est pas du charabia de magicien : l'énergie est libérée à travers une myriade de phénomènes physiques. La manière dont nous cajolons un animal ; la manière dont nous le maîtrisons ; les odeurs et les émotions que nous lui transmettons. Alors qu'elle n'était encore qu'un chiot, Emily vivait donc avec un maître qui se préparait à avoir peur d'elle. Il passait à côté d'elle sur la pointe des pieds, inquiet à l'idée qu'elle devienne un gros pitbull méchant. Ce faisant, il la laissait par ailleurs courir partout dans la maison, aboyer frénétiquement aux autres chiens lors des promenades, et le dominer totalement, ainsi que sa fille, dans toutes les activités qu'ils faisaient, et de toutes les manières possibles.

Emily a également grandi dans un foyer où elle n'avait aucun contact avec d'autres membres de son espèce. Cela arrive à beaucoup de chiens. Certains d'entre eux – des chiens doux, insouciants et à l'énergie basse ou moyenne – n'en sont pas affectés. Ils peuvent aller pour la première fois dans un parc canin à cinq ans, et agir comme s'ils avaient côtoyé les autres chiens toute leur vie. Mais beaucoup de chiens n'ont pas un tempérament insouciant. La plupart – et particulièrement ceux qui viennent de refuges – sont comme Emily. Ils sont sensibles, réactionnels… et extrêmement réceptifs à l'énergie de leur maître. La première fois qu'Emily a fait une promenade, elle a eu une réaction agressive envers les autres chiens qui l'approchaient. Dave et Jessica la dorlotaient et la réconfortaient après de telles manifestations d'agressivité : Emily en a donc conclu que protéger sa famille était son boulot.

Quand j'ai rencontré Emily, elle avait six ans et était adorable avec ses maîtres – tant qu'ils ne lui demandaient rien. Cependant, avec les autres chiens, elle était bel et bien entrée dans la zone rouge – elle entrait même au cœur. Si elle sentait un autre chien dans les environs lors d'une promenade, elle devenait folle. Elle aboyait, tirait sur sa laisse et essayait d'attaquer. Elle tirait si fort sur sa laisse qu'elle manquait de s'étouffer, mais elle n'avait pas conscience de la douleur – signe classique d'un chien dans la zone rouge. Il est évident que les chiens « zone rouge » se blessent lorsque l'envie de tuer les prend. Dave avait peur qu'Emily blesse non seulement un autre chien, mais aussi toute personne qui se mettrait entre elle et ce chien. Donc, comme ils étaient inquiets, Dave et Jessica ont complètement arrêté de l'emmener en promenade. Pendant des années, ils l'ont laissée courir autour de leur jardin, de taille moyenne, et son agressivité et sa frustration ont continué à s'intensifier. Dave et Jessica avaient précisément engendré le monstre qu'ils avaient craint : un pitbull très dangereux.

L'agressivité d'Emily envers les chiens était si grave que je l'ai placée dans mon Centre de psychologie canine pendant six semaines, au cours desquelles elle a suivi une thérapie active, que j'appelle le « camp d'entraînement ». La partie pitbull de son esprit était clairement très développée. J'avais besoin qu'elle soit en compagnie de la meute, de façon à se reconnecter avec les parties animale et chien enfouies dans son esprit.

Être accompagnés d'autres membres de leur espèce a une vertu thérapeutique puissante pour les chiens. Bien qu'ils nous acceptent volontiers comme des membres de leur meute, nous leur parlerons toujours une langue étrangère. Les chiens entre eux parlent le même langage, d'instinct. Pour atteindre un équilibre parfait, ils ont besoin d'être entourés d'autres chiens aux énergies équilibrées. Emily avait besoin des autres chiens pour réapprendre à être un chien.

Quand elle est arrivée à mon centre et qu'elle a aperçu ma meute de 40 chiens la regarder de l'autre côté de la barrière, sa conduite de dure à cuire s'est immédiatement envolée. C'était comme une version canine de *Scared Straight!*[18]. Allait-elle se battre, s'enfuir, éviter les autres chiens ou se soumettre ? Emily, habituellement agressive, s'est en réalité figée. Elle était tellement stressée qu'elle a vomi trois fois avant de pouvoir passer le portail. Je lui ai fait traverser la meute et elle a laissé d'autres chiens la sentir pour la première fois de sa vie. Elle était terrifiée. Quand je l'ai mise à l'écart, dans une zone séparée par une clôture, elle s'est détendue. Elle est si facilement devenue calme-soumise face à moi que j'ai su sur-le-champ qu'elle serait une tout autre chienne quand elle quitterait le centre.

Emily le pitbull.

Durant les six semaines qu'elle a passées au centre, j'ai travaillé quotidiennement avec Emily. Au début, je l'ai laissée isolée, de façon qu'elle puisse observer les membres de la meute interagir les uns avec les autres. Les chiens apprennent énormément en regardant les autres et en captant leur énergie.

Puis, après une bonne course ou une séance de patin à roues alignées pour libérer son énergie, j'ai commencé à la laisser avec la meute pendant une heure, puis deux, puis trois, et ainsi de suite. Les premières semaines, je la surveillais toujours quand elle était dans la meute, de manière à pouvoir mettre fin à une éventuelle bagarre. Elle avait déjà été l'instigatrice d'une petite échauffourée, à la suite de quoi je lui avais demandé de se coucher sur le flanc et de se soumettre à l'autre chien. Après cela, elle a commencé à s'habituer à la routine. Chaque fois que je travaillais avec elle, je lui faisais d'abord faire de l'exercice : un esprit fatigué est plus enclin à se soumettre. Emily était un chien à l'énergie extrêmement élevée : pendant des années, son énergie refoulée avait attisé son agressivité. Nous avons fait davantage de *roller*, et je l'ai fait courir sur un tapis de jogging. À la fin de la deuxième semaine, elle commençait à se détendre aux côtés des autres membres de la meute.

À la moitié du programme que devait suivre Emily, j'ai invité Dave et Jessica à venir lui rendre visite. Je voulais voir quel effet leur présence aurait sur ses progrès. À la manière dont ils ont traversé la meute, j'ai pu constater qu'ils étaient tendus. Puis, évidemment, alors que Dave la promenait, Emily a soudainement attaqué Oliver, l'un des deux springers anglais de la meute. J'ai fait cesser la bagarre en une seconde, mais cela a confirmé ce que je craignais depuis le début. L'énergie hésitante de Dave, sa façon de marcher sur la pointe des pieds près d'Emily, et l'anxiété extrême que ressentait Jessica à propos des tendances agressives de sa chienne, ont directement renvoyé Emily dans l'état de dominance qu'elle a toujours connu quand elle était avec eux. Elle avait besoin de plus de travail avec moi, de plus de patience, et ses maîtres devaient eux aussi faire un gros travail sur eux-mêmes. J'ai dû leur expliquer à quel point ils contribuaient à l'instabilité de leur chienne. Cela a été dur à entendre, car ils l'aimaient profondément, et leur premier réflexe a été de se sentir coupables du passé. Pour le bien d'Emily, je leur ai demandé d'oublier le passé et d'essayer de vivre le moment présent – là où vivait Emily ! Je leur ai donné des devoirs : ils devaient se préparer pour les rôles de chefs calmes-assurés qu'ils devraient assumer quand leur animal rentrerait à la maison.

Avant d'emmener Emily au centre, il y avait vraiment un risque qu'elle attaque et tue un autre chien. Elle était constamment sous tension, stressée.

Quand je l'ai ramenée chez elle six semaines plus tard, Dave et Jessica ont à peine reconnu le pitbull calme et détendu qui marchait à mes côtés. Le plus dur pour eux a été de ne pas pouvoir l'accueillir avec un chaleureux « Contents de te revoir ! », et de ne pas pouvoir la couvrir immédiatement d'affection. J'ai essayé de leur faire comprendre qu'en retenant leurs émotions, ils lui faisaient le cadeau d'un nouveau mode de vie, plus calme. Emily ne pensait pas : « Hé, je me demande bien pourquoi ils ne sont pas tout excités que je sois de retour ? » Souvenez-vous : les chiens sentent quand nous sommes heureux, et particulièrement quand nous sommes heureux d'être avec eux. L'énergie émotionnelle et nerveuse que Jessica et Dave avaient l'habitude de projeter sur Emily devait être tempérée, car elle ne faisait qu'engendrer plus d'excitation chez elle – et l'excitation chez un chien à l'énergie élevée engendre un excès d'énergie qui doit être libéré. Une fois qu'Emily a été habituée à être chez elle, qu'elle a été dans un état calme-soumis, Dave et Jessica ont pu lui témoigner autant d'affection qu'ils le désiraient. Je leur ai donné une consigne quotidienne : promener Emily près de la maison de son ancien ennemi, le doberman d'à côté. Cela demanderait de la patience et un travail quotidien strict. Ils devaient s'habituer à corriger Emily de façon appropriée si elle laissait de nouveau éclater son agressivité.

La bonne nouvelle, c'est qu'Emily va bien aujourd'hui, mais aussi qu'elle est revenue passer quelque temps au centre quand ses maîtres étaient absents. Cela m'a fait du bien de la voir de nouveau ici, et tout le monde l'a accueillie comme un vieux membre familier de la meute.

Quand il est trop tard

Bien que certains dresseurs et comportementalistes animaliers ne soient pas d'accord avec moi, je crois que très peu de chiens ne peuvent pas être rééduqués, même s'ils ont déjà atteint la zone rouge. Selon moi, les chiens de ma meute constituent la preuve vivante que si on respecte les besoins d'un chien au quotidien, ses instincts le poussent naturellement vers l'équilibre. Toutefois, sur les milliers de chiens avec lesquels j'ai travaillé, il y a eu deux cas que je n'ai pas pu en toute conscience réinsérer dans la société. Je n'oublierai jamais ces chiens : je souhaiterais avoir pu faire quelque chose pour eux, et je regretterai toute ma vie de ne pas y être arrivé. Travailler avec ces chiens m'a appris ceci : il est possible qu'il soit trop tard pour aider un animal. Cela m'a également montré les dégâts terribles et impardonnables que les êtres humains peuvent provoquer chez les animaux qui leur font confiance et les laissent s'occuper d'eux.

Le premier de ces chiens, c'était Cedar, une femelle pitbull de deux ans. Cedar n'était pas un chien de combat, mais elle avait été affreusement maltraitée par la personne qui l'avait élevée. Elle avait été fouettée et traitée avec cruauté : il était évident que son agressivité avait été nourrie, et même encouragée. En outre, ses maîtres l'avaient dressée et conditionnée pour qu'elle attaque les humains. Elle n'attaquait pas aux jambes ou aux bras : elle attaquait au cou. Elle attaquait pour tuer. Ce n'est pas naturel : on n'a pas élevé la race des pitbulls pour qu'elle agresse les humains. Point final. Les chats, les chèvres et les autres chiens, oui – mais c'est dans la nature d'un pitbull de fuir devant un humain, et d'attaquer seulement quand on le bouscule ou qu'il se sent acculé. Il était flagrant qu'un humain avait redirigé l'agressivité de Cedar vers l'attaque des humains, à un point tel qu'elle ne voulait plus avoir affaire à un autre être humain, jamais. Ses précédents maîtres la considéraient visiblement comme une arme, et non comme un être vivant. Puis, pour une raison ou une autre, ils l'ont abandonnée.

Un homme gentil, d'une association de protection des animaux, a trouvé Cedar en train de vagabonder dans les rues. Elle s'est attachée à lui. Même les chiens qui sont agressifs envers les humains ressentent le besoin de former une meute et s'attachent souvent à une personne en particulier. Toutefois, si quelqu'un d'autre voulait aller vers elle, il devait être très prudent. Il est vite devenu évident que Cedar voyait tous les autres humains comme des ennemis. Elle attaquait toute personne qui s'approchait d'elle. L'homme qui l'avait sauvée voulait bien faire, mais il faisait ce que tout le monde fait toujours : il nourrissait son agressivité en lui donnant de l'affection et de la compassion. Il disait : « Mais elle m'aime. Elle ne fait pas ça avec moi. » Malheureusement, elle attaquait toutes les autres personnes. Le refuge a communiqué avec moi pour me demander si je pouvais rééduquer Cedar.

Dès que je me suis approché de la cage du pitbull, j'ai remarqué son regard : elle grognait tout en fixant mon cou. J'ai réussi à lui mettre une laisse et j'ai travaillé avec elle pendant plusieurs heures chaque jour – encore et encore jusqu'à ce que nous soyons tous les deux épuisés. Après un peu plus de deux semaines, j'étais capable de l'amener à être calme-soumise avec moi, mais avec personne d'autre. Si l'un de mes assistants l'approchait, Cedar recommençait à avoir un comportement d'attaque, visant le cou. C'est à cette période que le refuge m'a demandé de faire un rapport sur ses progrès. J'ai dû dire que je ne pensais pas que c'était une bonne idée de réinsérer Cedar dans la société. Elle avait tout simplement trop de séquelles et représentait réellement un danger pour la vie d'autrui. Cedar est toujours en vie, mais elle est enfermée avec le seul homme en qui elle a confiance. Aucun autre humain ne peut se trouver dans la même pièce qu'elle. Elle a été mon premier « échec ». En une vie passée à travailler avec les chiens, je n'avais jamais rencontré un cas comme celui-ci. Cedar m'a fait ouvrir les yeux : j'ai compris à quel point l'homme pouvait détruire un chien.

Le deuxième chien que je n'ai pas pu rééduquer était un croisé de chow-chow et de golden retriever âgé de cinq ans que j'appellerai Brutus. Il avait été sauvé par une femme et était devenu anormalement possessif envers elle. Après qu'il eut attaqué son mari et tenté de le tuer, cette femme est venue me trouver. J'ai gardé Brutus un bon moment et, au début, il semblait faire des progrès. Toutefois, si je le corrigeais, il attendait souvent que je tourne le dos pour essayer de m'attaquer. Contrairement à Cedar, qui visait la jugulaire, Brutus attaquait les parties basses du corps, mais il y mettait toute sa force. Il ne lâchait pas, ne capitulait pas et n'était pas prévisible. Quand sa nouvelle maîtresse est revenue, je lui ai dit que, même s'il était plus calme qu'à son arrivée, il n'était pas, selon moi, totalement rééduqué. Je ne pouvais pas prévoir ses réactions et, après tout le temps que j'avais passé avec lui, je n'étais toujours pas sûr de ses progrès. Malgré mes avertissements, cette femme voulait le reprendre. Une semaine plus tard, je l'ai appelée pour savoir si tout allait bien : elle s'est extasiée sur l'amélioration de son comportement. À peu près un mois après cela, il a de nouveau attaqué un homme.

Brutus allait devoir passer le reste de sa vie sous étroite surveillance dans un refuge où on n'euthanasie pas les animaux. Et, tout comme Cedar, il était condamné à vivre cette vie à cause des humains qui l'avaient maltraité.

J'aimerais que l'on crée des réserves pour tous les chiens qui ne peuvent pas être totalement rééduqués et qui ne peuvent pas vivre auprès des humains. Dans mes rêves les plus fous, j'imagine que des terrains de golf sont transformés en réserves pour chiens, dans lesquelles des professionnels s'occupent d'eux – tout en étudiant leur comportement. Nous pouvons apprendre énormément de ces chiens détruits. Ils peuvent nous permettre de repérer les maltraitances qui donnent naissance à des chiens meurtriers. Ils peuvent nous montrer comme il leur est préjudiciable de vivre des vies instables, et ils peuvent nous aider à faire la distinction entre les chiens instables qui ne peuvent pas lâcher prise, et les chiens qui, au contraire, peuvent devenir équilibrés. Nous pouvons apprendre à déceler chez un chien les signes qui sont irrémédiables. Selon moi, nous ne devrions pas avoir recours à l'euthanasie. Ces chiens meurent à cause de ce que nous, les humains, leur avons fait. Je pense que nous devrions être capables d'imaginer un moyen pour qu'ils passent le reste de leur vie le plus confortablement possible.

Un chien n'est pas une arme

Dans notre monde moderne, on se sent tous concernés par le crime et la manière dont il peut affecter une famille. Pendant des milliers d'années, les hommes se sont servis des chiens comme gardes ou comme armes contre les autres animaux, mais aussi contre les humains. Aujourd'hui, il semble que nous ayons peur les uns des autres. Les chiens, et plus particulièrement ceux de races puissantes, peuvent en effet être de bons gardes pour votre famille. Ils exercent sans aucun doute un effet de dissuasion. Les statistiques montrent que 75 % des propriétaires de chien attendent de lui qu'il soit le protecteur du foyer [37]. Mais, en voulant que notre chien soit à la fois notre bon et fidèle compagnon et une arme pour notre protection, nous lui en demandons peut-être trop.

Certains des chiens « zone rouge » dont j'ai parlé étaient enchaînés et enfermés dans de petits espaces en tant que « chiens de garde » et, même s'ils n'ont pas subi d'autre forme de maltraitance, la frustration qui s'est développée en eux était potentiellement mortelle pour tout intrus, que ce soit le facteur, un parent ou un enfant innocent qui n'aurait fait que passer par là. Si votre chien attaque quelqu'un, on peut vous faire un procès, et vous pouvez perdre tout ce que vous possédez, ou, comme dans l'affaire Diane Whipple, vous pouvez être accusé de meurtre et finir en prison. Et pensez au bien-être de votre animal. La majorité des chiens qui attaquent les humains sont euthanasiés sur ordre de la loi ou de la fourrière. Personne ne veut prendre de risque en ce qui concerne la sécurité publique – ou l'opinion publique. Si vous vous servez de votre chien comme d'une arme de défense, cela peut très bien vous arriver.

J'entraîne un rottweiler à être un chien d'attaque.

Bien que le plus gros de mon travail concerne la rééducation des chiens, je prends également part à l'entraînement des chiens de garde, des chiens policiers et des chiens d'attaque. Dresser ces animaux est un art qui nécessite des professionnels responsables. Si vous décidez que vous voulez un chien d'une race puissante pour protéger votre maison, vous devez vous y prendre de la bonne manière. Vous devez vous faire aider par quelqu'un d'expérimenté et apprendre à assumer le rôle d'un chef fort, calme-assuré auprès de votre chien. Mais vous devez avant tout peser le pour et le contre concernant cette double vie que vous souhaitez faire mener à votre chien : être à la fois un garde et votre ami.

Notre responsabilité

En tant que propriétaires de chiens, nous avons la responsabilité de maîtriser le comportement de notre animal, aussi bien pour lui que pour les autres humains. Si nous avons un chien qui n'a pas été correctement socialisé ou rééduqué, et qu'il est un tant soit peu dangereux pour nos voisins et leurs chiens, nous agissons imprudemment en le laissant vivre dans la société. Certains vétérinaires et comportementalistes pour chiens croient que seuls le renforcement positif[19] et les techniques d'approbation conviennent aux chiens, à n'importe quel moment et dans n'importe quelle situation. Je pense au contraire que si le comportement d'un chien peut être conditionné à force de friandises et de renforcement positif, c'est une situation idyllique. Il est en effet toujours mieux que les humains considèrent le comportement d'un chien et son dressage d'un point de vue positif et bienveillant, et il n'est jamais bon de punir un chien par colère. Les chiens – et tous les animaux – doivent toujours être traités humainement. Mais il faut tout de même se rappeler qu'un chien dans la zone rouge aura souvent une agressivité grandissante jusqu'à ce qu'il tue ou mutile un autre animal ou, dans le pire des scénarios, un être humain. Un chien dans la zone rouge est dangereusement déséquilibré et ni l'amour, ni les félicitations, ni les cookies que vous lui donnerez ne l'empêcheront de causer du mal.

Si vous possédez un chien d'une race puissante, vous ne pouvez rien faire pour contrôler l'énergie des gens qui vous entourent. Vous ne pouvez pas attendre d'eux qu'ils n'aient pas peur de votre animal, même si ce dernier n'a jamais fait de mal à une mouche. La seule chose que vous puissiez contrôler, c'est votre chien. Et vous devez en être capable, pour les gens et les animaux de votre entourage.

Les chiens dans la zone rouge ont besoin de savoir que nous avons le contrôle. Cela ne veut pas dire que nous devions être agressifs envers eux. Punir un chien ne guérit pas l'agressivité : au contraire, en général, si un chien est dans la zone rouge, cela l'exacerbe. Mais quand nous avons un chien, nous devons nous montrer forts et assurés et nous devons toujours *corriger* ses comportements indésirables ou dangereux. Les chiens doivent être conscients de notre pouvoir et du fait que nous sommes les chefs de meute. Nous pouvons accomplir cela grâce à notre force mentale, mais aussi grâce à une certaine discipline physique. Cela étant dit, nombre de chiens agressifs ne peuvent être aidés que par des experts qualifiés qui ont l'expérience nécessaire pour maîtriser les cas dangereux de zone rouge. Si vous avez le moindre doute concernant votre capacité à maîtriser votre chien ou si vous pensez que votre chien peut être une menace pour vous ou votre famille –, il est de votre devoir, pour vous mais aussi pour votre chien, de trouver un expert chevronné dont les techniques et la philosophie vous conviendront.

Enfin, je pense qu'aucun chien dans la zone rouge ne devrait perdre la vie avant que toutes les voies de rééducation ou tous les hébergements possibles aient été envisagés. Il y a bien trop peu de refuges dans le monde où l'on n'euthanasie pas les animaux – sans compter que ceux qui existent sont toujours pleins à craquer et à court d'argent. Néanmoins, les personnes dévouées qui dirigent ces centres partagent ma conviction qu'il est mal de condamner à mort un animal qui n'avait aucune conscience morale de ce qu'il faisait ni aucun contrôle intellectuel sur son acte. Nous ne devrions pas condamner à mort des chiens qui sont devenus des monstres à cause de leurs maîtres – monstres qu'ils n'étaient pas censés devenir.

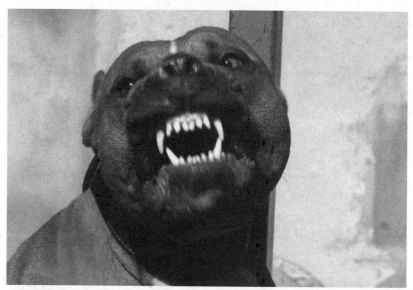

Un pitbull « zone rouge ».

Avec Coach.

Chapitre 7

....

La formule de Cesar pour un chien épanoui, équilibré et en bonne santé

Ce livre n'est pas un manuel pratique. Comme je l'ai dit en introduction, mon but ici n'est pas de vous apprendre comment faire pour que votre chien obéisse à votre voix ou aux signes que vous lui faites ; mon but n'est pas non plus de vous apprendre à faire faire des tours à votre chien ni à le faire « venir au pied ». Il existe de nombreux guides pratiques et livres ayant trait au dressage de chien, ainsi que beaucoup de spécialistes dont c'est précisément le travail. Bien que ma principale mission soit de vous aider à mieux comprendre la psychologie de votre compagnon canin, j'ai néanmoins quelques conseils pratiques à vous donner. Ces conseils s'appliquent à tous les chiens, quels que soient leur race, leur âge ou leur taille, quel que soit leur caractère et qu'ils soient dominants ou soumis. Voici donc une formule en trois points pour que votre chien ait une vie épanouie. Mais rappelez-vous bien : les chiens à problèmes nécessitent plus qu'une réparation unique. Les chiens ne sont pas des appareils électriques : vous ne pouvez pas vous contenter de les envoyer en réparation une seule et unique fois, puis de ne plus vous en préoccuper. Si vous attendez de cette formule qu'elle marche, vous devez la mettre en application tous les jours de la vie de votre chien.

Cette formule est simple. Si vous voulez avoir un chien équilibré, vous devez lui fournir trois choses :

- de l'exercice ;
- de la discipline ;
- de l'affection.
Dans cet ordre !

Pourquoi l'ordre est-il si important ? Parce que c'est dans cet ordre que les besoins innés de votre chien se font naturellement sentir. Le problème, c'est que la majorité des chiens ne reçoivent de la part de leurs maîtres qu'une partie de la formule : de l'affection, de l'affection et encore de l'affection. Certains font mieux : ils donnent à leur chien de l'affection et lui font faire de l'exercice. D'autres encore pratiquent les trois, mais placent l'affection en premier. Comme je l'ai déjà répété maintes et maintes fois dans ce livre, c'est la meilleure façon d'avoir un chien déséquilibré. Oui, nos chiens ont un grand besoin d'affection, mais ils ont plus encore besoin de faire de l'exercice et d'avoir un chef – surtout de faire de l'exercice, comme vous allez maintenant le découvrir.

L'exercice

C'est la première partie de la formule pour que votre chien soit heureux, et vous ne devez en aucun cas la négliger. Ironie de la chose, c'est ce que délaissent la plupart des maîtres. Cela vient peut-être du fait que les maîtres en général semblent avoir des problèmes à faire eux-mêmes de l'exercice : ils ne se rendent pas compte que tous les animaux, y compris les humains, ont un besoin inné d'activité physique. Le simple fait de sortir et de faire fonctionner son corps semble être passé au second plan dans notre société. Nos vies modernes sont si frénétiques qu'il nous semble impossible d'y ajouter une promenade quotidienne avec notre chien. Mais si vous prenez la responsabilité de vivre avec un chien, vous signez un contrat : vous devez le promener. Tous les jours. De préférence au moins deux fois par jour. Et au *minimum* 30 minutes chaque fois.

Promener votre chien est une activité de la plus haute importance. Il doit se déplacer avec sa meute : c'est inscrit dans son cerveau. Les chiens n'aiment pas les promenades seulement parce qu'elles leur permettent de faire leurs besoins et d'être à l'air pur – bien que, scandaleusement, c'est ce que semblent croire la plupart des maîtres. Pour la majorité d'entre eux, « promener un chien » signifie le laisser sortir dans le jardin pour qu'il fasse ses petites affaires, puis le faire rentrer dans la maison. C'est une torture pour un chien. Toutes les cellules de son corps réclament une promenade. À l'état sauvage, les chiens passent jusqu'à 12 heures par jour à migrer pour trouver de la nourriture ; dans leur habitat naturel, les loups – les ancêtres vivants des chiens – sont connus pour parcourir des centaines de kilomètres et pour chasser pendant 10 heures d'affilée [38]. Les chiens ont naturellement des niveaux d'énergie différents et certains d'entre eux ont plus besoin de marcher que d'autres. Certaines races ont des gènes qui leur dictent de marcher plus longtemps, ou plus vite, ou d'aller plus loin, mais tous les chiens marchent. Tous les animaux voyagent. Les poissons ont besoin de nager, les oiseaux de voler… et les chiens de marcher !

Promener votre chien est l'outil le plus efficace que je puisse vous offrir pour vous aider à comprendre les différents aspects de sa psychologie – l'animal, le chien, la race et le nom – en même temps. En vous rendant maître de la promenade, vous avez la possibilité de réellement vous lier avec votre chien et de vous établir comme son chef de meute. Cette promenade est la fondation de votre relation. C'est aussi le moment ou un chien apprend à être un chien. Il apprend sur son environnement, sur les animaux et les humains qui y vivent, sur les dangers comme les voitures, et sur les choses qu'il faut éviter, comme les vélos et les planches à roulettes. Il fait pipi sur les arbres et apprend à connaître son territoire.

La discipline
Elle implique des règles, des limites et des restrictions entre le chien et son maître. La discipline implique par ailleurs une certaine cohérence dans les différents travaux et activités.

L'affection
Elle doit venir en dernier, après voir fait de l'exercice et instauré de la discipline. On peut aussi se servir de l'affection comme d'une récompense pour un bon comportement (en silence, de préférence).

L'exercice
Ce doit être la première, et la plus importante, des activités entre le chien et son maître.

Programme équilibré.

Les animaux ont besoin d'entrer en contact avec le monde qui les entoure et d'y prendre place. Ce n'est pas naturel pour eux de passer leur temps enfermés entre quatre murs. Une autre partie du «paradoxe des personnes de pouvoir» dont j'ai parlé plus haut – la tendance qu'ont les gens très puissants à avoir des chiens très perturbés – est que ces personnes ont souvent d'immenses maisons, très luxueuses, avec de très grands jardins. Elles pensent que le fait de laisser leur chien parcourir le jardin entourant leur propriété lui procure suffisamment d'exercice. Ne croyez surtout pas qu'avoir un grand jardin peut remplacer une promenade avec votre chien! Bien sûr, le jardin peut faire plusieurs hectares, mais pour votre chien, ce n'est rien de plus qu'un très grand chenil entouré de murs. En outre, laisser votre chien vagabonder seul toute la journée ne lui procure pas la structure d'une vraie migration avec son chef de meute. Un programme de marche, structuré et régulier, est vital, particulièrement pour les chiens qui ont des problèmes et des troubles du comportement.

Mauvaises habitudes.

Être maître de la promenade

De temps à autre, après avoir rendu visite à de nouveaux clients et avoir travaillé avec leur chien, ceux-ci me disent : «Nous avons payé 350 dollars pour cette consultation, et tout ce que vous nous dites, c'est de promener notre chien plus souvent ?» Dans certains cas, oui, c'est aussi simple que ça. Néanmoins, tout dépend de ce que j'appelle «être maître de la promenade». Il n'existe qu'une seule bonne façon de promener votre chien, et un million de mauvaises. Je dirais que 90 % des gens le font de la mauvaise façon. Vous pensez que j'exagère ? Voici un exercice pour vous : rendez-vous dans un grand parc et observez les gens promener leur chien. Observez-en 10. Comptez combien d'entre eux ont leur chien devant eux, au bout d'une longue laisse ou d'une laisse à enrouleur. Remarquez combien d'entre eux se font tirer par leur chien. Ajoutez-y le nombre de promeneurs qui restent immobiles à attendre patiemment que leur chien ait fini de renifler le sol, les arbres, tout ce qui l'entoure, en oubliant totalement la présence de son maître.

Sur les 10 couples chiens / maître que vous avez observés, combien de chiens marchaient sagement à côté de leur maître ou derrière lui ? Pas beaucoup ? Maintenant, regardez vers les quartiers pauvres – la partie de la ville où vivent les sans-abri. Vous voyez une différence dans le langage corporel de la personne et du chien ? Ironiquement, les sans-abri semblent parfaitement maîtriser l'art de promener un chien. Ils ne se font pas tirer par leur animal ; les chiens ne choisissent pas le programme, ni ce qu'ils font, ni où ils vont. Pourquoi ? Tout d'abord parce qu'ils se déplacent tous les deux sur plusieurs kilomètres par jour, tous les jours. Ensuite, parce que les chiens considèrent leur maître sans-abri comme leur chef de meute. Un sans-abri ne dorlote pas son chien, il ne lui donne pas de friandises et ne le caresse pas à longueur de journée, et pourtant, ce chien sent parfaitement que son maître est content de l'avoir à ses côtés. Son maître lui procure un chef – quelqu'un à suivre, qui finira par lui faire trouver de l'eau, de la nourriture et un endroit où dormir. Leur vie est simple, mais structurée. Une bonne promenade ne devrait être rien de plus – simple, mais structurée.

La laisse

Tout d'abord, je recommande en général aux gens de choisir une laisse très simple, courte. Les laisses que j'utilise ne sont que de vulgaires cordes en nylon à 15 cents, que je noue moi-même afin qu'elles forment un collier. Bien sûr, si vous aimez la mode, vous n'avez pas à m'imiter, mais je vous conseille – particulièrement pour les chiens à problèmes – de passer le collier autour de la tête de votre chien et de le positionner juste en dessous, et non pas autour de son cou (voir les photos à la page suivante). La plupart des gens mettent le collier sur la partie la plus forte du cou de leur animal : de cette façon, ce dernier contrôle totalement sa tête et, parfois, si c'est un chien d'une race puissante, il vous contrôle aussi ! Si vous voulez voir à quoi ressemble le style de laisses que j'utilise, regardez un concours de chiens de l'American Kennel Club. C'est comme ça que les dresseurs de chiens de concours mettent leurs animaux en laisse. Vous verrez le dresseur et l'animal courir ensemble autour de la piste, le dresseur tenant la laisse dans la main, exerçant de légères pressions pour que le chien relève la tête. Ces chiens de concours ont l'air si fier, la tête relevée – au vu de la relation entre leur énergie et leur langage corporel, c'est sans doute le sentiment qu'ils éprouvent. Non, ils ne sont pas fiers de leur coupe de cheveux ou du ruban bleu qui orne leur tête ; ils ne se préoccupent pas de ce genre de choses. Dans le monde d'un chien, garder la tête relevée est un langage corporel positif, signe d'une estime de soi saine. En outre, en tenant la laisse dans cette position, vous avez un contrôle maximal sur votre chien – il ne peut aller que là où vous le désirez.

Beaucoup de gens semblent aimer les laisses à enrouleur car ils croient que leur animal a besoin de « liberté » pendant une promenade ; il y aura un temps pour partager un moment de liberté plus tard dans la promenade, mais ce sera un genre de liberté que vous contrôlerez. Je ne suis pas particulièrement fan des laisses à enrouleur, excepté pour les chiens les plus doux et les plus joyeux. Néanmoins, le choix de la laisse vous revient. Peu importe ce que vous choisissez, ne laissez pas votre chien, et l'excitation qu'il ressent en vous voyant prendre la laisse et la lui mettre autour du cou, contrôler l'expérience. J'ai eu une cliente, Liz, lors de mon émission *Dog Whisperer*, dont le

Comment tenir une laisse.

dalmatien, Lola, devenait folle et se mettait à sauter partout au moment même où sa maîtresse prenait la laisse au portemanteau. Puis, Lola fonçait sur la porte et tirait au maximum sur sa laisse à enrouleur – parfois, elle échappait même des mains de Liz. Il va sans dire que c'est la plus mauvaise manière de sortir de chez vous avec votre chien.

Quitter la maison

Oui, croyez-moi si vous le voulez, mais il y a une bonne et une mauvaise façon de sortir de chez soi. Tout d'abord, ne laissez jamais votre chien prendre le contrôle, comme l'a fait Liz avec Lola. Vous devez vous comporter en chef avant même que ne commence la promenade. Ne mettez pas sa laisse à votre chien avant qu'il ne soit dans un état calme-soumis. Une fois qu'il est calme, mettez-la-lui et dirigez-vous vers la porte. Une fois de plus, ne laissez pas votre chien devenir surexcité alors que vous vous approchez de la sortie ou que vous vous trouvez dans l'embrasure de la porte. Même si vous devez attendre, assurez-vous bien que votre chien est dans un état calme-soumis. Puis, ouvrez la porte. Sortez en premier. Cela est vraiment très important. En sortant le premier, c'est comme si vous disiez à votre chien : « Je suis le chef de meute, à l'intérieur comme à l'extérieur de la maison. »

Pendant la promenade, assurez-vous que votre chien marche à vos côtés, ou derrière vous. Lorsqu'un chien est loin devant son maître ou qu'il tire sur sa laisse, c'est lui qui promène l'humain, qui dirige la meute. Vous avez sans doute l'habitude que votre chien veuille s'arrêter pour sentir les moindres buissons, arbres, plantes ou carrés d'herbe qu'il voit. C'est normal pour un chien, mais quand vous êtes en mode « migratoire », votre chien ne doit pas s'arrêter avant que vous ne le lui ayez dit. Vous imaginez, si une meute avait à parcourir une quinzaine de kilomètres et que chaque chien faisait ses petites affaires, s'arrêtant pour renifler les arbres et l'herbe au lieu d'avancer ? La meute n'atteindrait jamais la nourriture. La promenade sert tout d'abord à vous lier à votre chien en montrant que vous êtes le chef, puis à faire de l'exercice, et enfin à permettre à votre chien d'explorer. Vous devez tenir la laisse avec fermeté, mais avec un bras détendu, comme si vous teniez un porte-documents. Et, le plus important de tout, n'oubliez pas votre énergie calme-assurée. Pensez à Oprah ! Pensez à Cléopâtre ! Pensez à John Wayne !

Pensez à un moment où vous vous êtes senti fort, où vous aviez le contrôle. Redressez-vous. Relevez les épaules et bombez la poitrine. Faites tout ce que vous pouvez pour réellement ressentir cette énergie calme-assurée et la projeter à votre chien *via* la laisse, car ce dernier capte tous les signaux que vous envoyez. Nombre de mes clients ont été ébahis par la façon dont le simple fait d'être plus calmes-assurés et de projeter cette énergie pendant une promenade pouvait calmer leur chien. Ce n'est pas de la magie : c'est la nature qui est à l'œuvre. C'est dans la nature des chiens d'avoir envie de suivre un chef calme-assuré. Une fois que vous avez revendiqué ce titre, ils vous suivent naturellement.

Je fais du patin à roues alignées avec la meute.

Lorsque vous avez trouvé un rythme et que vous avez marché sans interruption pendant plusieurs minutes, vous pouvez alors laisser votre chien partir devant – un petit peu. Relâchez la tension dans la laisse et laissez votre chien faire ce qu'il veut, faire ses besoins ou renifler l'herbe. Rappelez-vous, il le fait quand vous le décidez. C'est la clé. Ironie de la chose, quand vous donnez à un chien la permission de se comporter ainsi, il y passe moins de temps que s'il avait été autorisé dès le début à le faire tout seul. Quand je promène ma meute de 40 à 50 chiens sans laisse dans les montagnes, ils courent derrière moi pendant 30 à 40 minutes, puis je les autorise à courir devant moi pendant 5 minutes. C'est le genre de «liberté» dont votre chien a besoin – mais avec des règles, des limites et des restrictions. Je les autorise à s'éloigner sur une dizaine de mètres. S'ils s'éloignent trop, je fais un léger bruit qui leur signale de revenir.

Personnellement, l'exercice que je préfère effectuer avec ma meute, celui qui libère vraiment leur énergie, c'est le patin à roues alignées. Je mets mes patins et je pars avec 10 chiens en même temps dans les rues du sud de Los Angeles – en laisse, bien sûr! Bien des gens me regardent bizarrement: ils ne peuvent pas en croire leurs yeux. Mais les chiens aiment ça. Parfois, c'est moi qui les tire; parfois, ce sont eux, mais c'est toujours moi qui dirige. Après une séance de trois heures, tout le monde est épuisé et plus qu'heureux d'être calme-soumis pour le reste de la journée!

Le tapis de jogging

Si vous n'avez pas la possibilité de promener votre chien autant que le réclame son niveau d'énergie, un tapis de jogging est une bonne option. Le tapis de jogging ne doit pas être la seule marche que fait votre chien – souvenez-vous, il a besoin de marcher avec vous. Mais pour un chien qui a beaucoup d'énergie, c'est une bonne manière de libérer du stress supplémentaire. Cela devient un défi pour lui, sur les plans physique et psychologique. Les chiens sont comme les hommes : nous ne pouvons nous concentrer que sur une chose à la fois! Et quand un chien se trouve sur un tapis de jogging, il doit se concentrer. Il va aller «dans une zone de concentration extrême».

Nombre de mes clients sont sceptiques à l'idée de mettre un chien sur un tapis de jogging. Ils pensent que le chien va se blesser, particulièrement s'il est en laisse. Au début, il faut le surveiller, mais n'importe quel chien est capable de le faire. Mettre des chiens sur des tapis de jogging ne date pas d'hier. Ce n'est pas quelque chose que j'ai inventé. Dès 1576, le docteur Johannes Caius de l'Université de Cambridge a décrit une race indéfinissable de chiens qu'il a appelée « turnspit[20] » [39]. Ces chiens étaient formés spécialement pour marcher sur des tapis qui entraînaient mécaniquement les broches sur lesquelles les gens faisaient rôtir leur viande. Cette race est maintenant disparue – depuis que le four est devenu populaire, sans aucun doute ! –, mais si les chiens pouvaient être éduqués pour marcher sur les tapis manuels des XVe et XVIe siècles, en quoi cela serait-il plus difficile pour eux sur les tapis électriques du XXIe siècle ?

L'un de mes clients était le directeur général d'une compagnie valant 60 milliards de dollars, connue dans tous les foyers du pays. Son chien, un puissant berger allemand, était totalement hors de contrôle : il attaquait et mordait les gens, mais son maître refusait catégoriquement de l'admettre. C'est sa femme qui m'a appelé. J'ai travaillé alors avec son mari pendant plusieurs heures et j'ai pu constater qu'il était sur la défensive : ce n'était pas sa faute, mais celle de sa femme et de ses enfants. Il était très occupé : il n'avait pas le temps d'emmener promener son chien. Je lui ai dit : « Eh bien, puisque vous insistez sur le fait que vous n'avez pas le temps de promener votre chien, pouvez-vous le mettre sur un tapis de jogging ? » « Non, a-t-il répondu, il n'en est pas question. Ce chien ne mettra jamais, je dis bien jamais les pieds sur un tapis de jogging ! » J'ai attendu tranquillement. Quand il a eu fini, je lui ai demandé : « Êtes-vous prêt à le voir sur un tapis ? » Il s'est mis en colère contre moi : « Je vous dis que ce chien ne mettra jamais, jamais, les pieds sur un tapis de jogging. » Cela m'a pris cinq secondes pour attraper le chien et le mettre sur le tapis. Il s'est senti à l'aise en quelques secondes : mon client était sans voix. Ce n'est pas le genre d'homme que les gens contredisent – ou à qui on ose dire qu'il a tort. Mais j'étais là pour le bien du chien, et non pour flatter l'ego de son maître. J'ai bien peur que cet homme de pouvoir ne soit pas capable de consacrer une part de son énergie pour mettre mon conseil en application – jusqu'à ce qu'on lui colle un procès. Malheureusement, c'est la seule chose qui amène certains clients à prendre au sérieux le comportement de leur chien.

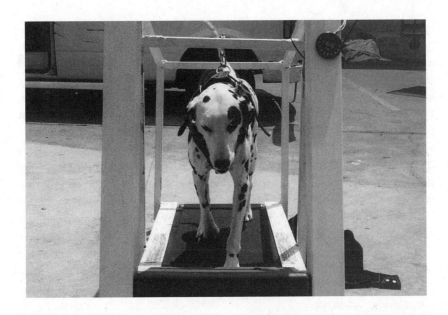

J'entraîne des chiens à marcher sur un tapis de jogging.

Je vous recommande tout d'abord d'engager un professionnel afin qu'il vous apprenne les règles de base pour mettre en toute sécurité votre chien sur un tapis de jogging. Pour un chien, les deux premières semaines sur un tapis représentent un défi sur le plan psychologique car le sol bouge, et ses instincts lui disent de s'enfuir quand le sol bouge! Après deux semaines, vous verrez votre animal gratter le tapis, vous suppliant de le mettre en route. Les chiens y deviennent accros, mais c'est une dépendance saine. Si vous commencez à une vitesse très réduite et que vous surveillez votre chien de près jusqu'à ce que vous soyez sûr qu'il est parfaitement à l'aise, vous devriez pouvoir le mettre sur le tapis et vaquer à vos occupations, tant que vous ne vous éloignez pas trop. Bien sûr, ne le laissez jamais dessus trop longtemps sans le surveiller. Toutefois, la marche sur un tapis de jogging à une vitesse raisonnable – même si ce n'est pas un substitut à la promenade – peut contribuer sûrement et sainement au programme d'exercices de votre chien. C'est particulièrement important pour les races de chiens puissantes qui ont besoin d'exercices supplémentaires pour aider à contrôler leur dominance et leur agressivité.

Le sac à dos pour chien

Une autre technique, que j'utilise pour les chiens dont le niveau d'énergie est élevé et qui ont besoin de plus d'exercice, est un sac à dos pour chien. Ajouter du poids à un chien pendant la promenade – ou même pendant sa séance sur le tapis de jogging – le fait travailler davantage. Ça lui donne aussi quelque chose sur quoi se concentrer, un travail à faire. Les chiens aiment avoir un travail à faire et, comme je l'ai déjà mentionné, ils ne peuvent pas effectuer plusieurs choses à la fois. S'ils sont concentrés sur le fait de marcher et de porter quelque chose, ils seront bien moins enclins à pourchasser le moindre chat qui passe ou à japper après les cyclistes. Avez-vous déjà vu un groupe de boy-scouts en randonnée? Peu importe s'ils sont hyperactifs au camp, ils sont toujours calmes et soumis quand ils font une randonnée avec un sac sur le dos! Le fait de porter un sac à dos calme presque toujours un chien: c'est comme le Prozac… sans les effets secondaires! Ces sacs à dos existent en différentes tailles et différents styles: cherchez « sac à dos pour chien » sur Internet pour en trouver un qui convienne à votre animal. Vous devez le lester d'un poids, équivalant à 10 à 20 % du poids de votre chien, en fonction de son niveau d'énergie et de ses besoins.

Les sacs à dos ont aidé à faire des miracles sur beaucoup de chiens que j'ai rééduqués. Coach, un boxer agressif et très protecteur, avait un comportement totalement hors de contrôle : il avait été prévu de l'euthanasier le jour même où je suis venu travailler avec lui. Bien qu'il ait pris des cours d'obéissance, sa famille ne le promenait jamais. Grâce à des promenades régulières et de nouvelles règles, limites et restrictions émanant de toute la famille, Coach est devenu si obéissant qu'il accompagne désormais son petit maître de huit ans à l'école et porte ses cahiers dans son sac à dos pour chien. Il n'existe rien de plus thérapeutique pour un chien que de lui donner un travail à faire, et porter un sac à dos en est un. Coach est un chien qui a évité la condamnation à mort pour devenir un compagnon digne des *Petites Canailles* en seulement quelques semaines.

Les promeneurs de chiens

Enfin, si vous n'avez absolument pas le temps d'emmener votre chien en promenade ou si vous êtes blessé, malade ou handicapé de quelque manière que ce soit, je vous suggère d'engager un promeneur de chiens professionnel. Ce n'est pas l'idéal pour créer ce lien chef de meute / suiveur que vous voulez créer avec votre compagnon, mais cela aide à l'habituer à avoir un humain pour chef. Certains propriétaires de chiens de ma connaissance sont très consciencieux : ils promènent leur chien le matin et le soir, et ils engagent un promeneur pour s'assurer que leur animal fasse de l'exercice à midi. Tout le monde ne peut pas se permettre ce luxe, mais pour ceux qui le peuvent, je parierais que cela coûte bien moins cher que les frais de justice que vous devrez payer si votre chien a des troubles, manque d'exercice et vous entraîne dans un procès. Bien sûr, vous devez vérifier les références du promeneur que vous engagez et l'observer quand il sort pour une promenade. A-t-il le contrôle sur les chiens ? Ces derniers le traînent-ils ou lui montrent-ils du respect ? Assurez-vous d'être à l'aise avec toute personne à qui vous laissez votre animal : votre chien ne peut pas se plaindre quand vous le ramenez à la maison, vous devez donc vous fier à votre seul jugement.

Les chiens ont besoin de travailler

Depuis la création du monde, les chiens ont toujours été faits pour avoir un travail. À l'état sauvage, la meute fonctionne comme une machine de chasse bien huilée. Quand nous avons commencé à domestiquer les chiens, nous les avons élevés de façon à tirer profit de leurs capacités spécifiques, et innées, pour certains travaux. Nous avons créé des races en fonction de l'utilisation que nous pourrions en faire pour satisfaire au mieux nos propres besoins. Nous aimons la façon dont un chien franchit des obstacles ; la façon dont un autre creuse la terre ; la façon dont tel chien rapporte et tel autre garde les moutons. Environ 95 % des races de chiens qui existent aujourd'hui de par le monde étaient, à l'origine, des races de chiens travailleurs. Pas plus de 5 % des races qui existent de nos jours ont été élevées pour être des petits chiens d'appartement. Les chiens, sauvages ou domestiques, sont nés pour travailler. Mais dans le monde moderne, nous n'avons pas toujours de travail légitime à faire faire aux chiens qui ont des dons particuliers.

De fait, la promenade est le travail le plus important que vous puissiez offrir à votre chien. Marcher avec vous, son maître, est une activité tout aussi physique que mentale pour votre animal. Une fois qu'il a pratiqué cette forme primitive d'exercices, vous pouvez faire les autres choses auxquelles vous aimez vous adonner avec lui : jouer à lui faire rapporter la balle, nager dans la piscine, lui faire faire des tours – des activités plus excitantes.

Vous devez aussi établir une limite dans le temps pour ces activités plus frénétiques. Et, comme dans le cas d'un grand jardin, ces activités ne peuvent pas remplacer la promenade. Vous ne devez pas sauter la promenade. Après s'être promené, votre chien passera automatiquement en mode « repos profond » – que les humains appelleraient « méditation ». Une fois qu'il est dans ce mode, vous pouvez quitter votre domicile pour toute la journée, sûr du fait que votre chien sait que vous êtes le chef de meute et que toute cette énergie qu'il a en lui est canalisée comme il le faut, de façon constructive.

La discipline

Le mot *discipline,* appliqué au comportement canin, a revêtu dernièrement de mauvaises connotations. Certaines personnes refusent même de prononcer ce mot et définissent en général la *discipline* comme une *punition.* Pour moi, le terme a un tout autre sens. Bien sûr, il implique des règles, des limites et des restrictions. Mais il a aussi une signification bien plus profonde – en ce qui concerne mes chiens et aussi ma propre vie.

La discipline fait de vous une personne meilleure ; elle vous permet de rester en forme, d'être en bonne santé et vous aide à avoir des relations saines : vous avez la discipline nécessaire pour faire ce qu'il y a de mieux dans l'intérêt de ces relations. Cela ne veut pas dire que je « discipline » ma femme en lui disant quand elle a fait quelque chose de mal – chez moi, ce serait sans doute le contraire de toute façon ! La discipline dans notre relation signifie que je fais partie d'un couple, d'une structure qui me dit quelles sont les limites. Comme je suis discipliné, je vais être fidèle à mon engagement. Quand je promets à ma femme que je vais faire quelque chose, je le fais. Lorsqu'elle me promet quelque chose, elle le fait. Tous les jours. La *discipline* m'aide à rester fixé sur mon objectif, à atteindre mes buts et mes rêves. C'est un mot qui me permet de rester équilibré, d'être un homme respectable, honnête, quelqu'un qui veut le meilleur pour lui-même et pour tout ce qui l'entoure – des arbres aux êtres humains, en passant par les animaux. Sans discipline, vous ne pouvez pas être un bon modèle. Si vous n'êtes pas une personne disciplinée, vous devenez une source d'énergie négative.

Pour diriger mon Centre de psychologie canine, je dois être discipliné. Pour planifier chaque journée, je dois avoir un programme et m'y tenir. Je dois m'assurer tous les jours que les chiens ont de l'eau, de la nourriture, qu'ils font de l'exercice. Je dois surveiller leur santé et les emmener chez le vétérinaire s'ils tombent malades. Je dois nettoyer après eux. Si je n'étais pas discipliné à propos de ces choses, non seulement je fermerais boutique, mais mes chiens si précieux pourraient tomber malades, voire mourir. La discipline, pour moi, c'est très sérieux.

Il est dans la nature des êtres vivants d'être disciplinés. La discipline – les règles, limites et restrictions – existe pour toutes les espèces sur terre. Les abeilles sont disciplinées ; les fourmis sont disciplinées ; les oiseaux aussi, tout comme les dauphins. Si vous avez déjà vu des dauphins chasser un banc d'anchois, vous avez dû remarquer comme ils sont disciplinés et méthodiques dans leur façon de travailler ensemble pour rassembler leurs proies. Les loups sont disciplinés quand ils chassent, mais pas seulement : quand ils se déplacent aussi, quand ils jouent et quand ils mangent. Ils ne remettent pas en question la discipline. La nature ne voit pas la discipline comme quelque chose de négatif. La discipline, c'est l'ADN. La discipline, c'est la survie.

Pensez à la place qu'occupe la discipline dans votre vie. Si vous êtes Lance Armstrong, la discipline signifie rester en forme, s'entraîner, avoir une bonne alimentation, et faire des kilomètres et des kilomètres à vélo par semaine. Si vous travaillez chez Starbucks, la discipline signifie arriver à l'heure au travail, mémoriser la liste infinie des noms de boissons au café, savoir combien de mousse mettre dans un cappuccino ou un latte, et se montrer poli même quand les clients s'impatientent en faisant la queue. C'est ça, la discipline. Pour réussir, vous devez être discipliné. Si vous prenez un cours de tae-boxe avec Billy Blank, vous feriez mieux d'être discipliné quand il vous dit de lever la jambe. Il n'est pas méchant : il sait juste que vous ne pouvez pas accomplir ce que vous êtes venu faire sans vous imposer une certaine discipline.

C'est comme ça que je pratique la discipline en ce qui concerne les chiens. C'est mon boulot de leur dire quand se réveiller, quand manger et comment interagir les uns avec les autres. Je fixe les règles, les limites et les restrictions concernant où aller et à quelle allure, quand se reposer, quand faire ses besoins, qui chasser, qui ne pas chasser, où creuser un trou, où se rouler. Tout ça fait partie de la discipline. Pour moi, la discipline n'est pas une punition. Ce sont les règles, limites et restrictions qui existent pour le bien des chiens et pour celui de ma relation avec eux.

Les corrections

Dans la nature, les chiens se donnent des corrections à longueur de temps. Les mères corrigent constamment leurs petits ; les chefs de meute corrigent leurs suiveurs. À l'état naturel, les meutes de chiens sont régies par des règles, des limites et des restrictions. Il existe des dizaines de règles tacites concernant les convenances chez un chien sauvage ou dans une meute de loups, qui sont parfois communiquées par l'énergie, parfois par le langage corporel, parfois par un contact physique ou une morsure. Une *correction* – que certains appellent une « punition » – n'est que la conséquence d'un chien qui a enfreint une règle. Avec les chiens, enfreindre une règle implique toujours une conséquence. Sans exception. Si les membres d'une meute pouvaient parler, ils diraient à l'offenseur : « Tu n'es pas discipliné comme nous : tu ne fais pas partie de notre meute. Nous allons te donner une chance : si tu le refais, tu t'en vas. Soit on te tue, soit on te jette dehors. » Les chiens n'en veulent pas aux autres chiens de les corriger et ils ne gardent pas rancune aux chiens qui commettent des erreurs. Ils les corrigent, puis passent à autre chose. C'est très simple pour eux, très naturel.

Dans la nature, fixer des limites n'est pas « cruel », et pour fixer des limites, les animaux ont parfois besoin de se faire corriger. Nous savons tous que les parents humains ne fixent pas de limites. Ce sont *leurs* enfants qui courent dans le restaurant en hurlant et en jetant leur nourriture : ce sont eux qui perturbent la quiétude du repas. Mais ce sont les parents qui appellent « Super Nanny » quand le chaos règne à la maison.

Pensez à la façon dont les humains apprennent. Nous avons souvent besoin de commettre des erreurs et d'être corrigés avant de savoir quelles sont les règles. Si vous vous trouvez dans un État des États-Unis que vous ne connaissez pas et dont vous ignorez le code de la route, et que vous tourniez à droite au feu rouge[21], un policier pourra vous arrêter pour vous dire que cela n'est pas une règle en vigueur dans cet État. Maintenant, vous connaissez cette règle, mais il va quand même vous donner une amende. C'est votre punition. C'est votre correction. Et cela fonctionnera certainement : après avoir payé une amende de 250 dollars, vous pouvez parier que vous ne recommencerez jamais à tourner à droite au feu rouge dans cet État !

Tout comme les humains et les autres animaux, les chiens ont besoin d'être corrigés quand ils enfreignent une règle. La raison pour laquelle je préfère le mot *correction* au mot *punition* est que ce deuxième terme a des connotations humaines – et que trop de gens corrigent leur chien de la façon dont ils punissent un enfant. Avec un enfant, ils supriment un privilège – « Comme tu n'as pas rangé ta chambre, tu n'iras pas au match de foot demain. » – ou, après lui avoir crié après, ils l'envoient dans sa chambre. Les chiens sont incapables de comprendre quand vous leur criez dessus. Tout ce qu'ils captent, c'est votre énergie excitée et déséquilibrée, qui va les effrayer ou les perturber ou qu'ils préféreront tout simplement ignorer. Les chiens ne comprennent pas le concept de « demain » : vous ne pouvez pas les menacer d'annuler une sortie au parc canin. Si vous les envoyez dans une autre pièce ou si vous les mettez au coin, ils ne feront sans doute pas le lien entre la punition et leur mauvais comportement. Les chiens vivent dans un monde de cause à effet. Ils ne pensent pas, ils *réagissent* : ils ont donc besoin d'être corrigés à l'instant même où ils ont un comportement indésirable. Vous ne devez même pas attendre cinq minutes avant de corriger votre animal, car il y a de grandes chances qu'il soit déjà passé à un autre état d'esprit. Rappelez-vous : les chiens vivent dans le moment présent. Les corrections doivent donc prendre place dans le moment présent – et doivent être répétées chaque fois que la règle est enfreinte –, sans quoi un chien ne comprendra pas quels aspects de son comportement vous lui reprochez.

La façon dont nous corrigeons nos animaux est aussi un sujet de débat. Il existe une école de pensée influente aujourd'hui qui affirme que seuls le renforcement positif et la méthode du dressage positif doivent être utilisés avec les chiens, ou tout autre animal. Selon moi, le renforcement positif peut être souhaitable et merveilleux – quand il fonctionne. Cela marche pour les chiens au tempérament insouciant ou pour ceux que nous élevons quand ils ne sont encore que des chiots. Évidemment, si vous pouvez obtenir de votre chien le comportement que vous désirez en lui donnant des friandises à manger, foncez. Mais les chiens que l'on m'apporte ont souvent des comportements qui échappent à tout contrôle. Ce sont des chiens qui ont été sauvés et qui ont des passés douloureux, remplis de mauvais traitements, de privations et de cruauté. Sinon, ce sont des chiens qui ont passé leur vie sans aucune règle, limite ou restriction. Il y a aussi les chiens « zone rouge » dont je vous ai parlé : ces chiens sont allés trop loin pour pouvoir être rééduqués par le seul recours aux récompenses.

Le mauvais traitement, quant à lui, n'est jamais tolérable. Frapper un chien n'est pas acceptable. Vous ne devez pas utiliser la peur pour faire obéir un animal : cela ne fonctionne pas. Montrer de façon ferme à un animal qui est le chef, lui donner des règles, ce n'est pas la même chose qu'instaurer un climat de peur et le punir.

La différence réside dans la manière de corriger un chien et dans le choix du moment. Vous ne devez jamais corriger un animal parce que vous êtes en colère ou frustré. C'est comme ça qu'on assiste à de la maltraitance envers les animaux – ou envers les enfants et les femmes. Quand vous essayez de corriger un chien par colère, vous êtes en général encore plus hors de contrôle que lui. Vous satisfaites à vos propres besoins, non aux siens – et il sentira votre énergie instable, ce qui ne fait en général qu'empirer le comportement indésirable. Vous ne devez jamais laisser un animal vous énerver. Vous êtes là pour lui apprendre, pour être son chef, et si vous avez à le corriger, vous devez toujours garder votre état d'esprit calme-assuré. Cela peut représenter un défi pour vous – comme ça l'a été pour David, le maître de Jordan le bouledogue. Mais c'est peut-être la raison pour laquelle cet animal est entré dans votre vie – pour que vous appreniez tous les deux à avoir un comportement plus sain.

Cela étant dit, quand vous corrigez votre chien, c'est votre énergie, votre état d'esprit et le moment de la correction qui importent plus que la méthode que vous employez, tant que la méthode n'implique pas de maltraitance. Ne frappez jamais un chien. Un contact physique rapide et assuré peut faire sortir un chien d'un état non désiré. Personnellement, je replie ma main de façon qu'elle ait la forme d'une griffe : ainsi, quand j'effleure le chien au cou ou sous son menton, mes doigts repliés lui rappellent les dents d'un autre chien ou de sa mère. Les chiens se corrigent souvent entre eux avec de petites morsures, et le toucher est un des moyens les plus courants par lesquels ils communiquent. Un contact sera toujours plus efficace qu'un coup. Utilisez la technique la moins violente possible pour mettre fin à un comportement indésirable ou faire changer un chien d'état d'esprit. Votre but est de rediriger l'attention du chien sur vous, son chef de meute. Une correction peut varier d'un simple bruit à un mot, à une légère tape du bout des doigts – ce que vous trouvez le plus efficace, mais qui ne fait pas de mal à votre chien, ni sur le plan physique ni sur le plan mental. En ce qui me concerne, ce qui fonctionne le mieux, c'est pratiquer le genre de corrections qu'ils se donnent entre eux – le regard, l'énergie, le langage du corps et le fait d'avancer l'un vers l'autre. Rappelez-vous, les chiens captent toujours votre énergie et ils savent ce que vous voulez exprimer quand votre énergie leur dit : « Ce n'est pas bien de faire ça. » Quand j'ai un chien en laisse, il me suffit de tirer légèrement sur celle-ci pour qu'il cesse de mal se comporter. C'est une petite secousse qui ne dure qu'une seconde et qui ne fait pas mal au chien, mais le moment est primordial. Quelle que soit la méthode de correction, elle doit être appliquée à la seconde même où votre chien commence à mal se comporter. C'est là que le fait de connaître votre animal entre en jeu. Vous devez apprendre à déchiffrer le langage du corps et l'énergie de votre chien presque aussi bien que lui déchiffre déjà les vôtres.

Par exemple, les chiens aiment se rouler sur les carcasses d'animaux morts. Dans la nature, c'est comme ça qu'ils cachent leur odeur quand ils chassent – et c'est une des inventions les plus ingénieuses de mère nature, un comportement qui est inscrit au plus profond des gènes de votre chien. Néanmoins, quand un chien vit avec nous, le voir revenir à la maison couvert d'une odeur de mouffette ou d'écureuil mort n'est pas seulement désagréable, c'est aussi insalubre. J'aime que les chiens vivent de la manière la plus naturelle possible, mais en qualité de chef de meute, et comme c'est moi qui paie les factures, je pense que j'ai le droit d'essayer de limiter cet aspect du comportement de mon chien. Donc, si je vois un chien sentir quelque chose d'inhabituel, je dois le corriger instantanément, avant qu'il ne se mette en quête de cette odeur. Souvenez-vous bien, les chiens sont bien plus rapides que nous : si vous n'arrivez pas à « lire dans ses pensées » et que vous manquiez donc l'occasion de le corriger, vous allez devoir laver sa fourrure et son odeur de mouffette morte en rentrant chez vous.

Le rituel de dominance

Un autre aspect de la correction sujet à controverse est le rituel de dominance – ce que la plupart des dresseurs et des comportementalistes animaliers appellent le « roulé alpha ». C'est une réplique de ce que les chiens et les loups se font les uns aux autres dans la nature : le chien dominant fait mettre un autre chien sur son flanc jusqu'à ce que ce dernier montre qu'il est soumis. Pour résumer, c'est un loup qui demande à un autre de crier « Je suis vaincu ! », et d'admettre qu'il a trouvé plus fort que lui. C'est la manière dont le chef de meute fait régner l'ordre sans devoir recourir ouvertement à la violence envers les autres membres de la meute. À en croire certains comportementalistes, faire un « roulé alpha » à un chien est tout aussi cruel que de lui mettre le feu.

J'ai été critiqué par beaucoup d'adeptes de cette école de comportement, centrée uniquement sur le positif : ils m'ont déclaré inhumain et barbare parce que j'utilise cette technique. Je respecte l'opinion de ces critiques et je reconnais que cette technique n'est appropriée que dans certains cas et qu'elle ne doit être utilisée que par des dresseurs expérimentés. Si vous pensez, comme eux, que cette méthode est cruelle, alors considérez mon conseil en gardant ceci à l'esprit : je crois que, quand il s'agit des rapports que nous entretenons avec les animaux, tout est question de conscience personnelle.

Demander à un chien de se soumettre en s'allongeant sur son flanc est pour moi une chose très naturelle. Dans ma propre meute, un regard sévère, un bruit ou un geste de ma part vont presque toujours renvoyer un chien dévoyé dans un état de soumission – assis ou couché – sans même que j'aie à le toucher ou, dans certains cas, à m'approcher de lui (voir l'enchaînement en trois temps à la page 210). Il va sans dire que je préférerais pouvoir toujours obtenir le comportement que je désire avec un simple regard, ou un simple bruit, plutôt qu'avoir à recourir à un contact physique. Toutefois, avec les chiens extrêmement dominants, avec ceux qui attaquent les hommes ou les autres chiens, ou avec deux chiens qui se battent entre eux, je dois parfois mettre le ou les chiens sur leur flanc. Un chien dominant va provoquer une bagarre – vous ne le feriez pas si vous étiez habitué à toujours être le dominant ? – et va lutter contre moi. C'est naturel. Si vous vous êtes permis un certain comportement toute votre vie, vous allez vous rebeller contre toute personne qui viendra vous dire « non ». Dans ce cas-là, je dois tenir fermement le chien jusqu'à ce qu'il arrête de résister. J'ai commencé à utiliser cette technique avec ma première meute de rottweilers, et je l'utilise toujours quand elle s'avère nécessaire. Elle suscite de la part du chien une réaction primitive, qui lui signifie que je suis le chef de meute.

Quand des étrangers voient un chien couché sur son flanc, me regardant, les oreilles en arrière, ils pensent que le chien réagit de cette façon parce qu'il a peur de moi. Ce n'est pas une position qui indique la peur. (Retournez voir le chapitre 2, qui parle du langage corporel.) C'est une position qui indique une soumission totale – la soumission la plus totale que vous puissiez obtenir. Dans le monde des chiens, c'est l'ultime signe de respect, de capitulation. *Soumission* et *capitulation* n'ont pas de connotations négatives dans leur monde.

J'obtiens une soumission totale sans aucun contact physique.

L'*humiliation* n'existe pas, car un chien ne s'appesantit pas sur le passé. Bien que nombre de chiens de ma meute aient eu, à un moment donné de leur vie, à se soumettre après s'être mal comportés, ils m'aiment toujours et continuent à me suivre tous les jours : ils ne m'en tiennent pas rigueur. Avec 40 chiens réunis au même endroit, il ne se passe pas un seul jour sans que l'un d'entre eux ne fasse des siennes. Cela peut vite donner lieu à un comportement plus perturbateur et dangereux et, comme tout bon chef de meute, c'est mon boulot d'y mettre un terme avant que cela n'aille trop loin.

Toutefois, en ce qui concerne le rituel de dominance, s'il vous plaît, prenez bonne note : bien que je pratique personnellement cette technique dans mon travail, je conseille à toute personne qui ne serait pas un professionnel – ou du moins qui ne serait pas extrêmement expérimentée en matière de comportement canin et d'agressivité – de ne *jamais* forcer un chien à se mettre sur son flanc. Face à un chien dominant ou agressif, quelqu'un d'inexpérimenté pourrait facilement se faire mordre, attaquer ou mutiler. C'est sérieux, et cela peut mettre votre vie en danger. Si votre chien se comporte d'une façon qui appelle ce genre de correction, vous devez consulter un professionnel, dans tous les cas. Vous ne devez pas vous débrouiller seul pour essayer de restaurer la discipline chez un chien qui est allé aussi loin en termes de dominance et d'agressivité.

Règles, limites et restrictions

Vous avez un « règlement intérieur » pour vos enfants à la maison, alors pourquoi n'en auriez-vous pas pour votre chien ? J'ai tellement de clients qui viennent me trouver après qu'ils ont touché le fond ! C'est leur chien qui dirige littéralement le foyer, et la famille est jetée dans le chaos. Beaucoup de mes clients m'avouent avec honte qu'ils « s'isolent » – ils ne voient plus leurs amis parce qu'ils ont peur de ce que pourrait faire leur chien si une nouvelle personne entrait chez eux. Ils n'arrivent plus à gérer leur vie – presque comme s'ils vivaient avec un alcoolique ou un drogué ! Des gens adorables que j'ai eu la chance de rencontrer lors de la première saison de mon émission télévisée, les Francesco, avaient été une famille italo-américaine exubérante, extravertie et très sociable jusqu'à ce qu'un petit bichon frisé du nom de Bella fasse irruption dans leur vie. Au moment où je les ai rencontrés, ils n'invitaient plus le reste de leur famille chez eux, de peur que Bella ne les attaque. Cette petite boule de poils ne pesait même pas 5 kilos, mais elle contrôlait la famille tout entière. Elle ne cessait d'aboyer après toute personne qui passait le pas de la porte, et n'arrêtait pas jusqu'à ce que cette dernière sorte. Les Francesco aimaient Bella ; une tante mourante, qu'ils adoraient, avait souhaité qu'ils aient un chiot pour que sa fille orpheline et sa nièce aient un être à chérir. Bella avait une valeur spirituelle à leurs yeux : elle représentait une personne qu'ils aimaient beaucoup et qu'ils avaient perdue, alors ils marchaient sur la pointe des pieds à côté d'elle et ne lui donnaient jamais aucune règle, limite ou restriction. Ils ne réalisaient pas qu'ils ne rendaient pas service à Bella en la dorlotant. C'était une chienne très déséquilibrée, toujours énervée parce qu'elle s'évertuait en permanence à être le chef de meute, et n'y arrivait pas très bien. Elle n'était pas très heureuse. La plupart des chiens savent d'instinct qu'ils ne sont pas faits pour diriger votre foyer. Ils *ne veulent pas* le diriger ! Mais si vous ne le faites pas vous-même, ils pensent ne pas avoir d'autre choix que d'essayer de prendre le relais.

Avoir besoin de règles et d'une structure dans sa vie est instinctif pour un chien. Dans la nature, tout est question de règles et de rituels de comportement. Maintenant que les chiens domestiques vivent avec nous, c'est à nous de fixer des règles. C'est à vous de décider ce qui est autorisé chez vous, ou ce qui ne l'est pas – si le chien dort dans le lit avec vous, s'il est autorisé à monter sur le canapé, s'il peut creuser dans le jardin, ou encore s'il a le droit de réclamer de la nourriture à table. Mais je vous recommande d'interdire certains comportements car en les autorisant, vous pouvez encourager la dominance. Vous ne devez pas autoriser votre chien à vous sauter dessus – ou sur qui que ce soit d'autre, d'ailleurs – quand vous rentrez chez vous. Vous ne devez pas le laisser gémir quand il est séparé de vous. N'autorisez pas la possessivité envers les jouets ; les petits coups de dent et les morsures ; le saut sur le lit pour vous réveiller ; l'agressivité envers les personnes, les autres chiens ou animaux de la maison ; les aboiements incessants.

Certains des comportements auxquels vous voulez mettre un terme peuvent être instinctifs. C'est pourquoi vous devez être bien plus que le simple maître de votre chien. Vous devez être le chef de meute. Un chef de meute contrôle à la fois les instincts d'un chien et ses gènes. En tant que propriétaire de chien, vous ne pouvez contrôler que son affection et ses gènes. Un maître-chien ne peut contrôler que les gènes. Tout comme un dresseur de chiens. Vous pouvez envoyer votre chien prendre des cours d'obéissance et lui apprendre à s'asseoir, à ne pas bouger ou à venir au pied. Vous pouvez lui apprendre comment rattraper un disque volant ou faire une course d'obstacles. C'est dans ses gènes. Mais ce n'est pas parce que quelqu'un va à Harvard qu'il en ressort équilibré une fois diplômé. De la même façon, le fait qu'un chien sache obéir ne veut pas dire qu'il est équilibré. Quand vous dressez un chien, vous n'avez pas accès à son esprit : vous n'avez accès qu'au conditionnement. Et le conditionnement ne veut rien dire dans le monde d'un chien. Les chiens ne se préoccupent pas du fait de remporter des concours comme celui du Westminster Kennel Club ou celui du chien qui attrape le plus de disques volants. Un chien doit être capable d'obéir à des ordres, de rapporter, de suivre une piste, ou toute autre chose que sa race et sa génétique l'ont programmé à faire. Mais peut-il jouer gaiement avec d'autres chiens sans se bagarrer ? Peut-il se déplacer avec une meute ? Peut-il manger sans se montrer protecteur envers sa nourriture ? C'est instinctif. Un chef de meute contrôle les deux aspects de la nature du chien.

Je vais prendre un exemple dont vous pouvez avoir fait l'expérience avec votre chien. Il aime jouer à la balle. Dans votre jardin, vous jouez toute la journée à la lui faire attraper et rapporter. C'est dans les gènes de votre chien. C'est sa race qui parle. Vous contrôlez le comportement de votre chien, mais avec la balle. C'est la balle qui le motive à être avec vous, parce que c'est vous qui avez cette balle dans les mains. Mais imaginons que votre chien cesse de s'intéresser à cette balle. Sa nouvelle motivation est le chat. Il commence à le pourchasser. C'est son instinct qui l'appelle. Pouvez-vous le contrôler à présent ? Pouvez-vous faire cesser ce comportement ? Ou encore, sans la balle, en dehors de votre jardin, arrivez-vous à le contrôler pendant la promenade ? Pouvez-vous l'empêcher de pourchasser les autres chiens pendant que vous vous promenez ? Vous ne pouvez pas l'empêcher de pourchasser un chat ou un écureuil avec une balle de tennis. La seule façon de mettre un terme à ce genre de comportements, c'est de se comporter en chef. Si vous n'êtes pas maître de ses côtés instinctifs, vous êtes incapable de prédire et de contrôler ce que votre chien peut faire ou non.

Gordon reste fixé sur son ombre – ce qui, dans la nature, est perçu comme de l'instabilité.

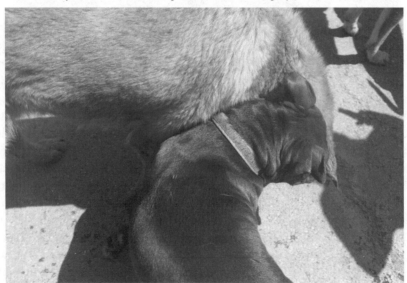

Munchkin attaque naturellement l'instabilité de Gordon – comportement qui doit être stoppé ou corrigé.

Je suis le chef de meute de 30 à 40 chiens au Centre de psychologie canine, je dois donc souvent interdire certains comportements instinctifs si je veux que la meute fonctionne bien. Les chiens se montent les uns les autres par instinct, mais je dois les en empêcher parce que si ce comportement devient trop intense, il peut se transformer en bagarre. Je ne laisse pas les chiens se battre pour la nourriture ni pour une balle de tennis. Aucune bagarre, aucune agressivité n'est autorisée dans ma meute : je ne tolère aucune des deux. Les chiens les plus gros ne sont pas autorisés à prendre les plus petits pour cible – c'est comme ça que notre chihuahua de la taille d'une tasse à thé, Coco, peut vivre en toute tranquillité dans la même meute que deux immenses bergers allemands, sept pitbulls et un doberman. Je dois empêcher les chiens les plus forts de s'en prendre aux plus faibles, ou à ceux qui ont une énergie instable. C'est naturel pour les chiens d'essayer de se débarrasser de l'énergie instable d'un membre de la meute, mais j'ai dû apprendre à ma meute à accepter ses membres les plus faibles et à ne pas les harceler. C'est comme ça que la meute aide à rééduquer les chiens instables – en leur servant d'*exemple,* en leur montrant à quoi ressemble une énergie équilibrée, calme-soumise, en la leur faisant sentir. J'empêche aussi mes chiens de retourner la terre, de creuser dans l'herbe ou de se rouler dans leurs excréments. J'ai choisi ces règles car elles me conviennent en tant qu'être humain. En tant que chefs de meute de nos chiens, nous avons le droit et la responsabilité de choisir les règles selon lesquelles ils doivent vivre.

Néanmoins, chaque fois que j'empêche un comportement instinctif, je dois le remplacer par une autre activité afin de rediriger l'énergie du chien. Vous ne pouvez pas vous contenter d'enlever quelque chose sans donner autre chose en retour. L'énergie qui a conduit le chien à avoir ce comportement indésirable ne s'évanouit pas simplement parce que vous l'avez fait cesser ! Vous devez absolument remplacer toute activité indésirable par une activité que vous attendez. C'est pour cette raison qu'au centre, j'ai des courses d'obstacles, des piscines, des tapis de jogging, des balles de tennis et d'autres sources de divertissement pour les chiens. C'est pour cela qu'ils passent de cinq à huit heures par jour à faire des exercices énergiques et c'est pourquoi je fais de chaque activité – se promener, prendre un bain ou manger – un défi sur le plan psychologique pour eux. Si vous ne donnez pas à votre chien les moyens de libérer son énergie et d'exercer son esprit, il lui sera bien plus difficile de respecter les règles et les limites que vous avez fixées pour lui. Si vous êtes un bon chef de meute, responsable, vous ne lui procurerez pas seulement une structure pour sa vie, mais aussi de nombreux exutoires à son énergie naturelle.

Je joue avec les chiens à la piscine du Centre de psychologie canine.

L'affection

Les chiens de nos contrées manquent sans doute d'exercice et de discipline au quotidien, mais ils ne manquent certainement pas d'affection. C'est la raison pour laquelle tant de gens choisissent d'avoir un chien – pour l'amour et l'affection incroyables et inconditionnels qu'ils nous donnent. Les chiens sont des animaux affectueux. Ce sont des animaux qui aiment les contacts physiques : le contact est très important pour eux, que ce soit dans leur milieu naturel ou quand ils vivent avec nous. Mais, comme je l'ai dit précédemment, l'affection qui n'a pas été méritée au préalable peut être préjudiciable pour un chien. Et plus particulièrement l'affection qui n'est pas donnée au bon moment.

Quel est le moment opportun pour partager de l'affection ? Après qu'un chien a fait de l'exercice et mangé. Après qu'il a cessé de mal se comporter pour faire ce que vous lui avez demandé. Après qu'il a obéi à une règle ou à un ordre. Si votre chien vous saute dessus en réclamant des caresses, votre instinct vous dicte sans doute de céder à ses désirs, mais ce comportement lui indique que c'est lui le chef. N'offrez votre affection qu'à un esprit calme et soumis. Demandez à votre chien de s'asseoir et de se calmer. Puis, donnez-lui de l'affection, selon vos conditions. Votre chien comprendra vite qu'il n'existe qu'une seule bonne façon de se comporter s'il veut obtenir ce qu'il désire.

Quel est le mauvais moment pour donner de l'affection à votre chien ? Quand il a peur, est anxieux, possessif, dominant ou agressif, lorsqu'il gémit, qu'il supplie ou qu'il aboie – ou qu'il enfreint n'importe quelle règle de la maison. Les maîtres de Bane et Hera, les chiens meurtriers de San Francisco, donnaient sans cesse de l'affection à leurs chiens après qu'ils avaient passé la journée à terroriser les gens. Chaque fois que vous donnez de l'affection, vous consolidez le comportement qui l'a précédée. « Aimer » votre chien ne peut pas suffire à faire cesser un mauvais comportement, tout comme « aimer » un criminel ne le fera pas arrêter de commettre des délits. Au début de mon mariage avec Ilusion, elle m'a donné tout l'amour du monde, mais ce n'est pas cet amour qui a fait cesser le mauvais comportement dont j'avais l'habitude. Ce qui m'a fait changer et devenir un bon mari et partenaire, c'est qu'elle a fini par me poser un ultimatum : soit je me reprenais en main, soit elle prenait le large. Je dois admettre que ce n'est pas l'amour qui m'a fait changer. Ce sont les règles, les limites et les restrictions !

Vous pouvez trouver de parfaits exemples de la bonne manière de donner de l'affection en observant les chiens qui travaillent. Les personnes handicapées doivent comprendre que leur chien n'est pas là seulement pour être leur ami. Elles doivent apprendre à jouer le rôle du chef avant d'espérer du chien qu'il allume les lumières, qu'il ouvre les portes ou qu'il les conduise à l'arrêt de bus. Même si ces chiens ont été élevés par des professionnels, ils n'obéiront à la personne handicapée que lorsque cette dernière aura appris à projeter une énergie calme-assurée. Si vous avez déjà eu l'occasion de voir ces chiens à l'œuvre, vous aurez remarqué qu'ils portent un insigne disant de ne pas leur donner d'affection tant qu'ils travaillent. La loi stipule que vous ne devez pas toucher ces animaux. L'affection ne fera que créer de l'excitation, et un chien ne peut pas faire son travail quand il est excité. Quand la personne handicapée donne-t-elle de l'affection ? Après que le chien a exécuté une tâche, et à la maison, à la fin d'une longue journée de travail. Les chiens qui font des recherches et des sauvetages, et les chiens policiers, ne reçoivent pas d'affection quand ils travaillent, à moins que ce ne soit immédiatement après qu'ils ont effectué une tâche très importante. Les policiers de la brigade des stupéfiants ne passent pas leur journée à jouer avec leurs chiens : ils attendent d'eux qu'ils recherchent calmement des paquets contenant des substances illicites. Devoir travailler pour recevoir de l'affection est très naturel pour un chien. C'est nous, les humains, qui croyons que si nous ne donnons pas d'affection à notre chien vingt-quatre heures sur vingt-quatre et sept jours sur sept, nous les privons de quelque chose.

L'épanouissement

Quand j'explique qu'il faut aider nos chiens à « s'épanouir », je veux dire qu'ils méritent de connaître le même « épanouissement » que nous. Sommes-nous heureux ? Vivons-nous pleinement chaque jour qui passe ? Atteignons-nous notre potentiel en exerçant tous les talents et toutes les capacités avec lesquels nous sommes nés ? C'est la même chose pour les chiens. Un chien a une vie épanouie s'il peut vivre en harmonie avec une meute, qu'il se sent en confiance et en sécurité quand il suit les conseils de son chef de meute. Un chien est épanoui s'il fait fréquemment des exercices primitifs et s'il sent qu'il travaille pour mériter son eau et sa nourriture. Un chien est épanoui s'il fait confiance à son chef de meute pour fixer des règles de vie et des limites cohérentes. Les chiens aiment la routine, les rituels et la cohérence. Ils aiment aussi faire de nouvelles expériences et avoir l'occasion d'explorer – particulièrement s'ils sentent qu'ils ont un lien sûr avec leur chef de meute.

Les chiens nous permettent de nous épanouir de tellement de façons ! Ils remplacent les compagnons humains quand nous sommes seuls. Ils nous tiennent compagnie pendant nos promenades matinales. Ils nous donnent quelque chose de vivant, de doux et de chaud auprès de quoi nous blottir. Ils servent de réveil, d'alarme anti-voleurs et de sentinelle. Ils nous rapportent de l'argent dans les concours. Nous ne leur demandons pas de faire ces choses, mais ils les font quand même. Ils ne peuvent pas nous dire ni nous demander ce dont ils ont besoin. Leur donner ces choses simples – de l'exercice, de la discipline et de l'affection, dans cet ordre – contribuera à remercier nos chiens pour tout ce qu'ils nous apportent.

C'est le moment de l'affection au Centre de psychologie canine.

Chapitre 8

. . . .

« Ne pourrions-nous pas tout simplement nous entendre ? »

Quelques petits trucs pour vivre heureux avec votre chien

Les êtres humains et les chiens coexistent de façon interdépendante depuis des milliers d'années. Dans les pays en voie de développement et dans les sociétés primitives, les chiens ne sont pas toujours traités avec autant d'amour et de gentillesse qu'aux États-Unis. Néanmoins, ces chiens ne semblent pas non plus présenter les troubles et névroses qu'on trouve dans ce pays. Comment leur donner de l'amour sans provoquer ces problèmes chez eux ? Comment être des chefs de meute forts sans perdre pour autant la compassion et l'humanité qui nous ont incités à nous lier à eux en premier lieu ?

Ce sont des questions qui n'appellent pas de réponses simples. Néanmoins, je vais maintenant vous donner quelques trucs pratiques dont j'ai fait l'expérience avec mes clients et qui, je l'espère, vous aideront, vous et votre chien, à vivre une vie sans stress, et vous permettront ainsi de nouer les liens les plus profonds qui puissent exister entre les deux espèces.

Choisir un chien

Comme je l'ai déjà mentionné, choisir le chien qui vous convient est la pierre angulaire d'une relation longue et épanouissante entre vous deux. Néanmoins, avant même de vous engager à avoir un chien, s'il vous plaît, demandez-vous quelles sont vos motivations pour faire entrer cet animal dans votre vie. Vous n'avez pas à partager ces réflexions avec quiconque, mais vous devez absolument être honnête envers vous-même car, je vous le promets, vous ne pourrez pas berner un chien. Êtes-vous malheureux, vous sentez-vous seul et pensez-vous utiliser ce chien comme substitut à une compagnie humaine? Voulez-vous que ce chien joue le rôle de l'enfant que vous n'avez jamais eu ou qu'il remplace ceux qui viennent tout juste de quitter le nid? Prenez-vous ce chien pour qu'il remplisse le vide laissé dans votre cœur par un autre qui vient de mourir? Voulez-vous à vos côtés un chien à l'air méchant pour le « prestige » ou un chien tout mignon à promener dans le parc pour attirer les filles? Voulez-vous que ce chien vous serve simplement de protecteur et d'arme? Si telles sont vos principales motivations pour vouloir un chien, je vous demande de vous rappeler qu'un chien est un être vivant qui a des sentiments, des besoins et des envies puissants, différents des vôtres – mais pas moins importants. Un chien n'est pas une poupée, un enfant, un prix, un symbole social ou une arme. En choisissant un chien pour qu'il partage votre vie, vous avez la chance incroyable de pouvoir créer un lien puissant avec un membre d'une autre espèce. Mais cette occasion a un prix: celui de la responsabilité.

Il faut que vous vous connaissiez bien vous-même si vous voulez pouvoir connaître votre chien. Avant de vous jeter à l'eau et de devenir propriétaire d'un chien, je vous recommande de pouvoir répondre « oui » à la première partie de chacune des questions suivantes, extrêmement importantes, et « non » à la partie entre parenthèses:

1. Est-ce que je m'engage à promener mon chien au moins une heure et demie par jour, *tous* les jours? (Ou vais-je simplement laisser le chien dans le jardin et me convaincre que, de cette façon, il fait beaucoup « d'exercices en plein air »?)
2. Est-ce que je m'engage à apprendre comment devenir un chef de meute calme-assuré avec mon chien? (Ou vais-je le laisser me marcher sur les pieds parce que c'est plus facile?)

3. Est-ce que je m'engage à fixer des règles, des limites et des restrictions claires chez moi ? (Ou vais-je laisser mon chien faire ce qu'il veut, quand il veut ?)

4. Est-ce que je m'engage à donner à manger et à boire à mon chien de façon régulière ? (Ou vais-je le nourrir seulement quand j'y pense ?)

5. Est-ce que je m'engage à ne donner de l'affection qu'au moment opportun et quand mon chien est calme-soumis ? (Ou vais-je le câliner et l'embrasser quand il a peur ou qu'il est agressif, ou chaque fois que l'envie m'en prend ?)

6. Est-ce que je m'engage à l'emmener régulièrement chez le vétérinaire, de façon à m'assurer qu'il a été stérilisé et qu'il a eu tous les examens et toutes les piqûres nécessaires ? (Ou vais-je ne l'y emmener que quand il est malade ou blessé ?)

7. Vais-je m'assurer du fait que mon chien est socialisé et/ou qu'il a été dressé correctement, de façon qu'il ne représente jamais un danger pour les autres animaux ou pour les hommes ? (Ou vais-je espérer que tout se passe au mieux et dire aux gens de rester en dehors de son chemin ?)

8. Suis-je disposé à nettoyer après mon chien quand je le promène ? (Ou vais-je considérer que les excréments de mon chien ne sont pas mon problème ?)

9. Suis-je disposé à faire mon éducation en matière de psychologie canine en général, et en ce qui concerne les besoins spécifiques à la race de mon chien ? (Ou vais-je me laisser guider par l'instinct ?)

10. Suis-je disposé à mettre de l'argent de côté au cas où j'aurais besoin d'appeler un professionnel pour un problème de comportement ou d'amener mon chien en urgence chez le vétérinaire ? (Ou est-ce que le chien devra se contenter de ce que je pourrai payer à ce moment-là ?)

Avez-vous réussi ? Si c'est le cas, toutes mes félicitations. Vous êtes prêt à avoir un chien. Si ce n'est pas le cas, vous pouvez avoir envie de reconsidérer votre choix d'animal. Il y a de nombreux chats sans famille qui ont, eux aussi, besoin d'être sauvés : leurs besoins sont très différents de ceux d'un chien, et pas aussi contraignants.

Maintenant, quel chien choisir ? Comme je l'ai déjà dit, la race est un facteur important et il existe nombre d'excellents guides pour vous renseigner sur les centaines de races qui existent. Je vous conseille le *Guide des races de chiens* de l'American Kennel Club, qui contient de belles photos en couleurs et l'histoire fascinante de la génétique des chiens pure race. *Your Dream Dog*, de Bash Dibra, est un autre livre qui regorge d'information sur le sujet et vous aide à faire le choix d'une race qui vous convient. *Mutts : America's Dogs*, de Michael Capuzzo et Brian Kilcommons, examine quant à lui les races de chiens croisés et les « classifie ». L'histoire des chiens est fascinante : vous ne perdrez jamais votre temps à vous documenter sur ce sujet.

Néanmoins, quand il faut qu'un humain trouve le parfait chien pour lui, je crois que la *compatibilité d'énergie* est bien plus importante que la race. Dans ce livre, vous avez trouvé des exemples de chiens dont l'énergie dépassait celle de leurs maîtres. Jordan le bouledogue est le premier qui vient à l'esprit. Emily, la femelle pitbull, en est un autre exemple. Si vous êtes une personne douce, du genre décontracté, un chien chinois à crête, qui a une énergie élevée et saute partout dans le chenil ne vous causera que de la peine ou des maux de tête, à vous et à lui. Si vous êtes accro au jogging et que vous voulez courir avec votre fidèle compagnon, un bouledogue, court sur pattes et léthargique, ne sera pas le choix idéal.

Tout d'abord, soyez honnête en ce qui concerne votre propre niveau d'énergie. Puis, évaluez l'énergie du chien que vous pensez prendre. Et prenez votre temps. Si vous en avez l'occasion, retournez voir le chien une deuxième fois, à un moment différent de la journée, afin de déterminer s'il y a le moindre changement dans son comportement. De nos jours, beaucoup de gens n'achètent plus de chiens de race chez l'éleveur car ils préfèrent se rendre au chenil du coin ou à une association de protection des animaux afin d'adopter un chien qui a été perdu ou abandonné. La plupart des chiens du Centre de psychologie canine que je dirige ont été sauvés : j'applaudis donc l'altruisme qui motive ces gestes. Mais trop souvent, les gens « tombent amoureux » d'un chien qu'ils trouvent mignon à la fourrière, ou d'un chien qui leur « fait pitié », et ils décident de l'adopter sur-le-champ. Ils le ramènent à la maison sans y penser et finissent par vivre un véritable enfer – dont beaucoup de mes clients ont fait l'expérience. C'est injuste pour le chien, car bien souvent il retourne au chenil. Et les chiens qui y retournent plusieurs fois courent plus de risques de finir euthanasiés. Par ailleurs, ils développent souvent de nouveaux troubles, plus graves, à cause des humains qui les adoptent pour les rejeter ensuite. Donc, prendre votre temps pour choisir votre chien est primordial. Si vous pouvez vous le permettre, emmenez un professionnel avec vous quand vous prenez votre décision définitive. Vous pouvez aussi emmener cette personne avec vous pour vous aider à ramener votre chien à la maison.

Ramener un chien chez soi

Quand vous ramenez chez vous un chien venant d'un refuge ou de chez l'éleveur, rappelez-vous que, pour le chien, vous ne faites que le transporter d'un chenil à un autre. Vous pouvez avoir un chenil de 25 hectares à 6 millions de dollars, avec piscine, 14 salles de bain, jacuzzi, maison d'amis et terrain de tennis, pour un chien, ce n'est qu'un chenil plus grand. Les murs ne sont pas naturels pour les animaux, point final – peu importe quel célèbre architecte les a dessinés. De fait, avant de le ramener chez vous, vous devez recréer pour votre chien l'expérience de la migration. La toute première chose à faire en arrivant chez vous est de faire faire une très longue promenade à votre chien – d'au moins une heure – dans son nouveau quartier. Faites une promenade aussi longue que vous le pouvez, et ajoutez-y 20 minutes supplémentaires. Pendant la promenade, vous créez un lien de confiance avec votre nouveau compagnon tout en établissant votre position de chef de meute. Les règles qui régissent votre relation tout entière s'établissent dans ses tout premiers instants, d'une importance cruciale. En outre, votre chien sent l'atmosphère de son nouveau quartier. Vous recréez pour lui ce que cela doit faire de migrer vers une nouvelle maison avec son chef de meute. Et, évidemment, vous le fatiguez : il sera donc plus disposé à se laisser conditionner une fois rentré à la maison.

Entrer dans la maison pour la première fois est un événement tout aussi important que cette première promenade ensemble. Vous n'avez qu'une seule chance pour réussir cette première impression. Si vous le faites correctement, vous vous épargnerez bien des chagrins. Si vous le faites mal, vous allez devoir rééduquer votre chien dès le premier jour.

Assurez-vous d'entrer en premier dans la maison. Puis, « invitez » votre chien à entrer. Ne laissez pas votre conjoint et vos enfants courir vers le chien pour le couvrir d'affection et lui souhaiter la bienvenue. Aussi dur que cela puisse être pour eux, dites-leur de rester où ils se trouvent. Amenez le chien à eux, laissez-le les approcher et découvrir leurs odeurs. Bien sûr, vous avez appris à tout le monde comment projeter une énergie calme-assurée : c'est donc tout ce que le chien va sentir dans cette pièce, n'est-ce pas ? La plupart des gens succombent à la tentation de laisser le chien parcourir seul la maison et le jardin, se réjouissant de le voir renifler et découvrir chaque nouvelle pièce et chaque nouvel objet. Si vous faites cela – et particulièrement si vous le suivez à la trace –, vous l'autorisez à revendiquer comme sienne la propriété entière. Les deux premières semaines, il ne doit rien faire sans votre « permission ». La première nuit, réservez-lui une pièce et un endroit où dormir, de préférence son panier ou sa niche. Je recommande souvent aux familles de ne pas donner d'affection pendant une ou deux semaines, le temps que le chien apprenne les règles de la maison et qu'il s'habitue à sa nouvelle « meute ». Pour beaucoup de gens, c'est impossible – ce que je comprends parfaitement. Une fois que votre chien est calme, dans sa niche, et qu'il est prêt à dormir, vous pouvez lui donner de l'affection et commencer à vous lier intimement à lui. Mais souvenez-vous, ce n'est pas une énergie d'amour mais celle d'un chef qui fera que votre chien se sentira en confiance et en sécurité dans votre maison.

Le jour suivant, commencez ce qui va devenir la routine quotidienne de votre chien. Première chose à faire le matin : une longue promenade. Ensuite, donnez-lui à manger, puis de l'affection, puis du repos. Faites visiter la maison pièce par pièce à votre chien, vous assurant chaque fois que *vous* êtes celui qui *lui* donne la permission d'entrer. Établissez très tôt ce qui dépasse les limites et ce qui est autorisé. Soyez sûr de vous, ne changez pas les règles, peu importe à quel point ses grands yeux marron ont l'air triste. Souvenez-vous que votre cohérence et votre force pendant ces premiers temps sont des cadeaux que vous faites à votre chien – tout aussi importants que la nourriture et l'abri que vous partagez avec lui. Vous lui faites le cadeau d'une meute solide et digne de confiance – une meute dans laquelle il pourra vite se détendre et devenir un être calme-soumis.

Les règles de la maison

Les règles que vous fixez à votre chien chez vous ne dépendent que de vous. Mais il existe certaines règles générales que je vous recommande fortement de suivre si vous voulez garder intact votre statut de chef de meute.

- Réveillez-vous quand vous l'avez décidé, pas lui. Votre chien n'est pas votre réveille-matin. Si votre chien dort dans votre lit, apprenez-lui à en descendre silencieusement s'il se réveille avant vous et qu'il a besoin de boire ou de s'étirer. Il doit ensuite attendre calmement que vous vous leviez pour que commence sa routine quotidienne.
- Commencez la journée en lui parlant et en le touchant à peine – gardez l'affection pour après la promenade. La promenade est votre moment privilégié. Si vous marchez, essayez de marcher *une heure* tous les matins. Si vous êtes un jogueur, faites du jogging ; si vous préférez le vélo ou le patin à roues alignées, faites du vélo ou du patin. Dans l'idéal, vous avez choisi un chien avec une santé qui lui permet de vous suivre dans votre activité préférée : s'il s'agit d'un sport très dynamique, vous pouvez réduire la durée. Mais, pour l'homme comme pour le chien, marcher à vive allure est le meilleur exercice global – à la fois sur le plan physique et sur le plan psychologique. Si vous ne pouvez pas, absolument pas, marcher une heure entière avec votre chien, ajoutez-lui un sac à dos pour lui faire faire plus d'exercice, ou mettez votre chien sur un tapis de jogging pendant une demi-heure quand vous vous préparez pour aller au travail.
- Nourrissez votre chien calmement et en silence ; ne lui donnez jamais à manger quand il saute dans tous les sens. Il ne doit être nourri que quand il est assis et calme-soumis. Il ne doit jamais être nourri en réponse à un aboiement. Au Centre de psychologie canine, c'est toujours le chien le plus calme et le plus doux qui mange en premier. Pouvez-vous imaginer à quel point cela incite le reste de la meute à être calme et soumis ?
- Votre chien ne doit pas réclamer de restes ou interrompre votre repas. Quand le chef de meute mange, personne ne l'interrompt. Vous devez fixer la distance qui sépare votre chien de la table et vous y tenir. Ne vous laissez pas avoir par ses regards implorants – ses ancêtres les loups ne rivalisaient jamais avec leurs chefs de meute pour la nourriture, et lui non plus ne doit jamais le faire.
- Après l'exercice et le repas, c'est le moment de l'affection. Apprenez à votre chien à être dans une posture calme-soumise et donnez-lui de l'affection jusqu'au moment où vous devez partir travailler. Ce faisant, vous conditionnez votre chien pour qu'il ait une belle matinée, équilibrée et satisfaisante, et ce, tous les jours de la semaine !

227

- Ne faites jamais toute une histoire du fait de sortir de chez vous, ni de rentrer d'ailleurs. Si vous devez laisser un chien à la maison toute la journée, exercez-vous à entrer et à sortir de la maison à plusieurs reprises avant les premières fois où vous partirez pour de bon. Assurez-vous qu'il est dans un état calme et soumis chaque fois que vous entrez ou sortez de chez vous. Une fois qu'il est dans la position que vous attendez de lui, ne lui parlez pas, ne le touchez pas et ne le regardez pas dans les yeux quand vous sortez. Aussi difficile que cela puisse être pour vous, soyez froid envers votre chien tout en lui projetant votre énergie calme-assurée. Si vous lui avez fait faire suffisamment d'exercice et que vous n'avez pas nourri sa peur et son anxiété, son horloge biologique lui dira naturellement qu'il est temps de se reposer et de rester calme un moment. N'autorisez pas les hurlements et les gémissements quand vous partez. Il est possible que vous deviez attendre quelques minutes avant que votre chien soit suffisamment calme pour que vous puissiez partir, mais soyez patient et assurez-vous qu'il a bien intégré cette routine. Ne vous inquiétez pas : vous pourrez encore lui donner de l'affection en rentrant.
- Quand vous rentrez chez vous, dans un premier temps, retenez autant que possible vos élans d'affection. N'encouragez pas la surexcitation. Changez-vous, mangez un petit truc pour vous permettre de tenir, et sortez à nouveau votre chien. Cette promenade peut être un peu plus courte – une demi-heure – puisque vous allez être à la maison avec lui toute la soirée. Après la promenade, renforcez une fois de plus les règles du dîner puis, après le repas, laissez votre chien calme-soumis être votre meilleur ami.
- Pour un chien, l'endroit où dormir doit être clair et non ambigu : il doit avoir une place régulière pour la nuit et non pas la choisir lui-même. Quand votre chien arrive chez vous, mettez-le dans son panier ou sa niche tous les soirs de la première semaine. Cela lui permettra de se familiariser avec son nouvel environnement tout en lui procurant des limites. Après la première semaine, remplacez la niche par un oreiller ou un lit pour chien. C'est maintenant l'endroit où il doit se reposer. Si vous faites partie des gens qui veulent que leur chien dorme avec eux, bien. C'est naturel pour les chiens de dormir avec d'autres membres de leur meute et c'est un bon moyen de vous rapprocher de votre animal. Mais ne le laissez pas prendre le pouvoir. Gardez des règles claires. C'est vous qui invitez le chien dans votre chambre.

Mettez-vous au lit pendant quelques minutes, puis faites-lui signe pour lui dire qu'il a le droit de monter. C'est vous qui décidez de la place qu'il prend dans le lit. Et maintenant, faites de beaux rêves !

- Tous les êtres humains chez vous doivent être des chefs de meute. Du bambin au plus vieux des grands-parents, votre chien doit respecter tout le monde à la maison, placer toute personne plus haut que lui sur l'échelle de dominance. Cela implique que tous les êtres humains doivent vivre selon les mêmes règles, limites et restrictions. Parlez-en ensemble et assurez-vous que tous les membres de votre famille les considèrent comme la loi. Rappelez-vous, le renforcement intermittent crée un chien imprévisible, qui est bien plus difficile à conditionner à long terme. De fait, si la règle de la famille interdit que le chien réclame de la nourriture, votre petit de 10 ans ne doit pas donner de friandises à Max sous la table. Vous ne pouvez pas autoriser votre chien à sauter sur le canapé quand vous êtes seule à la maison, et le lui interdire quand votre mari est là. Si vous ne vous comportez pas constamment en chef, vous aurez un chien qui n'obéit pas constamment.

- Programmer des moments de jeux avec votre chien chaque semaine est une excellente façon de faire des exercices physiques supplémentaires, qui viennent compléter votre promenade quotidienne. (Bien que vous sachiez désormais que ce n'est jamais un substitut à la promenade !) C'est aussi un moyen de laisser votre chien exprimer les besoins et les capacités spécifiques à sa race. Vous pouvez jouer à lui faire rattraper une balle, nager dans la piscine, jouer à rattraper un disque volant ou faire une course d'obstacles – quoi que ce soit qui vous fasse plaisir ou qui corresponde au don particulier de votre chien. Assurez-vous simplement que votre animal a fait au moins une de ses promenades quotidiennes avant de jouer avec lui – cela ne doit pas être la première chose que vous faites le matin ! – et fixez-vous des limites strictes sur le temps que vous y passez. Ne laissez pas votre chien vous obliger à passer trois heures à lancer la balle de tennis quand vous aviez décidé de n'y passer qu'une heure.

- N'évitez pas, ou ne retardez pas, le moment du bain de votre chien sous prétexte qu'il déteste ça. Bien que votre fidèle compagnon ne se préoccupe certainement pas de savoir s'il est propre, vous méritez d'avoir un chien auprès duquel vous vous sentez bien. Il existe de nombreuses façons de rendre ce moment plus agréable pour vous deux. Tout d'abord, faites connaître à votre animal la baignoire ou l'évier d'une manière détendue et agréable avant d'essayer de le laver. Ensuite, rappelez-vous que, dans la nature, les chiens ne se lavent pas. Ils se mettent dans l'eau ou se roulent dans la boue quand il fait chaud et qu'ils veulent se rafraîchir : c'est instinctif et naturel. Tournez cet instinct à votre avantage en faisant faire de l'exercice à votre chien – une promenade à l'allure rapide, un jogging, le tapis de jogging ou une séance de patin à roues alignées – avant de le laver. Faites en sorte qu'il se sente bien et qu'il ait chaud (c'est plus facile en été). Faites couler de l'eau tiède, qui soit attirante. Vous pouvez aussi associer le bain à des friandises, mais ne dépendez pas d'elles. Un chien fatigué et détendu qui vient de faire de l'exercice est votre meilleur atout pour un bain joyeux.

- N'autorisez pas la possessivité envers les jouets et la nourriture ! Assurez-vous que votre chien sait bien que ses jouets sont avant tout les vôtres. Assurez-vous qu'il est calme-soumis ou actif-soumis avant de le nourrir, et qu'il ne grogne pas si vous vous approchez de lui pendant son repas.

- Ne le laissez pas aboyer à tout bout de champ. Si votre chien aboie de façon excessive, c'est dû, la plupart du temps, à une frustration physique ou psychologique. C'est un chien qui demande désespérément à faire plus d'activités physiques et à avoir un chef de meute plus proactif. Votre chien essaie de vous dire quelque chose en aboyant de la sorte. Écoutez-le !

Les chiens et les enfants

Le sujet des chiens et des enfants nécessiterait qu'on lui consacre un livre entier. Étant quelqu'un qui a grandi entouré d'animaux et qui élève ses propres enfants au milieu d'une meute de chiens, je peux attester du fait que vivre avec des chiens peut être l'une des expériences les plus enrichissantes et les plus mémorables de la vie d'un enfant. Les chiens apprennent l'empathie aux enfants ; ils leur apprennent à être responsables et à s'occuper de quelqu'un ; à être en accord avec mère nature ; ils leur apprennent aussi l'équilibre et l'amour inconditionnel. Je ne pourrais pas imaginer élever André et Calvin sans qu'ils aient la joie d'avoir des chiens dans leur vie. Néanmoins, il ne faut jamais oublier que, quand nous avons un chien, c'est un prédateur carnivore que nous invitons à vivre avec nous. Aussi proches que nous puissions être des chiens, les humains et les chiens sont des espèces différentes. Il est de notre responsabilité de parents et de propriétaires de chiens de protéger les membres les plus précieux de notre famille – nos enfants – et de nous assurer qu'enfants et chiens savent comment coexister dans la joie en toute sécurité.

Plus de la moitié des morsures sérieuses ou fatales de chiens aux États-Unis arrivent aux enfants âgés de cinq à neuf ans mais, plus encore, les bébés sont particulièrement vulnérables. Alors que j'écris ces lignes, la Californie du Sud ne s'est pas encore remise de la mort tragique du nouveau-né de Glendale, arraché des bras de sa mère par le rottweiler de ses grands-parents [40]. Dans de tels cas, les maîtres du chien sont toujours dans le déni : «Il était toujours si gentil», disent-ils. Puis, en général, un voisin se présente et déclare qu'il y a peut-être eu quelques signes d'avertissement, qui ont été ratés ou ignorés.

Un bébé peut être déroutant pour un chien qui n'en a jamais vu auparavant. Les bébés ont une odeur différente des adultes. Ils sont faits autrement. Ils font des bruits différents et bougent différemment. Pour les chiens qui ont l'instinct de proie très développé, la minuscule taille et la faiblesse d'un bébé peuvent suffire à provoquer une attaque de leur part. En outre, la famille va naturellement être démonstrative envers le bébé et prêtera moins d'attention au chien. Si votre chien a un problème de dominance, ou s'il est obsessionnel envers vous, vous pouvez rencontrer des problèmes.

Les familles qui attendent un enfant et qui ont un chien à la maison doivent tout d'abord prendre le temps d'évaluer honnêtement la situation. Quel est le tempérament de leur chien ? Quelle relation entretiennent-ils avec lui ? Si les futurs parents sont des chefs de meute faibles et qu'ils laissent un chien dominant faire la loi chez eux, particulièrement s'il s'agit d'un chien d'une race puissante qui s'est déjà montré agressif par le passé, si le chien est habitué à recevoir constamment de l'affection et qu'il a un comportement territorial ou possessif, je recommande sérieusement à cette famille de trouver un nouveau foyer pour leur chien bien avant l'arrivée du bébé. Aussi importants que les chiens puissent être dans ma vie, je sais qu'en tant que père, je ne mettrais jamais la vie de mes enfants en danger. Il existe des situations dans lesquelles les enfants et les chiens ne devraient pas être mêlés, bien que cela soit plus souvent dû à la relation qu'entretient le maître avec son chien qu'au chien lui-même. S'ils ont été socialisés correctement, les chiens peuvent non seulement vivre en paix avec les bébés, mais ils peuvent aussi devenir leurs dévoués protecteurs.

Toutefois, si vous avez le moindre doute à propos de votre capacité à maîtriser votre chien dans toutes les situations, je vous suggère d'utiliser les neuf mois que vous avez pour trouver à votre chien une nouvelle maison qui lui convienne. Cela peut vous briser le cœur mais la bonne nouvelle, c'est que les chiens passent à autre chose plus vite que les humains. Dans un premier temps, en changeant de meute, le chien sera désorienté mais, dans la nature, les loups changent de meute quand le besoin se fait sentir. Si une meute devient trop grande pour les ressources à sa disposition dans son environnement, les loups qui en font partie se séparent pour trouver ou former de nouveaux groupes. Si vous lui trouvez une bonne maison, votre chien s'adaptera après un jour ou deux. C'est son instinct qui lui dicte de s'adapter et d'essayer de s'intégrer. Il vous reconnaîtra s'il vous revoit ou s'il sent votre odeur, mais il ne passera pas son temps à se languir de vous. Souvenez-vous, les chiens vivent dans le moment présent.

Préparer les chiens à l'heureux événement

En admettant que vous n'êtes pas dans la situation que je viens de décrire, vous pouvez faire beaucoup de choses pour préparer votre chien à l'arrivée du bébé et, plus important, pour le conditionner à respecter votre nouveau-né comme un autre chef de meute. Vous devez commencer tôt. Toute faiblesse potentielle dans votre lien chef de meute / suiveur doit être corrigée *maintenant.* Si votre chien est trop dépendant, anxieux, ou s'il a des troubles liés à l'angoisse de la séparation, il peut avoir une réaction forte face à un changement survenant dans la structure de la meute. Aussi difficile que cela puisse paraître, vous pouvez avoir besoin de désensibiliser votre chien en commençant par vous montrer un peu plus froid avec lui, bien avant l'arrivée du bébé. Ne le laissez pas vous suivre comme votre ombre quand vous faites le tour de la maison. Ne l'autorisez plus à dormir avec vous. Fixez de nouvelles règles concernant le canapé sur lequel il est autorisé à monter. Faites-lui comprendre que la chambre du bébé lui est interdite. Entraînez-vous à le promener avec une poussette ou un landau, en vous assurant qu'il reste toujours derrière le landau. Encouragez et récompensez la soumission calme pendant ces sessions.

Une fois que le bébé est né, ramenez à la maison une couverture ou un vêtement de ce dernier portant son odeur et faites-le sentir à votre chien. C'est un moyen de « présenter » votre enfant à votre animal avant qu'ils ne se retrouvent face à face. Ne collez pas cet objet sous le nez de votre chien pour le lui faire renifler. Fixez d'abord des limites. Faites-le-lui renifler depuis l'autre bout de la pièce, puis dites-lui de se rapprocher doucement, mais pas plus près que vous le laisserez approcher du bébé. (Vous ne demandez pas quelque chose de contre nature à votre chien : rappelez-vous, à l'état naturel, la mère chien tient au départ ses petits éloignés des autres membres de la meute.) Le chien doit toujours être calme-soumis en présence de l'odeur de l'enfant. Corrigez tout comportement anxieux ou de fixation. Ne récompensez qu'un comportement calme-soumis.

Quand vous ramenez votre bébé chez vous, ne le présentez pas au chien en dehors de la maison. Assurez-vous que le bébé est à l'intérieur, puis invitez le chien à entrer. Soyez clair : c'est la maison du *bébé,* pas celle du chien. Présentez votre enfant au chien par étapes. Commencez par le lui montrer de l'autre côté de la pièce. Puis, petit à petit, laissez-le s'approcher. Votre énergie, calme-assurée, est primordiale. Dès qu'Ilusion s'est sentie suffisamment rassurée pour que j'emmène mes garçons voir les chiens, j'ai traversé la meute en les portant dans mes bras, tout en projetant mon énergie sous sa forme la plus calme-assurée. Je tenais fièrement mes garçons. Je communiquais aux chiens que ces bébés faisaient partie de *moi – le chef de meute.* De fait, ils devaient être respectés de la même manière que l'était le chef de meute. Ensuite, mes garçons ont appris comment se comporter en me prenant comme modèle. Ils m'ont regardé interagir avec les chiens et ont imité ma façon d'être.

Vous devez donc sensibiliser votre chien à votre enfant, mais vous devez aussi apprendre à votre enfant, quand il grandit, à respecter le chien tout en étant son chef de meute. C'est pourquoi la supervision est aussi importante. Les chiens ne devraient jamais se trouver auprès d'enfants qui apprennent à marcher et qui sont débordants d'énergie physique. Les enfants doivent apprendre à ne pas tirer sur la queue et les oreilles de leur animal, et ne doivent jamais jouer à tirer sur l'objet qu'il a dans la gueule. Si un enfant devient trop brutal, vous devez intervenir et rediriger son énergie vers autre chose, ou lui montrer une autre manière de toucher le chien. Pour que votre enfant apprenne la bonne manière d'approcher un chien, vous devez répéter l'opération à plusieurs reprises. Le chien finit par se rendre compte que l'enfant ne lui veut pas de mal. J'ai appris très tôt à André et à Calvin à reconnaître le langage corporel d'un chien : certains signes nous disent si c'est ou non un bon moment pour le toucher. Je leur ai demandé de m'aider à nourrir les chiens et leur ai appris à ne jamais leur donner à manger tant que les chiens n'étaient pas assis et calmes-soumis. Apprenez à votre enfant la bonne manière d'approcher un chien qu'il ne connaît pas – ne pas lui parler, ne pas le toucher, ne pas le regarder dans les yeux jusqu'à ce que le chien soit à l'aise et calme-soumis en sa présence. Dès que mes garçons ont su marcher, ils ont fait leurs premiers pas dans la meute, et se sont comportés comme en pays conquis. Faites ce que j'ai fait : conditionnez vos enfants à être des chefs de meute dès leur naissance. Une génération de chiens vous en sera reconnaissante !

Les visiteurs

La plupart des gens veulent que leur chien soit leur protecteur ou leur système d'alarme. Si un étranger se présente la nuit, les maîtres veulent naturellement que leur chien les prévienne. En même temps, ils veulent que leur chien se tienne bien, qu'il soit docile quand des amis ou le facteur se présentent à la porte. Ce n'est pas facile d'avoir les deux à la fois. Comment le chien peut-il faire la différence si la personne est de l'autre côté de la porte ? C'est à son maître de lui apprendre les bonnes manières de se comporter sur le seuil, et de les mettre en application quand c'est nécessaire.

Quand un nouveau visiteur se présente, assurez-vous que votre chien cesse d'aboyer sur-le-champ et qu'il est assis, dans une position calme-soumise, quand cette personne entre. Ne le laissez pas sauter sur votre invité. En même temps, apprenez à toute nouvelle personne qui entre chez vous à ne pas saluer le chien de la manière traditionnelle qui n'est pas la bonne ! Il ne faut jamais se mettre au niveau du chien pour le caresser et lui parler ! Vos invités doivent apprendre les règles que j'utilise pour les visiteurs au Centre de psychologie canine : au début, ne pas toucher, ne pas parler à l'animal, ne pas le regarder dans les yeux. Vous devez autoriser votre chien à *s'habituer poliment* à l'odeur de votre invité avant que ce dernier ne lui donne de l'affection. Votre chien a la capacité de mémoriser des milliers d'odeurs différentes : après une ou deux visites, votre invité lui sera donc familier. Répétez ce rituel avec chaque nouvelle personne qu'il rencontre.

Si votre facteur a peur de votre chien, cela peut aussi devenir un problème pour ce dernier. Les chiens vivent dans un monde de cause à effet : de fait, si votre animal s'habitue à aboyer quand le facteur passe, voilà comment l'interprète son esprit canin : « Le facteur passe. J'aboie et je grogne. Le facteur s'en va. Je lui ai fait peur : ça l'a fait partir. » Chez les chiens dominants et agressifs, cela peut raviver leurs instincts de prédateurs et les inciter à agresser le facteur en question. Pour vous, son maître, cela peut vous obliger à aller chercher vous-même votre courrier au bureau de poste ou, dans le pire des cas, se terminer par un procès. Ces derniers temps, les services postaux du pays prennent très au sérieux la sécurité de leurs employés. Dans le cas d'un des chiens qui est passé à mon émission, ce n'est pas seulement la propriétaire du chien, mais tout le quartier qui s'est vu privé de distribution de courrier. (Comme vous pouvez l'imaginer, cela n'a pas rendu cette personne très populaire auprès de ses voisins !) Nous avons réglé le problème en interdisant au chien d'aboyer quand un inconnu se présentait à la porte. Quand nous avons fait quelques progrès dans ce sens, j'ai enfilé un uniforme de facteur et je me suis rendu à la porte, encore et encore, jusqu'à ce que le chien n'ait plus envie d'aboyer après moi. La propriétaire a donc, dans ce cas, dû faire un compromis : elle a choisi d'abandonner son « système d'alarme anti-intrus » de façon à recevoir de nouveau son courrier. Rappelez-vous, vous pourrez toujours acheter une alarme pour remplacer la fonction de système d'alarme qu'occupe votre chien, mais vous ne pourrez jamais remplacer le facteur !

Aller chez le toiletteur et le vétérinaire

Chaque fois que nous emmenons un chien dans un endroit qui ne lui est pas familier, il est important de le préparer à l'environnement dans lequel il va pénétrer. La plupart des gens emportent des cookies pour essayer de calmer leur chien, mais s'il a déjà cédé à la panique, cela ne sera sans doute d'aucune efficacité. Rappelez-vous : les chiens ne connaissent pas le concept de toiletteur. Ils ne comprennent pas pourquoi ils doivent aller chez le vétérinaire. La plupart protestent quand on les emmène pour la première fois chez le toiletteur ou le vétérinaire. Très peu ne deviennent pas tendus ou nerveux. Ce ne sont pas des situations naturelles pour eux. Il est donc nécessaire que le toiletteur et le vétérinaire agissent comme des comportementalistes en plus du travail qu'ils doivent faire – et certains n'en sont pas capables. Ce n'est pas leur travail. C'est donc vous qui devez aider à rendre cette expérience plus agréable pour votre chien.

Avant d'entrer dans le cabinet du vétérinaire, il est important que vous teniez votre chien et que vous le touchiez comme le fera le vétérinaire. C'est quelque chose que vous devez faire petit à petit, mais de façon régulière, longtemps avant la visite. Il faut conditionner le cerveau de votre chien : il faut l'habituer à se faire toucher certaines zones inhabituelles. La majorité d'entre nous touchent leur chien en lui donnant de l'affection, lui touchent la tête, le caressent, lui grattent le ventre et le dos. Un docteur va lui ouvrir la gueule, vérifier ses oreilles et ses yeux, vérifier son derrière. Vous pouvez augmenter les chances que la visite se passe bien pour votre chien en « jouant au docteur » à la maison. Faites participer tout le monde, même vos enfants. Faites porter à l'un d'entre vous une blouse ressemblant à celle que portera le vétérinaire. Faites en sorte que votre chien s'habitue à certains des outils qu'il utilisera – même si vous ne vous servez que de jouets. Habituez-le aux odeurs d'alcool de façon qu'il les trouve agréables. Vous pouvez masser votre chien ou lui donner des friandises pendant ces séances afin qu'il les associe à quelque chose de positif.

C'est pareil pour le toiletteur. Les seuls chiens à être naturellement à l'aise avec les toiletteurs sont ceux issus d'une lignée de chiens de concours. D'une manière ou d'une autre, ils semblent hériter du calme de leurs parents par rapport au toilettage. Pour les autres chiens, en revanche, cela peut être un véritable cauchemar. Vous vous souvenez de Josh, le « gremlin toiletté » ? Je ne saurais vous dire le nombre de mes clients qui ont plus peur d'aller chez le toiletteur de leur chien que chez leur propre dentiste !

Comme j'ai un esprit de compétition très marqué, j'ai toujours aimé les défis. Je trouve très excitant de travailler avec un chien instable pour essayer de le rendre équilibré. Donc, quand je travaillais en tant que toiletteur à San Diego et qu'on me confiait un chien comme Josh, c'était un vrai plaisir pour moi. Ce n'est pas différent d'un cow-boy dont le travail est de monter un taureau ou un cheval sauvage. Cela nous excite. Nous ne voulons pas faire de mal aux animaux : nous voulons simplement les apprivoiser. Ce que je voyais, c'était l'occasion d'apprivoiser l'animal en eux, tout en faisant en sorte qu'ils soient beaux à l'extérieur. Si le chien était facile, parfait : j'y arrivais très rapidement. Mais un chien difficile n'était pas quelque chose de négatif pour moi. Bien sûr, les chiens captaient mon énergie positive : j'étais donc capable de rendre l'expérience très agréable pour eux. Néanmoins, je comprends pourquoi tant de toiletteurs ont peur de ces chiens. Ils ont horreur qu'on leur confie un chien qui risque de les mordre et, inconsciemment, c'est le chien qu'ils blâment. Les chiens captent cette énergie négative, et cela exacerbe leur anxiété. La vérité, c'est que les chiens agissent de cette manière car leurs maîtres ne les ont jamais bien préparés à cette situation.

Tout comme pour le vétérinaire, vous pouvez inventer des scénarios pour conditionner petit à petit votre chien à se sentir plus à l'aise chez le toiletteur. Achetez une tondeuse et une paire de ciseaux et essayez-les sur votre chien pour évaluer sa réaction à l'avance. S'il est nerveux, attendez qu'il ait faim. Nourrissez-le et, pendant qu'il mange, essayez de donner des petits coups de ciseaux ou de tondeuse près de lui. Renouvelez l'expérience plusieurs fois. Il va commencer à associer ces outils au moment du repas, ce qui rendra l'expérience du toiletteur plus agréable pour lui.

Le plus important – et je ne peux suffisamment insister sur ce point – avant d'emmener votre chien chez le vétérinaire ou chez le toiletteur, ou avant que le toiletteur à domicile n'arrive chez vous : *faites faire à votre chien une longue promenade, à vive allure !* Dans l'idéal, vous devriez promener votre chien avant de quitter la maison, comme d'habitude, puis, quand vous arrivez chez le vétérinaire ou le toiletteur, le promener une nouvelle fois, moins longuement, autour du pâté de maisons. Si votre chien arrive dans un nouvel endroit après avoir fait de l'exercice, il aura moins d'énergie réprimée et sera plus réceptif à une nouvelle situation qu'il peut trouver effrayante. S'il associe le fait d'aller dans n'importe quel nouvel endroit avec plus de temps passé à vos côtés, il va commencer à attendre ces visites avec impatience. L'ajout de friandises que votre chien aime peut aussi vous aider, mais passer des moments de qualité à marcher avec son chef de meute aura toujours meilleur goût que n'importe quel biscuit pour chiens!

Aller au parc canin

Les parcs canins – particulièrement ceux où on laisse les chiens en liberté – posent problème dans beaucoup de quartiers. Pour votre chien, le parc canin peut représenter une pause bienvenue dans sa routine quotidienne. Vous pouvez utiliser cet endroit pour l'aider à améliorer son comportement en société ou à le maintenir tel quel, et peut-être pour lui procurer du plaisir à courir et à jouer avec d'autres membres de son espèce. Mais c'est tout ce que vous devez attendre du parc canin. Ce n'est *pas* un endroit où votre chien va se libérer de son surplus d'énergie. Cela *ne doit jamais* être envisagé comme un substitut à la promenade. Car chaque fois que vous mettez ensemble un certain nombre de chiens qui ne se connaissent pas, vous courez le risque que cela finisse en bagarre. Le «pouvoir de la meute» est fort chez un chien – mais rappelez-vous: au Centre de psychologie canine, cela me prend parfois des semaines pour intégrer avec succès un nouveau chien dans ma meute, et cette meute est composée de chiens déjà stables et équilibrés! Honnêtement, êtes-vous sûr que tous les chiens du parc canin de votre quartier sont stables et équilibrés? Êtes-vous absolument certain que votre chien l'est? Un parc canin est un environnement entouré de murs: chaque fois que vous enfermez plusieurs animaux dans un même endroit, vous pouvez assister à des bagarres.

Ce train-train vous semble sûrement familier: vous êtes fatigué, la journée a été longue, vous n'avez pas envie d'emmener promener votre chien, vous le mettez donc dans la voiture. Il est surexcité. Vous lui dites: «C'est bon Rex, tu vas au parc canin!» Votre chien capte votre énergie et vos signaux. Dehors, il reconnaît des odeurs, des points de repère et des formes qui lui indiquent où vous vous rendez. Il commence à s'exciter et à sauter dans tous les sens dans la voiture. Vous vous dites: «Oh, il est si content d'aller au parc!» Non, ce n'est pas qu'il est heureux. Il est excité. Et vous devriez maintenant savoir que l'excitation n'est pas synonyme de bonheur pour un chien. En général, cela indique une énergie inexprimée, frustrée. Donc, qu'êtes-vous en train de faire ? Vous emmenez un chien frustré et surexcité au parc canin. En fonction de l'animal, cela peut tourner au désastre.

Quand un chien avec une énergie excitée, frustrée, anxieuse ou dominante entre dans un parc canin, les autres chiens le sentent immédiatement. Ils vont interpréter cette énergie comme instable – souvenez-vous, les chiens ne cautionnent pas naturellement l'instabilité. De fait, les autres chiens vont soit l'approcher, soit le défier, soit s'éloigner de lui car il a trop d'énergie négative, une énergie très explosive. Voir ces autres chiens s'éloigner de lui peut faire passer le chien instable en mode prédateur ou en mode d'attaque, car c'est le moyen le plus simple pour lui de libérer sa frustration. Un chien dans ce mode peut s'attirer des ennuis : il attaque un autre chien, et tous les maîtres se mettent à mal le juger. Certains d'entre eux se mettront à essayer de deviner quand ce chien vient au parc et se débrouilleront pour y amener leur chien 30 minutes plus tôt ou plus tard. Quand le chien rencontrera ces maîtres, il captera l'énergie très négative que ces derniers lui enverront. Désormais, le parc canin ne sera plus une bonne expérience pour lui.

Évidemment, vous savez déjà ce que je vous recommande de faire avant d'emmener votre chien au parc canin, n'est-ce pas ? Promenez-le ! Faites une promenade d'au moins 30 minutes près de chez vous, puis, une fois que vous avez garé votre voiture près du parc, promenez-le dans le quartier. Si c'est un chien qui a un niveau d'énergie élevé, utilisez un sac à dos pour chien. Rappelez-vous, il est censé se servir du parc canin pour travailler ses rapports sociaux, et non pour remplacer l'exercice qu'il doit faire régulièrement. Videz-le autant que possible de son énergie d'excitation, puis emmenez-le au parc canin quand son niveau d'énergie est presque à zéro. De cette manière, en allant au parc, il sera détendu, mais avancera quand même et ira trouver les autres chiens ; cela favorisera une interaction sociale plus saine.

Comparez cela au fait d'aller rejoindre un ami dans un café. Vous n'allez pas vous y asseoir pour discuter quand vous êtes tout excité, prêt à aller danser ou à faire un jogging dans le quartier, n'est-ce pas ? Non. Vous y allez en revenant du centre de conditionnement physique ou du travail, ou après être sorti la veille au soir, quand vous êtes calme et prêt à vous détendre.

C'est dans ces moments-là que vous avez des rapports sociaux sains avec votre ami. Pour les chiens, c'est à peu près pareil. Plus les chiens seront calmes au parc canin, moins ils seront enclins à se pourchasser mutuellement. Moins ils se pourchasseront, moins il y aura de risques qu'ils se donnent des coups de dent. Moins ils se donneront de coups de dent, moins ils risqueront de se battre.

Le parc : ce n'est pas le moment de se laisser aller !

Bien souvent, quand un chien se comporte mal au parc, c'est la faute de son maître : l'attitude qu'il adopte vient s'ajouter à son manque de préparation. Il va au parc, laisse son chien se promener et passe son temps à ne rien faire, restant à la même place pour papoter avec les autres personnes présentes. Le maître voit ce moment comme l'occasion de se détendre par rapport aux pressions qu'implique le fait d'avoir un chien – de se laisser aller pour un moment. Mais rappelez-vous, être un chef de meute est une responsabilité de tous les instants. Le parc n'est pas une expérience de meute satisfaisante pour le chien car il est tout seul, sans son chef pour le guider. Je ne dis pas que vous devriez être au milieu de la meute, à vous amuser avec votre chien à longueur de temps. En revanche, vous devriez être sur le qui-vive et au lieu de rester à la même place, vous devriez vous déplacer dans le parc, en étant constamment en contact avec votre chien grâce à votre voix calme-assurée, grâce aux regards que vous échangez et à votre énergie. Vous devez connaître le langage corporel de votre chien et savoir comment l'arrêter si une interaction semble tourner à l'affrontement. Si un chien se conduit mal, s'il est défié ou maltraité par un autre, ne réagissez pas avec une énergie douce. N'encouragez pas un comportement dominant, peureux ou agressif en réconfortant le chien ou en le caressant. Ne laissez pas votre chien se cacher ou se tapir entre vos jambes. Nettoyez toujours après votre chien et ne laissez *jamais* un chien sans surveillance au parc ! Si vous vous êtes établi avec succès comme le chef de meute de votre chien, ce dernier cherchera en vous les signes pour le guider dans le comportement à adopter. Ne le laissez pas tomber !

Rappelez-vous, votre chien a quatre options quand il interagit avec d'autres membres de son espèce : se battre, s'enfuir, les éviter ou se soumettre. Si votre chien ignore ou évite les autres chiens au parc, cela ne veut pas dire que c'est un inadapté social ! Quand vous arpentez les rues du centre-ville à midi en semaine, vous ne dites pas bonjour à toutes les personnes que vous croisez, n'est-ce pas ? Bien sûr que non. Vous ignorez la plupart des gens que vous croisez. Vous ne vous présentez pas à chaque inconnu que vous rencontrez dans un ascenseur bondé de monde ! Pour un chien, ignorer fait aussi partie du comportement social normal. Un chien sain et équilibré sait comment éviter les autres afin d'échapper aux conflits et de garder son bon caractère.

Il n'existe pas de statistiques avérées concernant le nombre de bagarres, de blessures et de morts qui surviennent dans les parcs canins, mais il y a eu suffisamment d'accidents de ce genre pour que plusieurs quartiers essaient d'interdire les parcs dans lesquels on laisse les chiens en liberté. Les chiens qui s'y comportent le mieux sont en général ceux qui y ont été habitués très jeunes. Ce qui est sûr, c'est que certains chiens ne devraient pas y avoir accès. Point final. Les chiens dominants-agressifs ne devraient pas y aller. Un chien nerveux ou peureux non plus. (Ce n'est pas une solution pour l'aider à surmonter sa peur.) La peur est un signal pour tous les chiens de type dominant dans le parc, signal qui les pousse à attaquer votre chien. Vous ne devez emmener un chien malade au parc sous aucun prétexte – il peut non seulement contaminer les autres chiens, mais les chiens dominants vont également prendre sa maladie pour de la faiblesse. Par ailleurs, n'emmenez jamais plus de trois chiens à la fois au parc canin, et n'en emmenez plusieurs que si vous êtes sûr du tempérament de chacun. Les femelles en chaleur peuvent aussi provoquer des bagarres de même que le fait d'apporter de la nourriture au parc.

Dans les parcs canins publics, vous ne pouvez prévoir d'aucune façon le tempérament des chiens en présence. Si vous voulez socialiser votre chien avec des membres de son espèce, il existe des solutions bien plus sûres. Vous pouvez trouver des « amis de promenade », avec qui vous promenez vos chiens – c'est le meilleur moyen pour les chiens d'apprendre à se connaître en tant que meute. Puis, laissez ces chiens faire connaissance dans des situations plus détendues, des jeux par exemple, en faisant attention au comportement et aux réactions de chacun. Restez impliqué et corrigez votre chien quand c'est nécessaire, en encourageant vos amis à faire la même chose. Les chiens du groupe vont vite apprendre les règles. Rappelez-vous, une meute de loups n'est en général composée que de 5 à 8 bêtes : vous n'avez donc pas besoin de vous entourer de 10 à 20 chiens pour que votre animal apprécie la compagnie des membres de son espèce et pour qu'elle lui soit bénéfique.

Voyager

Tout propriétaire de chien est conscient des risques que constitue le fait d'emmener son chien en voyage. Lorsque nous mettons nos chiens dans une voiture ou une cage pour voyager en avion, en train ou en bateau, certains sont pris de vertiges, d'autres vomissent et d'autres encore vont passer leur temps à baver ou à haleter. Certains chiens deviennent surexcités et rien ne peut les calmer. D'autres développent un sentiment d'emprisonnement, ce qui donne lieu à une agressivité due à la peur, de type défensif. Ils grognent, mordent et ne cessent de geindre ou d'aboyer. Ces chiens sont malheureux quand ils voyagent parce qu'ils n'étaient pas dans un état d'esprit calme-soumis quand on les a mis dans la voiture ou dans la cage. Nous devons les conditionner à associer le voyage à un moment de détente.

Chaque fois que nous nous apprêtons à exposer nos chiens à une situation qui n'est pas naturelle pour eux – ce qui inclut voyager en voiture ou en avion –, la meilleure chose que nous puissions faire, c'est de les y préparer à l'avance. Naturellement, l'exercice est la première chose qui entre en ligne de compte. Avant de les mettre dans la voiture, dans leur niche ou leur cage, il faut les promener. Oui, je suis encore en train de vous dire d'emmener votre chien en promenade, longtemps et de façon énergique. S'il s'agit d'un voyage très long, ajoutez-lui un sac à dos, ou faites-lui faire une demi-heure de tapis de jogging supplémentaire. Le but est que votre chien soit absolument épuisé au moment où vous le mettrez dans un endroit clos. Il sera alors naturellement passé en mode repos : cela lui paraîtra logique de rester calme pendant un long moment.

Bien sûr, il y a des chiens qui aiment naturellement faire de la voiture parce que leurs maîtres les laissent mettre la tête dehors. Quand votre chien passe son nez par la fenêtre de la voiture, c'est plus excitant encore pour lui qu'un humain qui vivrait une expérience de réalité virtuelle en couleurs, en trois dimensions et en « odorama ». C'est à cause des odeurs – des milliers d'odeurs différentes, certaines familières, d'autres non, qui atteignent le nez de votre chien à chaque seconde. S'il y a cinq voitures devant la vôtre, votre chien capte toutes les odeurs présentes dans chaque voiture. Si vous passez à côté d'une ferme, votre chien capte les odeurs de chaque animal dans cette ferme. Les chiens retirent énormément de plaisir de cette expérience – de l'amusement, un sentiment de satisfaction et une stimulation psychologique. Toutefois, je ne vous conseille pas d'autoriser votre chien à mettre ainsi sa tête dehors, car c'est très dangereux physiquement pour lui. Un caillou ou un débris quelconque pourrait atteindre ses yeux, et trop d'air pourrait le blesser aux oreilles. En outre, une telle stimulation peut le surexciter.

À la place, une fois que vous vous êtes assuré que votre chien se repose dans la voiture, ouvrez un peu la fenêtre, de façon qu'il ne puisse pas y passer la tête. Même si l'air qu'il respire de cette manière n'aura pas une concentration d'odeurs aussi intense, il pourra tout de même en capter de nombreuses, fascinantes, sans courir de risque.

Déménager

Beaucoup de clients viennent me trouver pour la première fois après avoir déménagé. Ils me disent : « Mon chien était parfait avant qu'on emménage dans cette nouvelle maison. Maintenant, il a tel ou tel comportement. Il est devenu comme ci, il est devenu comme ça. » Ces clients ne se rendent pas compte à quel point ils ont contribué aux nouveaux symptômes que présente leur chien. J'aimerais que vous sachiez comment ces symptômes peuvent être évités.

À l'état naturel, les chiens se déplacent tout le temps. Il n'y a rien qu'ils aiment plus qu'explorer un nouvel environnement. Mais la façon dont nous, les humains, nous déplaçons n'est pas naturelle pour eux. Quand nous nous préparons à changer de maison ou d'appartement, nos chiens n'ont pas idée du fait que nous nous apprêtons à migrer vers un nouveau territoire, mais ils sentent toujours que quelque chose de terrible va arriver. Tout d'abord, ils voient disparaître tout ce qui leur est familier dans leur monde. Ensuite, ils sentent les différentes énergies que les humains ressentent en déménageant : l'excitation, la tension, le stress ou la tristesse. Quand les gens sont peinés de quitter leur maison, le chien le voit comme une énergie négative, une énergie de faiblesse.

Quand nous parcourons nos maisons vides en pleurant car le vieux quartier va nous manquer et que nos enfants sont nés ici, nos chiens comprennent seulement que quelque chose de très grave est en train de se produire. Puis nous les fourrons dans la voiture ou les mettons dans leur cage ou dans un avion. Quand nous arrivons à notre nouvelle maison, vide, nous les laissons dehors et attendons d'eux qu'ils s'adaptent encore plus vite que nous! Ils sont déjà anxieux à cause du déménagement: ils ont capté nos émotions et ont associé le tout avec quelque chose de très traumatisant. C'est pour cette raison que, lorsqu'ils arrivent à la nouvelle maison, ils se mettent à avoir des comportements que vous n'aviez jamais vus auparavant. *Les chiens ne sont pas des meubles!* Nous ne pouvons pas nous contenter de les mettre dans des cartons et de les bouger d'un endroit à l'autre, et nous attendre à ce qu'ils n'en soient pas affectés.

Si vous vivez dans un quartier proche de celui où vous devez déménager, je vous suggère d'y emmener promener votre chien deux ou trois fois avant le déménagement – si c'est possible, faites l'aller-retour entre votre ancien domicile et le nouveau. Les chiens sont très sensibles aux nouveaux environnements et, quand le jour du déménagement arrivera, ils sauront qu'ils sont déjà allés dans cet endroit. Si vous vivez loin, suivez les procédures que je vous ai exposées pour voyager avec votre chien. Ensuite, quand vous arriverez, devinez ce que vous allez faire? Même si vous êtes vous-même chagriné ou que vous traversez une période de bouleversements dans votre vie, vous devez emmener promener votre chien au moment où il arrive à votre nouveau domicile. Cette promenade n'a pas pour unique but de le fatiguer; elle sert aussi à l'aider à s'habituer à son nouvel environnement. Cette promenade doit durer *plus d'une heure.* Bien que cela soit impossible pour la plupart des gens, je vous recommande de la faire durer trois heures ou plus. Cela vous fera du bien après votre voyage et vous aidera à vous libérer un peu du stress de cette journée. Vous pouvez peut-être échanger la promenade du chien contre les cartons avec les autres membres de votre famille pour cette première journée mais, quoi que vous fassiez, considérez cette promenade comme un événement marquant de la vie de votre chien. C'est cette activité qui va l'amener à comprendre que vous avez migré sur un nouveau territoire et qui fera de cette migration un événement plus naturel.

Si vous avez promené votre chien pendant plus d'une heure, il devrait être fatigué et prêt à se détendre quand vous l'amènerez dans votre nouvelle demeure. Nourrissez-le, puis faites-lui visiter la maison, une pièce à la fois. Ne le laissez pas flâner tout seul. Beaucoup de mes clients ont commis cette erreur simplement parce qu'ils étaient trop occupés à défaire leurs cartons pour se préoccuper de leur chien. Ils ont vu que leur chien avait envie d'explorer et l'ont laissé parcourir de fond en comble la nouvelle maison – avant même d'avoir eu l'occasion de l'explorer eux-mêmes. Ces maîtres étaient démissionnaires en matière de discipline.

Rappelez-vous bien, ce n'est pas sa maison, mais *la vôtre*. Si vous le laissez se l'approprier avant vous, il deviendra le dominant à cet endroit. Je vous suggère de faire visiter une pièce à votre chien – disons la cuisine – et de lui interdire le reste de la maison pendant que vous défaites vos cartons. S'il a eu sa promenade, il sera passé en mode repos et sera content de vous attendre. Quand vous êtes prêt, emmenez-le de pièce en pièce, l'invitant à entrer chaque fois, comme vous l'avez fait quand il est entré pour la première fois dans la maison. Il saura alors que c'est la nouvelle « tanière » que vous allez partager et que vous y êtes toujours incontestablement le chef de meute.

Présenter un nouveau chien à la meute

Quelques-uns de mes clients ont essayé de régler un problème de comportement – par exemple, l'angoisse de la séparation – en prenant un autre chien à la maison. Malgré les bonnes intentions qui les motivent, faire cela équivaut parfois à faire tomber une allumette dans un bidon d'essence. Si vous vous occupez de deux chiens, l'un des deux au moins doit être équilibré. Si vous avez plusieurs chiens à la maison, tous ces chiens devaient être équilibrés dans leur meute d'origine. Une première rencontre entre chiens ne peut tout bonnement pas bien se passer si plus d'un d'entre eux n'est pas équilibré. Même si votre « meute » n'est composée que de vous et d'un chien, le fait d'y intégrer un autre membre doit avoir été mûrement réfléchi, et l'énergie et l'équilibre du nouveau venu – sans compter la vôtre – doivent avoir été pris en considération.

Vous vous rappelez de Scarlett, mon bouledogue français et porte-bonheur au centre ? Elle a eu la malchance d'être un chien instable que son maître a intégré à une meute instable chez lui. Quand Scarlett est arrivée, tous les chiens de la maison étaient instables et vivaient sans aucune règle, limite ou restriction. L'un d'entre eux était paralysé par la peur, un autre souffrait d'agressivité liée à la peur et se montrait possessif envers tout et n'importe quoi. Même les humains dans cette maison étaient déséquilibrés et indisciplinés. Scarlett est une chienne très sensible. À la minute où elle est arrivée, elle a capté cette énergie d'instabilité: sa réaction a donc été de combattre, d'attaquer cette énergie négative. Elle était également la plus jeune des chiens, celle avec l'énergie la plus élevée, et la plus athlétique. Elle ne pouvait tout simplement pas tolérer de se faire mener à la baguette par d'autres chiens, instables de surcroît. Malheureusement pour elle, ses maîtres s'étaient déjà attachés aux chiens qui vivaient avec eux: ils avaient l'avantage de l'âge. Scarlett n'était que la nouvelle venue, et comme c'était la nouvelle, on lui reprochait tout. C'est pourquoi, comme il était certain que ses maîtres ne changeraient pas, j'ai dû sortir Scarlett de là.

Tout comme quand vous choisissez un chien pour vous-même, choisissez pour votre chien un compagnon avec une énergie compatible. N'optez pas pour un chien avec un niveau d'énergie plus élevé! Exactement comme en amour pour les humains, les chiens n'ont pas besoin d'aimer les mêmes choses pour bien s'entendre, mais il faut qu'ils partagent le même tempérament de base. La plupart des gens qui amènent un nouveau chien chez eux ont tendance à favoriser leur premier chien. Ils font immédiatement du favoritisme car ils se sentent coupables de faire entrer un «concurrent» dans la maison de leur toutou. Ils ne veulent pas que leur animal soit «jaloux». Nous interprétons souvent la période très naturelle au cours de laquelle les chiens décident qui est le dominant et qui est le soumis dans une meute comme de la «jalousie». Les chiens font peut-être l'expérience de quelque chose de ressemblant à notre émotion, à la jalousie, mais la plupart du temps, c'est nous qui inventons cette histoire. Il y a une raison derrière cette «jalousie»: le nouveau chien a apporté avec lui un niveau d'énergie plus élevé que celui de votre chien, ou une énergie qui lui fait concurrence, alors que votre animal était déjà à l'aise dans son environnement tel qu'il était. Néanmoins, de nombreux maîtres se tracassent à ce sujet et pensent: «Maintenant, mon chien m'en veut. Mon chien me hait.» Ils émettent donc une énergie encore plus négative. Alors que les choses entre les chiens et leurs maîtres ne cessent de se détériorer, les maîtres décident d'emmener leur chien chez le médium pour animaux. Ce dernier leur dit que les deux chiens étaient rivaux dans une vie antérieure. Vous pensez que j'exagère ? C'est pourtant une version édulcorée des histoires que mes clients me racontent !

Vous devez traiter les deux chiens de la même manière – depuis votre poste de chef de meute calme-assuré. Dans une meute, les suiveurs ne se battent pas pour la deuxième ou la troisième place. Ils doivent concentrer toute leur énergie à suivre *vos* règles, limites et restrictions. Si vous êtes vraiment un chef de meute solide, les chiens n'ont pas d'autre choix que de s'entendre. Deux esprits soumis réussiront avec succès à vivre et à jouer ensemble. Deux esprits dominants vont se défier et vous pourrir la vie.

Il y a tout de même certaines situations dans lesquelles j'encouragerais une relation de dominant / soumis entre un chien et un nouveau venu. Récemment, j'ai tourné un épisode pour la deuxième saison de *Dog Whisperer* qui traitait du fait de prendre un compagnon pour son chien. Cet épisode s'intitule « Buford's Blind Date » (Le rendez-vous arrangé de Buford) – Buford étant un boxer impressionnant. Il était très calme, stable, mais pas socialisé. Il était le parfait candidat pour avoir un compagnon mais sa maîtresse, Bonita, n'était pas un chef calme-assuré à 100 % ni à 100 % engagé. C'était une femme très décontractée. Elle avait besoin qu'on la guide avant de prendre un nouveau boxer à la maison : je savais que je ne pouvais pas compter sur elle pour être le chef de *deux* chiens puissants à la fois. J'ai accompagné Bonita à Boxer Rescue dans la Sun Valley, en Californie, pour l'aider à choisir une nouvelle « compagne » pour Buford. Même si Buford était doux de nature et qu'il aurait pu s'entendre avec beaucoup de chiens différents, en lui choisissant une compagne, je devais garder à l'esprit l'énergie et l'engagement de Bonita. Elle avait besoin d'un chien qui s'adapterait à la maison sans trop lui donner de travail supplémentaire. Nous avons choisi Honey, une petite femelle très gentille et extrêmement calme-soumise, avec un pelage de la couleur du chocolat au lait. Une fois que nous avons ramené Honey chez Bonita, j'ai permis à Buford d'établir sa dominance immédiatement. Bien qu'ils soient tous les deux castrés, j'ai laissé Buford monter Honey, dans une position de dominance. J'ai aussi dit à Bonita de ne pas donner d'affection à cette petite chienne pendant deux semaines. Bonita aime les chiens, cela a donc été une mission terriblement difficile pour elle. Mais il était important qu'elle laisse à Buford suffisamment d'espace pour qu'il établisse sa dominance sur Honey avant qu'elle noue des liens avec elle. En fait, je faisais faire à Buford le travail que doit normalement faire l'humain : présenter au nouveau venu les règles de la maison. Au vu de son état d'esprit équilibré, Buford a probablement fait du meilleur travail pendant les deux premières semaines que ne l'aurait fait Bonita.

Quand vous prenez un nouveau chien, assurez-vous que ses congénères ont tous fait une promenade et de l'exercice pour libérer leur énergie avant la grande rencontre. Assurez-vous qu'ils sont calmes et soumis. Même si le fait que votre nouveau chien rencontre votre « bébé » vous rend nerveux, il vous faut comprendre que vous ne devez pas partager avec vos chiens votre peur, votre tension, votre nervosité et votre sentiment d'insécurité. Si vous le faites, vous pouvez être sûr que leur première rencontre sera une mauvaise expérience. Si vous ne vous sentez pas à l'aise avec le fait de présenter les deux chiens à l'intérieur de la maison, faites ce que bon nombre de gens font : faites les présentations en terrain neutre. Puis, à la fin de là journée, invitez-les tous les deux à entrer chez vous.

Toutefois, il y a encore plus important : vous devez connaître votre chien avant de penser à agrandir la famille. Assurez-vous que votre fidèle compagnon n'est pas frustré et qu'il n'a pas de troubles d'agressivité liés à la peur ou à la dominance. S'il y a des chiens dans votre entourage, faites des expériences en observant votre chien interagir avec eux dans différentes situations. Observez-les bien au parc canin ou lors d'un « rendez-vous de jeux ». Cela vous montrera sur quelles tendances du comportement de votre chien vous devez travailler avant de faire entrer pour de bon un nouvel ami à la maison.

Les chiens et le cycle de vie : la vieillesse et la mort

Quand nous vivons pendant plusieurs années avec un chien, nous devons inévitablement le voir vieillir. Les chiens ont un cycle de vie plus court que le nôtre – 13 ans [41] en moyenne, contre 77^{22} pour nous : de fait, à moins de les adopter quand nous sommes vieux, il y a une forte probabilité qu'ils vivent leurs vieux jours avant nous. Cela brise le cœur de nombreuses personnes et familles, mais je crois que l'une des choses que les animaux nous apprennent en entrant dans notre vie est le fait que vieillir et mourir font partie de la nature, qu'en vivant nous devons faire l'expérience de la mort et l'accepter comme une autre phase du cycle naturel de vie. Les chiens célèbrent la vie et acceptent la mort. En réalité, ils l'acceptent bien mieux que nous. Nous devons les considérer comme nos professeurs en la matière. Leur sagesse naturelle peut nous aider à trouver du réconfort quand nous faisons face à notre propre fragilité humaine, à notre mort.

Si un chien tombe malade – disons qu'on diagnostique un cancer chez lui –, il ne perçoit pas sa maladie de la même manière que nous. Nous allons être désolés pour ce chien et le submerger d'énergie de tristesse et de deuil chaque fois que nous le regardons, mais cette énergie ne fait que créer un environnement négatif pour lui. Si un chien revient de chez le vétérinaire avec un diagnostic de cancer, il ne pense pas : « Oh, mon Dieu ! Je n'ai plus que six mois à vivre ! J'aurais tellement aimé aller en Chine ! » Les chiens vivent dans le moment présent, sans se soucier de savoir s'ils ont ou non un cancer. Sans se soucier de savoir s'ils sont aveugles ou non ; s'ils sont sourds ou non. Peu importe à quel point leur situation est désespérée, les chiens continuent à vivre chaque jour dans le moment présent. J'ai récemment fait un séminaire devant 350 personnes au Texas. Un chien d'un refuge du coin était assis auprès de moi, tout devant. On avait récemment diagnostiqué un cancer chez lui, mais vous ne pouviez imaginer un chien plus heureux ! Tout le monde chuchotait dans la salle : « Ce chien a un cancer. Oh, la pauvre bête ! » Mais ce chien se moquait du fait que tout le monde avait pitié de lui. Il passait un excellent moment, en étant simplement un chien équilibré et calme-soumis dans un nouvel environnement plein d'objets intéressants. Une des choses que nous pouvons apprendre des chiens est comment apprécier la vie, comment en jouir dans ses plus petits détails, chaque jour qui passe.

La décision de faire piquer un chien quand il souffre est l'une des plus difficiles à prendre pour nous. En fin de compte, vous devez prendre cette décision très personnelle en votre âme et conscience, en fonction de vos croyances et du lien qui vous unit à votre chien. L'un de mes clients m'a raconté n'avoir pris cette décision qu'au moment où « toutes les lumières se sont éteintes» dans son chien, malgré le fait qu'il vivait encore, qu'il respirait encore. Je ne peux vous dire qu'une seule chose pour vous rassurer dans une situation aussi douloureuse : quand votre chien finit par s'éteindre, il a probablement eu une vie plus riche que la vôtre. Il a savouré chaque moment passé sur cette terre. Il la quitte sans rien laisser d'inachevé, sans regret.

Les êtres humains sont les seuls animaux à réellement craindre la mort, à en faire une obsession, à la pleurer – et ce, *avant* qu'elle n'advienne. Les chiens ont tant à nous apprendre sur le sujet. Un chien vit dans le moment présent, à tout instant, tous les jours. Un chien vit chaque jour à fond. Est-ce que les chiens pleurent les autres ? Oui. Des recherches récentes ont prouvé que nombre d'animaux pleurent leurs morts, particulièrement les membres de leur famille, leur compagnon ou ceux avec lesquels ils ont créé des liens profonds [42]. Mais pour la plupart des animaux, le deuil n'est qu'une phase qu'ils traversent sur le chemin du retour à l'équilibre. Dans la nature, quand un chef de meute meurt, la meute pleure quelque temps sa perte ; elle doit ensuite vivre la difficile transition vers une nouvelle structure de meute. Néanmoins, ses membres passent vite à autre chose.

Comme je l'ai dit précédemment, psychologiquement, les chiens passent beaucoup plus rapidement à autre chose que les humains – si nous les laissons faire. Si un chien meurt dans une maison où il y en a deux, celui qui reste pleurera évidemment celui qui est parti. Mais il est naturel pour un chien de repasser ensuite à son niveau habituel d'équilibre – sauf si les humains l'en empêchent. C'est nous qui le retenons de faire ce que sa nature lui dit – d'avancer, de vivre la vie à fond. Vous seriez surpris du nombre de cas que j'ai eus où un chien dans une famille meurt et celui qui reste développe soudain des troubles qu'il n'avait jamais eus auparavant. La famille m'appelle à l'aide et me dit : «Il ne peut tout bonnement pas se remettre de la mort de Winston.» Je regarde la pièce autour de moi : il y a des photos de Winston partout. Il y a des souvenirs de ses funérailles, une urne contenant ses cendres sur le manteau de la cheminée. Les rideaux sont tirés. La maison est sombre et poussiéreuse. Ce n'est pas le chien qui a arrangé la maison de cette façon. Je leur demande quand est mort Winston. Ils me répondent : «Il y a six mois.» Six mois ! C'est une *éternité* pour un chien. Rester dans un état dépressif aussi longtemps n'est pas naturel pour lui. Les

chiens sont plus qu'enthousiastes à l'idée de retrouver l'équilibre et la stabilité qu'ils connaissaient auparavant. Dans ces cas-là, ce sont les êtres humains
qui restent dans un état de tristesse et qui ne veulent pas passer à autre chose.
Le chien ne fait que capter l'énergie tragique et dépressive que les humains
émettent : c'est ce qui l'entraîne vers le bas. Il y a des cas pour lesquels les
humains ont besoin d'assistance pour faire leur deuil, de façon à arrêter de
projeter sur leur chien leur propre refus d'avancer. Ils doivent d'abord accepter, puis régler leurs propres problèmes.

J'ai aussi un nombre démesuré de cas où les gens prennent un nouveau
chien immédiatement après la mort d'un autre. Le nouveau venu est censé
représenter le « substitut » au chien qui vient de mourir. Dans des cas comme
ceux-ci, le chien de « substitution » est souvent pris trop tôt, alors que les
humains (et parfois les autres chiens de la maison) sont toujours en deuil.
Quand vous emmenez un animal dans une maison où règne la tristesse, vous
le faites entrer dans un environnement qui n'est qu'énergie molle et faible –
une énergie totalement négative. Il n'y a pas de chef de meute fort dans une
maison endeuillée.

Dans un cas que j'ai traité récemment, un chiot dogue allemand avait
pris le pouvoir chez lui et rendait la vie insupportable à ses maîtres ainsi qu'à
l'autre chien de la maison. Ce chiot n'était pas un animal naturellement
dominant mais, au moment où il a passé la porte, il a senti qu'il n'y avait pas
de chef. Aussi difficile que cela puisse être, je vous conseille d'attendre un
peu après la mort de votre animal pour en prendre un nouveau. Attendez
jusqu'à ce que vous soyez capable d'ouvrir les rideaux, de laisser entrer le
soleil et de rire de nouveau. Vous serez alors prêt à être le chef de meute de
votre nouveau chien, et à lui offrir un foyer sain et équilibré.

Chapitre 9

Épanouir nos chiens, nous épanouir

Bien que cela puisse mettre un coup à notre ego humain démesuré, la vérité, c'est que nous avons besoin des chiens plus qu'ils n'ont besoin de nous. Si les humains disparaissaient demain de la surface de la Terre, les chiens réussiraient à survivre. Ils suivraient ce que leur dictent leurs gènes et formeraient des meutes, à peu près comme le font encore aujourd'hui leurs cousins, les loups. Ils se remettraient à chasser et établiraient des territoires. Ils continueraient à élever leurs petits de la manière dont ils le font aujourd'hui. Par bien des côtés, ils pourraient être plus heureux. Les chiens n'ont pas besoin des humains pour être équilibrés. En réalité, la plupart des difficultés et des instabilités dont souffrent les chiens domestiques apparaissent parce qu'ils ne sont pas dans des situations naturelles, en vivant avec nous derrière des murs, dans ce monde moderne et industrialisé.

J'ai dit plus haut que les chiens viennent de Pluton et les humains de Saturne. Il est plus exact de dire que les chiens viennent de la Terre – et les humains, de l'espace. Par bien des côtés, nous autres, humains, sommes bien différents de tous les autres êtres qui peuplent cette planète. Nous avons le pouvoir de rationaliser, ce qui implique le pouvoir de nous berner nous-mêmes. C'est ce que nous faisons quand nous humanisons les animaux.

Nous projetons sur eux nos propres images de façon à nous sentir mieux. Ce faisant, non seulement nous faisons du mal à ces animaux, mais nous nous éloignons encore plus du monde naturel dans lequel ils vivent.

Nous semblons oublier que nous avons toujours accès au monde dans lequel ils vivent. C'est pourquoi les peuples indigènes dans les déserts, les montagnes, les forêts et les jungles, réussissent à survivre génération après génération. Ce sont des *Homo sapiens,* comme nous, mais ils sont en parfaite harmonie avec leur nature animale. Ils vivent sans difficulté dans les deux mondes. Ici, dans la « civilisation », nous nous sommes détachés de ce monde naturel en nous définissant exclusivement comme l'espèce supérieure, l'espèce qui crée et qui se développe. Nous continuons à étouffer ce côté de nous-mêmes, meilleur et plus naturel, en devenant l'espèce qui détruit des écosystèmes entiers dans l'unique but de faire du profit. Aucune autre espèce ne détruit la nature comme nous le faisons. Seuls les hommes font cela.

Néanmoins, peu importe comment nous détruisons la Terre, nos natures animales aspirent à s'épanouir. Pourquoi, selon vous, plantons-nous des arbres le long des routes? Pourquoi installons-nous des cascades artificielles dans les halls d'entrée des immeubles? Pourquoi décorons-nous les murs de nos maisons avec des peintures de paysages? En ville, même les appartements les plus petits ont souvent des jardinières garnies de plantes. Nous dépensons nos économies d'une année entière pour passer une semaine au bord de l'océan, près d'un lac ou dans les montagnes et sauver notre santé mentale. C'est parce que sans lien avec mère nature, nous nous sentons isolés. Notre monde est froid. Nous nous sentons déséquilibrés. Nous mourons de l'intérieur.

Les chiens et les autres animaux avec lesquels nous vivons représentent un des liens les plus précieux que nous ayons avec mère nature. Nous pouvons ne pas en avoir conscience, mais ils nous sont vitaux si nous voulons préserver une partie de nous-mêmes que nous sommes sur le point de perdre totalement. Quand nous humanisons les chiens, nous nous privons des leçons vitales qu'ils doivent nous apporter et pour lesquelles ils ont été créés: comment faire l'expérience du monde à travers la vérité de nos instincts animaux. Comment vivre à fond chaque instant et chaque jour.

Quand nous ramenons des chiens chez nous, il est de notre responsabilité de satisfaire à leurs besoins instinctifs, afin qu'ils puissent atteindre l'équilibre. Les chiens se moquent de réussir à faire des tours, de gagner des trophées, de savoir quelle inscription porte leur collier. Ils se moquent de savoir si vous vivez dans une grande maison ou même si vous avez un emploi. Ils se soucient d'autres choses… comme la solidarité de la meute… comme créer des liens avec leur chef de meute quand ils se déplacent… comme explorer leur monde… comme vivre dans la joie simple d'un moment unique. Si vous comblez votre chien de ces manières – en lui donnant de l'exercice, de la discipline et de l'affection, dans cet ordre –, votre chien vous le revaudra volontiers et en sera heureux. Vous assisterez au miracle de deux espèces très différentes qui communiquent et s'unissent ainsi d'une manière que vous n'auriez jamais crue possible. Vous atteindrez dans votre relation avec votre chien le genre de lien profond dont vous avez toujours rêvé.

J'espère sincèrement vous avoir aidé avec ce livre, j'espère qu'il représentera pour vous le début du chemin dans votre quête d'une relation plus profonde et plus saine avec les chiens qui partagent votre vie.

En cet instant magique, une lumière dorée commence à tomber sur cette plage déserte de la Californie du Sud: je saute dans une petite vague et je lance une balle de tennis de toutes mes forces. Jappant de joie, tous les chiens de la meute s'élancent derrière elle, rivalisant pour être celui qui réussira à me la ramener, mais ne se battant jamais pour la posséder. Toute personne qui connaît les chiens sait que c'est un vrai miracle, mais je suis un bon chef de meute, et ce sont de bons suiveurs. Les règles sont les règles, et tout le monde le sait. C'est Carlitos, un pitbull à trois pattes, qui gagne cette fois-ci, preuve de sa grande détermination. Les autres aboient après lui alors qu'il revient vers moi en clopinant et qu'il lâche la balle trempée dans mes mains en me regardant, ses yeux reflétant le bonheur extrême qu'il ressent. Je lui frotte la tête, puis je cours de nouveau vers le rivage pour relancer la balle. Les chiens sautent dans les vagues. Un instant, je sens ce qu'ils ressentent – l'eau fraîche et salée sur ma peau, les milliers d'odeurs marines dans mes narines, le bruit apaisant des vagues dans mes oreilles. Je ressens toute la joie de cet instant fugace, et c'est à eux que je le dois. Je leur dois tout.

Le soleil rougeoie en se couchant sur le Pacifique : nous remontons péniblement le sentier rocailleux pour rejoindre le van. Nous sommes épuisés, mais heureux. Ce soir, au Centre de psychologie canine, tous vont dormir profondément. Je vais bien dormir, moi aussi, sachant que j'ai contribué à leur épanouissement – tout comme ils ont déjà contribué au mien.

Avec Daddy.

. . . .

Références

[1] Mindy Fetterman, «Pampered Pooches Nestle in Lap of Luxury», *USA Today*, 11 février 2005, p. 1A.

[2] Alex Lieber, «Lifetime Costs of Pet Ownership», PetPlace.com, [en ligne], [http://pet-place.compuserve.com/Articles/artShow. asp?artID=5024].

[3] Robert M. Saponsky, «Social Status and Health in Humans and Other Animals», *Annual Review of Anthropology*, vol. 33 (2004), p. 393-414.

[4] Bruce Fogle, *The Dog's Mind : Understanding Your Dog's Behavior*, New York, Macmillan, 1990, p. 38.

[5] Hubert Montagner, *L'attachement : les débuts de la tendresse*, Paris, Odile Jacob, 1988.

[6] Don Oldenburg, «A Sense of Doom : Animal Instinct for Disaster», *The Washington Post*, 8 janvier 2005, p. Cl.

[7] Maryann Mott, «Did Animals Sense Tsunami Was Coming?», *National Geographic News*, 4 janvier 2005, [en ligne], [http://news.nationalgeographic.com/news/2005/01/0104_tsunami_animals.html].

[8] Leon F. Whitney, docteur vétérinaire, *Dog Psychology : The Basics of Dog Training*, New York, Macmillan, 1971, p. 152-153.

[9] Carolyn M. Willis et collaborateurs, «Olfactory Detection of Human Bladder Cancer by Dogs : Proof of Principal Study», *BMJ*, vol. 329 (2004), p. 712.

[10] Marc D. Hauser, *À quoi pensent les animaux?*, Paris, Odile Jacob, 2002.

[11] H. Varendi, R. H. Porter et J. Winberg, «Does the Newborn Baby Find the Nipple by Smell?», *The Lancet,* vol. 8, n° 344 (8298), octobre 1994, p. 989-990.

[12] H. Varendi, R. H. Porter et J. Winberg, «Attractiveness of Amniotic Fluid Odor: Evidence of Prenatal Olfactory Learning», *Acta Paediatrica,* vol. 85, n° 10 (1996), p. 1223-1227.

[13] John Paul Scott et John L. Fuller, *Genetics and the Social Behavior of the Dog,* Chicago, University of Chicago Press, 1965, p. 94-95.

[14] Bruce Fogle, *op. cit.,* p. 74.

[15] Patricia B. McConnell, *The Other End of the Leash: Why We Do What We Do Around Dogs,* New York, Ballantine Books, 2002, p. 116.

[16] Virginia Morell, «The Origin of Dogs: Running with the Wolves», *Science,* vol. 276, n° 5319 (13 juin 1997), p. 1647-1648.

[17] David L. Mech, *The Wolf: The Ecology and Behavior of an Endangered Species,* New York, Natural History Press, 1970.

[18] John Paul Scott et John L. Fuller, *op. cit.,* p. 400-403.

[19] Maryann Mott, «Breed-specific Bans Spark Constitutional Dogfight», *National Geographic News,* 17 juin 2004, [en ligne], [http://news.nationalgeographic.com/news/2004/06/0617_040617_dogbans.html].

[20] «Wolves in Denali Park and Reserve», National Park Service/Dept. of the Interior, [en ligne], [http://www.nps.gov/akso/ParkWise/Students/ReferenceLibrary/DENA/WolvesInDenali.htm].

[21] Bruce Fogle, *op. cit.,* p. 50-51.

[22] Elizabeth Pennisi, «How Did Cooperative Behavior Evolve?», *Science,* vol. 309, n° 5731 (1er juillet 2005), p. 93.

[23] Elizabeth MacDonald et Chana R. Schoenberger, «Special Report: The World's Most Powerful Women», *Forbes,* 28 juillet 2005.

[24] R. Butler et H. F. Harlow, «Persistence of Visual Exploration in Monkeys», *Journal of Comparative and Physiological Psychology,* vol. 46 (1954), p. 258.

[25] E. E. Shillito, «Exploratory Behavior in the Short-tailed Vole Microtus arestis», *Behavior, vol.* 21 (1963), p. 145-154.

[26] Kathy Dye, «Wolves: Violent? Yes. Threat? No», *Juneau Empire,* 2 novembre 2000, [en ligne], [http://juneauempire.com/smart_ search/.]

[27] J. J. Sacks et collaborateurs, «Fatal Dog Attacks, 1989-1994», *Pediatrics,* vol. 97, n° 6 (1er juin 1996), p. 891-895.

[28] D. Pimental, L. Lach, R. Zuniga et D. Morrison, « Environmental and Economic Costs Associated with Non-indigenous Species in the United States », Cornell University, College of Agriculture and Life Sciences, Ithaca, N.Y., 1999, [en ligne], [http://www.news.cornell.edu/releases/Jan99/species_ costs.html].

[29] T. A. Karlson, « The Incidence of Facial Injuries from Dog Bites », *JAMA*, vol. 251, n° 24 (juin 1984), p. 3265-3267.

[30] Jaxon Van Derbeken, « Dog Owner Defends Story : Knoller Says Her Memory of Attack "fades in and out" », *San Francisco Chronicle*, 13 mars 2002, p. A21.

[31] American Kennel Club, *The Complete Dog Book*, 19ᵉ édition révisée, New York, Wiley Publishing, 1998, p. 286-287.

[32] *Ibid.*, p. 271-275.

[33] Juan Gonzalez, « News & Views : This Web Site's the Pits », *New York Daily News*, 4 décembre 2003, [en ligne], [http://www.nydailynews.com/news/story/142548p-126284c.html].

[34] Maryann Mott, « Breed-Specific Bans Spark Constitutional Dogfight », National Geographic News, 17 juin 2004, [en ligne], [http://news.nationalgeographic.com/news/2004/06/0617/_040617_dogbans.html].

[35] Kerry Kearsley, « Washington Bill Asks Insurers to Consider Dog's Deeds, Not Their Breeds », *AP Online*, 18 mars 2005.

[36] Benjamin N. Gedan, « Even Mild-mannered Dogs Can Be Lethal to Childen », *The Providence Journal*, 15 juillet 2005, p. B17.

[37] Bruce Fogle, *op. cit.*, p. 126.

[38] « Wolves in Denali Park and Reserve », *ibid.*

[39] John Paul Scott et John L. Fuller, *op. cit.*, p. 46.

[40] Amanda Covarrubius et Natasha Lee, « Pet Rottweiler Kills Toddler in Glendale », *Los Angeles Times*, 4 août 2005, p. Bl.

[41] J. J. Brace, « Theories of Aging », *Veterinary Clinics of North America–Small Animal Practice*, vol. 11 (1981), p. 811-814.

[42] Marc D. Hauser, *op. cit.*, p. 226-267.

. . . .

Notes

1. Source : U.S. Humane Society.
2. Il a été décidé de ne pas tenir compte de cette «contrainte», et ce, pour plusieurs raisons. Son application aurait nécessité de trop nombreux changements dans le texte français, ce qui n'aurait fait que créer de la confusion : en effet, là où l'anglais ne fait qu'alterner les pronoms *(his* ou *her dog,* par exemple), le passage au français implique l'utilisation du terme «chienne». Or, il est beaucoup plus logique en français d'utiliser le masculin. N'oublions pas que «le masculin l'emporte» dans notre langue. En outre, il est très fréquent aux États-Unis de remettre en cause le sexisme de la langue. Le lectorat de la France a été moins sensibilisé à la question, et le fait d'appliquer cette «contrainte» aurait été déroutant pour certains lecteurs.
3. Parc d'attractions situé en Californie. (N. D. T.)
4. Appartement dont les pièces sont distribuées en ligne. (N. D. T.)
5. Steve Irwin, animateur australien, décédé en 2006, connu dans le monde entier pour son émission *Crocodile Hunter.* (N. D. T.)
6. Présentateur et polémiste américain connu pour son émission de débats *The O'Reilly Factor.* (N. D. T.)

7. Théorie élaborée par Meyer Friedman et Ray Rosenman qui divise les personnalités en deux types : le type A et le type B. Les personnes de type A souffrent souvent d'hyperactivité, s'énervent facilement et vivent dans l'urgence, ce qui entraîne un risque élevé de problèmes cardiaques. (N. D. T.)
8. « Lire » et « roseau » ; « fuir » et « puce ». (N. D. T.)
9. « Fight-or-flight response » : concept signalé par le physiologiste américain Walter Bradford Cannon. (N. D. T.)
10. Expression tirée du nom d'un auteur américain, qui désigne les convenances et les bonnes manières. (N. D. T.)
11. Christopher Columbus : Christophe Colomb en anglais. (N. D. T.)
12. L'American Kennel Club est la plus importante fédération canine des États-Unis. (N. D. T.)
13. Source : American Humane Association.
14. Chaîne de centres de divertissement pour les familles dans lesquels on trouve un restaurant, des jeux vidéo, des jeux pour les enfants, etc. (N. D. T.)
15. Source : American Society of Plastic Surgeons.
16. Source : American Humane Association.
17. Sport remontant au Moyen Âge, qui consiste à faire lutter un taureau attaché à une corde contre un ou plusieurs bouledogues. (N. D. T.)
18. Documentaire américain réalisé en 1978 par Arnold Shapiro dans lequel ont été filmés des délinquants juvéniles : on leur présentait de vrais criminels en espérant que cela mette fin à leur mauvaise conduite. (N. D. T.)
19. Un des quatre types de « conditionnement opérant », concept du behaviorisme américain élaboré par Edward Thorndike, puis développé par Skinner au xxe siècle. Le « renforcement positif » est la procédure par laquelle la probabilité de fréquence d'apparition d'un comportement tend à augmenter suivant l'ajout d'un stimulus appétitif contingent à la réponse, par exemple une récompense, des félicitations… (N. D. T.)
20. Signifie littéralement « qui fait tourner la broche ». (N. D. T.)
21. Dans certains États des États-Unis, il est permis de tourner à droite alors que le feu est rouge, car cette manœuvre est considérée comme peu risquée. (N. D. T.)
22. Source : AARP.

Table des matières

ordre! Comment approcher un chien pour la première fois? Prendre les choses à l'envers. Savoir reconnaître l'animal dans votre chien. Espèce: chien. Le mythe de la «race à problèmes». Quel que soit son nom, un chien reste un chien. Ne pas *analyser.*

La meute à l'état naturel. Pas de place pour la faiblesse. Diriger ou suivre? Le «paradoxe des personnes de pouvoir». Oprah et Sophie. Règles, limites et restrictions. Chefs de meute sans-abri. Qui commande chez vous? Pepper, ou le danger de n'être que partiellement un chef. Être chef, un travail à temps complet.

Comment nous détraquons nos chiens. L'agressivité. L'agressivité liée à la dominance. L'agressivité liée à la peur. Donnez de l'affection… mais au bon moment! L'énergie hyperactive. L'anxiété due à la séparation. Obsessions, fixations. Démêler les névroses de Jordan. Les phobies. Le manque d'estime de soi. La prévention.

L'agressivité dangereuse. Définir la «zone rouge». Bombes à retardement. Engendrer un monstre. Race et agressivité. Emily dans la zone rouge. Quand il est trop tard. Un chien n'est pas une arme. Notre responsabilité.

L'exercice. Être maître de la promenade. La laisse. Quitter la maison. Le tapis de jogging. Le sac à dos pour chien. Les promeneurs de chiens. Les chiens ont besoin de travailler. La discipline. Les corrections. Le rituel de dominance. Règles, limites et restrictions. L'affection. L'épanouissement.

Quelques petits trucs pour vivre heureux avec votre chien. Choisir un chien. Ramener un chien chez soi. Les règles de la maison. Les chiens et les enfants. Préparer les chiens à l'heureux événement. Les visiteurs. Aller chez le toiletteur et le vétérinaire. Aller au parc canin. Le parc: ce n'est pas le moment de se laisser aller! Voyager. Déménager. Présenter un nouveau chien à la meute. Les chiens et le cycle de vie: la vieillesse et la mort.

Suivez-nous sur le Web

Consultez nos sites Internet et inscrivez-vous à l'infolettre pour rester informé en tout temps de nos publications et de nos concours en ligne. Et croisez aussi vos auteurs préférés et notre équipe sur nos blogues !

EDITIONS-LAGRIFFE.COM
EDITIONS-HOMME.COM
EDITIONS-JOUR.COM
EDITIONS-PETITHOMME.COM

Marquis imprimeur inc.

Québec, Canada
2011

Achevé d'imprimer au Canada
sur papier Enviro 100 % recyclé

100%